流傳千年的日本神話故事

鍾怡陽◎編著

序言

民族的起源，與之在形成過程中所流傳下來的各種神話、傳說，已經成為現在世界上各個國家解讀自身的重要內容。

遙遠的世紀，亙古的先民，在日本的文化之流中，澎湃著各種原始的想像，而想像力的背後，則滲透著這個民族鮮活的生命力。

那些古老的故事如一首樹型的詩，隨著時間的流逝，詩歌的枝葉或許會有差別，但是，那種根深葉茂的激情卻不會變更，永遠存在。

日本鹿兒島的黑島流傳有這樣一句話：「講述那古老的傳說，瞭解那未知的過去，我們不能不傾聽啊！」而傾聽那些古老傳說的必要，不僅在於瞭解日本遙遠的過去，更重要的應該是解讀日本的現在。

日本作家河合隼雄在其著作《日本人的傳說與心靈》中寫道，「面對激烈的現代化和國際化衝擊，日本人也開始有意識或無意識地從這些古老的源遠流長的民間故事中，找回屬於日本人自己的心靈。」日本本來沒有神話的概念，是透過歐洲神話研究引進來的。而日本神話，也主要根據《古事記》和《日本書記》兩本書研究得來。

閱讀過日本那些豐富多彩的神話或傳說，我們會發現，不僅僅可以有河合隼雄式的心理學解讀，還包括了宗教、歷史、政治、民俗、文學等等諸多方面的文化。這也是本書創作的初衷之一。

在這些流傳至今的日本神話傳說中，有些是日本民族所獨有；有些跟世界上其他民族的神話或傳說，也有著不同程度的相似性。這一方面證明了民族間交流和學習的存在，另一方面說明了人類形成和發展中的某些共同性。

本書所精選的近七十個故事，就包括了以上所說的各個方面。編者根據這些故事的主題大致分為了歷史人文篇、道德內省篇、風土民情篇、愛情奇緣篇四個部分，以方便讀者的閱讀和理解。

歷史人文篇，主要是日本遠古的神話和有關歷史事件、歷史人物的傳說。這裡，日本對民族形成的想像，對歷史人物或歷史事件的解讀可見一斑。如《大鬧高天原》、《加賀騷動》、《百合若傳奇》等。

道德內省篇，主要是跟一些社會道德和為人準則有關。比如《老年人的智慧》就以傳奇的故事告訴人們，要重視老年人的智慧和能力；《博雅與蟬丸》是說做人要守信；《青門洞》重在說明凡事只有不斷堅持，才能獲得成功；《火男》則告誡人們不要太過貪心。

風土民情篇，主要跟日本各地風土民情的形成有關，很多頗具獨特性，離奇有趣。如《北海道的小人族》中那些嬌小可愛的小人族；《仙台的「福神」》中傻裡傻氣卻能給他關注的店家帶來生意的四郎；《安壽與廚子王》中母親和子女悽慘分離，各自飄零，終於相見，卻因為誤會而被母親活活打死的安壽；《八郎太郎》中因暴喝河水而變成巨龍的離奇經歷。

愛情奇緣篇，主要是一些中日愛情的美麗傳說，以及其他證明愛情不可思議的力量的傳奇。如《龍伯與鳳子》中來自中國富有責任感的龍伯和美麗熱情的日本女子鳳子，彼此愛慕並且樂於為人民奉獻；《山茶花》中日本勤勞樸實的年輕人小春太郎，被他自己精心培育的山茶花所變的女孩阿茶所青睞；《微笑的頭顱》講述了一對青年男女，情投意合而私訂終身，卻因男子父親的門第觀念，不能終成眷屬的愛情悲劇。無奈，女子選擇心甘情願地死在男子家中，以求這種方式與心上人相守，乃至人頭落地，仍然面帶微笑。

希望讀者能夠喜歡這些精彩繽紛的故事。

目錄

歷史人文篇

道德內省篇

風土民情篇

愛情奇緣篇

歷史人文篇

黃泉國

黃泉國

日本神世家族的男神伊邪那岐命的妻子是伊邪那美命，在她生產孩子火神的時候，因為溫度太高，身體大面積嚴重燒傷。

心疼妻子的伊邪那岐命寸步不離地照顧著她，從各地找來藥草進行醫治，或是為妻子做各種她喜歡吃的飯食。但是，伊邪那美命的身體不但沒有恢復，還逐漸惡化。在生下兒子不到一週，她就離開人世，到了地下的黃泉國。

妻子不幸去世，丈夫伊邪那岐命非常傷心。他想起妻子活著時的幸福時光，兩人新婚之後的恩愛甜蜜，頓時淚流滿面，痛不欲生。看著床上幼小的兒子火神，伊邪那岐命抱怨妻子不該為了生孩子，卻丟了自己的性命。因為伊邪那岐命的心中，心愛的妻子只有一個，獨一無二，而孩子卻可以有很多。

想起以後沒有愛妻陪伴的日子，是多麼的寂寞和難熬，伊邪那岐命越哭越傷心，淚如雨下。就在伊邪那岐命哭泣之時，他誠摯而晶瑩的淚水匯聚起來，化作了伊邪那岐命的另一個孩子泣澤女神。望著新生女兒嬌嫩的臉龐，他做出了決定。

伊邪那岐命決定收起傷悲和淚水，不顧身體的疲憊，將妻子的屍骨收好，埋葬在出雲國和伯耆國交界的比婆山下，希望這個水草豐美的地方可以讓妻子的靈魂超脫。

回到自己家中的伊邪那岐命，這時的他看到兒子火神，腦海裡不斷浮現妻子被燒傷後奄奄一息的情景。然後像是發瘋似的伊邪那岐命，突然舉起寶劍向著兒子劈了過去。

火神還沒有發出任何聲音，他幼小的腦袋就被父親砍了下來。火神脖頸處的鮮血四處飛濺，那些黏在劍身的血滴落在地，轉眼間又變化成八位不同的神。在此同時，伊邪那岐命驚訝地發現，火神的身體各個部分，也隨即變成了另外八位不同的神。

這件事情之後，伊邪那岐命雖然也為殺害親生兒子的舉動後悔，但是隨著時光的飛逝，使他更加難忘的不是對兒子死的愧疚，而是對妻子不能生還的思念。

終於有一天，思念妻子的伊邪那岐命，不能再忍受夫妻分離的痛苦，於是就打聽出來黃泉國的所在，而去尋找自己的妻子。

來到黃泉國的石門之外，他大聲地呼喊著妻子的名字「伊邪那美命」，並不顧一切地捶打著石門。等了一會兒，只見黃泉國的石門漸漸打開，這時伊邪那岐命看到，自己日思夜想的妻子伊邪那美命從石門裡走了出來，穿著她生前最喜歡的衣服，梳著她生前最好看的髮髻。

看到丈夫就在門外，伊邪那美命對丈夫微微一笑。

見妻子還是那樣迷人，伊邪那岐命覺得他們之間生與死的距離消失了。他對微笑著的妻子說：「我們說過，要一起開創國土，幸福地一起生活。現在，這一切還沒有實現，妳怎麼可以獨自一人來到這呢？我天天想念著妳，請妳跟我一起回到人間吧！」

伊邪那美命聽到丈夫的話，眼裡也湧現出了淚水。她望著丈夫深情的眼神說：「我又何嘗不是天天思念你？我一直盼望著你能夠早日來到這裡，將我接出。可是，現在我已對這裡的環境很習慣了，不太可能有機會回到人間。」

哽咽了一會兒，伊邪那美命繼續說道：「既然你這次誠心見我，希望我可以跟你一起返回。我就試著找黃泉國的其他神商量，看看還有沒有可以回到人間的辦法。」

「不過，我要你答應我，我回去找眾神商量的這段時間，你一定不能偷看。」

伊邪那岐命重重地點頭答應。

伊邪那美命說完，轉身回到屋內的大殿。

誰知，伊邪那岐命在門外左等右等，一直沒有等到妻子出來。焦急的他就將頭上的木梳做為火把點燃，獨自來到大殿查看。令他沒有想到的是，他剛好看到的妻子是全身潰爛的模樣，而且腥臭之味陣陣撲鼻。伊邪那岐命見此，非常反感，再也無法看下去，就奔跑著逃了出去。

伊邪那美命發現自己丈夫違背約定，看到自己的模樣，驟然大怒，派出黃泉國的女鬼追捕。

伊邪那岐命得知身後女鬼在追，便拼命奔跑。幾次眼看就要被女鬼追上的時候，聰明的伊邪那岐命拿出隨身物品，變為吸引女鬼的食物，成功地躲過追擊。

伊邪那美命聽到女鬼失敗的消息，於是派出黃泉國的大軍前去追捕伊邪那岐命，然而多虧摘到比良阪山坡處的桃子，伊邪那岐命又躲過了妻子的大軍。

大軍也失敗後，伊邪那美命決定親自追殺伊邪那岐命，但是又被伊邪那岐命故意放在通往比良阪唯一之道上的石頭阻擋。

伊邪那岐命回到家中，再也不敢想黃泉國的妻子。

小知識：

伊邪那岐命，又稱日本神話中的父神；伊邪那美命，又稱日本神話中的母神。二者本來是兄妹關係，後結為夫妻，日本神話中的諸神都是由伊邪那岐命和伊邪那美命所生。可以說，伊邪那美命既是日本開國時孕育生命的女神，也是死後主宰冥國的女神，她同時代表著生面與負面兩種形象。

山幸彦

天照大神的曾孫有一對兄弟，哥哥名叫海幸彥，最擅長到海裡釣魚，弟弟名叫山幸彥，最擅長是山野打獵。

一天，山幸彥對海幸彥說，希望可以拿著哥哥的釣鉤出海釣魚。看到弟弟渴望的神情，海幸彥就答應山幸彥的請求。

山幸彥拿著海幸彥平時用的釣鉤，心想平時哥哥每次釣魚都會有所收穫，自己用他的釣鉤也一定能夠釣到好多魚。山幸彥沒有想到的是，魚沒釣到，釣鉤卻被魚帶走了。

山幸彥懊惱沮喪地回到家裡，告訴哥哥所發生的事情。海幸彥聽到自己釣鉤被弄丟了，非常生氣，無論弟弟怎麼向他道歉都不肯原諒。

海幸彥打斷弟弟的話說：「我只想要回我的釣鉤，你不要再解釋了。」

山幸彥無奈地再次來到之前垂釣的海邊，面對茫茫大海，他不知道該如何去找回哥哥的魚鉤。就在這時，一個滿頭白髮的老人出現在山幸彥的面前，關切地詢問。山幸彥便把事情告訴了老人。

老人聽後，微笑著說這件事很好解決。同時，老人馬上從衣服裡掏出了一個漂亮的竹籠，並交代山幸彥乘著竹籠漂流過海，他就會來到海神龍宮，那裡自然有人會幫忙他。

著急的山幸彥聽了，馬上按照老人的話去做。很快，山幸彥來到了海底龍宮。正當山幸彥感到口渴之時，海神之女豐玉姬的侍女出現了。山幸彥請求她給自己一點水喝，山幸彥根據老人交代，當對方不留神時，故意將出發之前含在口中的玉吐入水缸，黏在了缸底，讓玉無法取出。

發現情況的侍女無奈著，便將水缸捧給豐玉姬看。

豐玉姬看到這樣的奇事，非常疑惑，便命侍女帶山幸彥來相見。

山幸彥來到豐玉姬的面前，豐玉姬立刻對這樣英俊瀟灑的男子一見鍾情。高興之餘，豐玉姬將心儀男人的姓名和奇遇告訴了自己的父親。
聽說了此事而出門查看的海神，不免吃驚，發現原來是天照大神的皇太子，於是急忙招待山幸彥進入皇宮。得知山幸彥還沒有結婚，而且兩人相見後彼此都有好感，他就直接讓他們舉行了盛大的婚禮儀式。
山幸彥意外來到美麗舒適的海底皇宮，並與溫柔秀麗的龍女結為夫妻，就忘記了自己來到龍宮的目的，直到三年幸福婚姻生活之後。
這天，山幸彥一早起床，想起了三年前答應哥哥尋找魚鉤的事情，長嘆不已。豐玉姬得知丈夫憂鬱的原因，就將丈夫煩惱之事告訴自己的父親。
海神聽說這件事，立刻召集海內所有的魚，逐一詢問後，得到了魚鉤的下落。那天山幸彥釣魚時，一隻魚貪吃魚餌，卻不巧被魚餌卡在喉嚨，雖然順利逃生，但怎麼也無法將魚鉤取出，日日疼痛。原來，海幸彥使用的這個魚鉤是施過魔法的。海神命人將魚鉤從魚嘴裡取了出來。
山幸彥拿到魚鉤後，興奮地打算回家探望哥哥。回家之前，海神叮囑自己的女婿，在將魚鉤還給哥哥之後，一定要記得默唸咒語：「笨釣鉤！蠢釣鉤！」並告誡著山幸彥，若海幸彥不甘窮困，攻打山幸彥的時候，山幸彥只需拿出海神贈送的兩顆寶珠，就可以順利戰勝哥哥。
山幸彥聽從海神的話，回到家裡後，果然戰勝了自私的哥哥，讓哥哥成為自己的臣下，統治起陸地之國。
豐玉姬在丈夫走後，發覺自己懷有身孕，於是就在丈夫回家安定後，也來到陸地，準備生產。
豐玉姬在海邊的陸地之上，給自己建造了一間待產的屋子。在即將生孩子的前一天，豐玉姬來到丈夫的面前，對他說：

「我們結婚三年多以來，非常恩愛，希望這樣幸福甜蜜的生活能夠永遠繼續。您知道我不屬於人類，在我生產孩子的時候，請務必尊重我的意願，不要好奇偷看我生產的模樣。」山幸彥深情地看著豐玉姬，滿口答應。

到了豐玉姬即將產下孩子的那一刻，一直守在妻子門外的山幸彥突然抑制不住自己的好奇心，偷偷地看了妻子，沒想到竟然看到原本豐滿迷人的妻子是一頭巨大的鯊魚。

豐玉姬立即發現自己丈夫的行為。她生下孩子之後，就把孩子留下，告別丈夫，回到了龍宮。山幸彥非常後悔自己沒有遵守答應妻子的諾言，但是無力挽回妻子離去的決定。他只好悉心呵護自己的孩子，希望以此彌補自己的錯誤。

豐玉姬回到龍宮，非常想念自己只見一面的孩子，但想到已經不能跟丈夫重新團聚，就懇請自己年輕的妹妹前去照顧自己的孩子。豐玉姬的妹妹玉依姬答應姊姊的請求，來到大陸和山幸彥一起照顧孩子。

山幸彥和豐玉姬的孩子長大之後，就是日本第一代神武天皇。

小知識：

該傳說所在的宮崎市日南海岸青島，海拔六公尺，四周不到一公里。整座島嶼長滿亞熱帶植物。據說，山幸彥騎坐的鯊魚在農曆十二月十七日夜晚回來，在該島登陸。因此，這一島嶼也就成了聖島，曾經有一段時間不准一般人登臨。江戶時代中期以後，這裡才開放。

速須佐之男命大鬧高天原

天照大御神、月讀命和速須佐之男命是男神伊邪那岐命的三個孩子，被他分別派往高天原、夜國和大海行使統治和治理權。

速須佐之男命來到治理之地大海，日日傷心，無所事事。這樣的狀態從速須佐之男命還是男孩時，一直持續到頷下鬍鬚很長的時候，導致當地各種災難頻發，民不聊生。

於是伊邪那岐命便召來兒子速須佐之男命，問明原因，才知道兒子非常思念母親，一心想到母親所在的根之堅州國。伊邪那岐命一聽，非常生氣，下令將速須佐之男命逐出了負責治理的國土。速須佐之男命便向父親請求，可以在臨走之前，到姊姊天照大御神那裡辭別。伊邪那岐命答應了他的要求。

而天照大御神聽說自己的弟弟前來，便感覺不妙，以為弟弟此次前來是為了爭奪自己的國土。想到這裡，天照大御神把自己裝扮成男子的模樣，準備好迎戰的各種必備武器，等待弟弟的到來。

很快，速須佐之男命就來到了天照大御神的面前。天照大御神故作鎮靜地詢問弟弟為什麼來到自己的領地。速須佐之男命拱手回答，自己只是想與姊姊告別，並將父親責備的事情一一告知。天照大御神不相信弟弟所說，便要他證明給自己看。

速須佐之男命便建議道，自己和姊姊一起到祖先之神靈牌前起誓，用彼此隨身配飾生養孩子。如果誰生下的是女孩，就說明沒有心懷惡意；反之，則相反。

速須佐之男命和姊姊天照大御神互換了隨身飾物，來到天安省，對立兩岸。只見天照大御神將自己弟弟腰間佩帶的長劍，折為三段，放入河水，洗淨後，用嘴嚼碎後，變成了三個女孩。速須佐之男命手托姊姊身上的玉串，用姊姊同樣的方法，變出了五個男孩。

天照大御神看到結果，就相信了弟弟的話。

得到姊姊的信任，速須佐之男命非常高興。他來到姊姊開墾的田地裡，四處奔跑，無所顧忌，不但毀壞了部分良田，還將很多已經收穫的糧食蹧蹋。天照大御神覺得弟弟即使做錯了事，也不是故意的，並沒有怪罪弟弟。

然而速須佐之男命玩鬧起來，便沒有了節制。這次，他爬上一戶人家的屋頂，透過屋頂敞開的洞，將自己得到的一匹被剝去皮毛的馬扔了進去。那時屋裡剛好有一個女孩，她正認真地編織，頭頂落下一個血淋淋的活物，當即嚇死。

其他眾神知道此事，非常生氣，決定將此處的統治神天照大御神抓起來，問個明白。

天照大御神得知弟弟闖了大禍，非常害怕，就躲在高天原的天岩屋，並將石門緊閉。這樣一來，頓時天地一片黑暗，再也沒有絲毫光明。

眾神聚集到天安河畔，召來最有智慧的思金神，想出擒拿天照大御神的對策。思金神低頭默想了一會兒後，對眾神說出自己的辦法，眾神一聽，無不拍手稱好。

首先，思金神施用法術，伸出右手，向漆黑的空中做出召喚的手勢，瞬間，只聽雞鳴處處，而且越來越近。不一會兒，眾神便看到這些雞落滿了各處，長鳴不已。思金神伸出右手食指，輕輕地指向了天照大御神所藏的天岩石屋，這些雞便聚集到屋前，爭相鳴叫。

然後，思金神來到天安省，輕易地從河底取出很多堅硬的岩石。之後，他讓其他神幫忙，才拿到天金山上的鐵礦石。一切準備完畢後，他找來冶煉鍛造最有名的天津痲羅，用這些岩石和鐵礦造出很多的長矛。

思金神還找來相關的諸神準備好祭祀和舞蹈用的物品。

最後，請了一位名叫天宇受賣命的神在天岩石屋面前，伴著此起彼伏的雞鳴，狂舞起來，眾神看到無不哄然大笑。天照大御神在石屋之內，漸漸聽到外面熱鬧哄笑的聲音，非常疑惑，不知道到底怎麼回事。沒過多久，她就抑制不住自己的好奇心，將石門拉開一條細縫向外觀看。

天照大御神看到屋外一片熱鬧的景象，大為好奇，便向舞蹈的神詢問。舞的正高興的神回答說，外面來了一位非常尊貴的客人，也是一位天神。天照大御神信以為真，就出門觀看，不料她才剛走出石門，就被藏在外面門後的天手力男身一把抓住，掙脫不得。

走出石屋的天照大御神被眾神成功抓住，隨即天地間重新陽光普照，一片光明，高天原也恢復如初。為了防止天照大御神重新藏到石屋裡面，眾神就在天岩石屋的門口掛上了一根稻草繩。

之後眾神商議，既然這次的罪魁禍首是速須佐之男命，就必須對他進行財物的處罰和相關的懲治。於是速須佐之男命被罰交出無數的物品做為賠償，並且滿臉的長鬚被剪，手腳指甲全部被拔。之後，速須佐之男命就被逐出了高天原。

小知識：

古代日本人認為，眾神的世界高高在上，他們將自己居住的世界稱為「葦原中國」，而把神居住的天庭稱為「高天原」。天地剛剛形成的時侯，出現於高天原的神，名叫「天御中主神」。其名字的意義就是支配天庭中心，亦表示世界神聖的中心在天上。

斬蛇

日本神世家族的第七代男神伊邪那岐命之子速須佐之男命，因為在姊姊天照大御神的領地高天原闖下大禍，惹怒眾神，而被給予財物和身體的雙重懲罰，並被逐出了高天原天界。

懷著身體疼痛的速須佐之男命，無奈地離開了高天原。這天他來到了出雲國的境內。速須佐之男命站在該地肥河的上游，望著匆匆流淌的河水，思考自己以後的去向。

就在這時，一雙竹製的小木棍飄流到速須佐之男命面前。他定神一看，認出是人類吃飯時所用的筷子。速須佐之男命心想，如果順著筷子飄來的方向往回走，應該可以找到人家。

想到這裡，正在憂愁往後去向的速須佐之男命，就朝判定的方向走去。這時候的他，經過連日來的修養，身體已經恢復。他走得很快，沒過多久，果然看到了人影。

速須佐之男命看到一對老年的夫婦圍著一個年輕女孩，三人傷心地哭成了一團。看到這個的情景，速須佐之男命向前詢問老人家的身分和遭遇。

聽到有人詢問，老人抬起滿是淚水的臉，連聲嘆氣，並斷斷續續地告訴速須佐之男命，他是山神大山津見神之子，奉命統治眼前這片名叫足名椎的土地。旁邊的兩個人分別是他的妻子和小女兒。

老人先後生養有八個女兒，個個模樣俊麗，心靈手巧。一家人相互理解，彼此相愛，幸福地生活在一起。然而不幸的事竟然接二連三的發生。離足名椎不遠，有個地方名叫高志。不知道從何時開始，有一個妖怪佔領了那裡。這個妖怪長相非常可怕：紅紅的眼睛大如酸漿果子，全身長有八顆頭顱、八條尾巴，體長可連接八個山谷外加八個山崗。

讓老人沒有想到的是，這個妖怪竟然看上了自己家的女兒，並在八年前的這一天，將他的大女兒吞進肚裡。以後每年，均是如此。

最後，老人心疼地看著自己那美麗嬌弱的小女兒，對速須佐之男命說：

「眼看我最後一個可憐的女兒，也要被這可惡的妖怪吃掉，做為父母的我們，怎麼可能不心痛啊！」

速須佐之男命聽後，義憤填膺，當場答應老人家，一定會幫助他們制伏妖怪。

老人看到速須佐之男命無所畏懼的神情，轉悲為喜，對速須佐之男命說，如果他能夠讓自己的女兒逃出妖怪的魔爪，只要速須佐之男命同意，就願意把女兒嫁給他。

速須佐之男命仔細看了一眼那個淚如雨下的女孩清秀可愛的樣子，滿口答應，並對老人說明了自己的真實身分。老人全家一聽，非常高興。

於是速須佐之男命開始準備對付那妖怪的工作。他來到老人可愛的女兒面前，溫柔地勸她不要傷心，並告訴她，自己準備變化成一把木梳，讓她插在自己頭髮上，避免妖怪發現。這小姑娘含笑答應。

然後速須佐之男命要老人和妻子一起釀出香飄四溢、烈性十足的好酒，並在家門外築起一座高大結實的籬笆牆。速須佐之男命令說，造好的籬笆牆上要留出八個巨大的洞來，每一個洞前搭出一個放酒罈的木架，木架上放置酒罈，酒罈內裝滿已經釀好的酒。老人和妻子也欣然答應。

晚上來到，那隻妖怪也出現了。牠很快嗅到瀰漫在空氣中的酒香，來到籬笆牆外。妖怪看到有這麼多的酒罈大為欣喜。牠連忙將八個巨大的頭伸進酒中，瘋狂地暢飲起來。不一會兒，只見這隻妖怪不敵烈性的酒力，掙扎著搖搖晃晃，栽倒在地。

看到這裡，速須佐之男命急忙出現，拔出腰間佩帶的寶劍，從容地將妖怪的八顆腦袋砍了下來。然後，速須佐之男命又拿起劍，將妖怪巨大的身子斬斷成數段。最後他來到妖怪的尾巴處，準備將這些粗大的尾巴全部切掉。

就在他順利切下三條尾巴後，要切下一條時，速須佐之男命意外地看到，自己鋒利的寶劍竟然被彈了出來。他小心地撥開蛇尾，見一把精美的利劍藏在裡面。

最後終於將妖怪殺死，老人一家歡喜地跑出來，對速須佐之男命道謝。

老人看到速須佐之男命這麼勇猛，就連忙說要將自己唯一的小女兒託付給速須佐之男命。速須佐之男命本來對眼前這個美麗的女孩就有愛慕之心，聽到老人這一番話，連連點頭，表示答應。

速須佐之男命和女孩結過婚後，協同妻子雲遊各地。

據傳，速須佐之男命將斬妖怪時所得的那把劍，轉手贈送給了自己的姊姊天照大御神。這把劍就是後來被稱作草薙之劍，是日本三大神器之一。

小知識：

速須佐之男命，須佐是其名，「之男」是個尊稱，又尊名建速須佐之男命，命也是一種尊稱。日本神話中最早的大神依邪那歧三子女中的最幼者，另兩位就是日本最高神天照大神（天照大御神）和月讀（月讀命）。速須佐之男命全名為素盞嗚尊，亂暴之神，因其狂暴的性格而被視為破壞神。他斬殺了八歧大蛇，成為神話中的英雄。現在日本又用該神話故事開發出了同名的一款遊戲。

擴豐國土

速須佐之男命被貶逐出天界之後，遇見了山神大山津見神之子，不但成功地打敗作惡的八頭八尾怪，還跟這個老人唯一的小女兒結成夫婦。婚後，速須佐之男命在妻子家中生活，面對溫柔賢慧的妻子，他感到幸福極了。

沒過多久，速須佐之男命決定告別岳父母，帶著新婚的妻子，四處雲遊。

某天，速須佐之男命和妻子來到了須賀。只見那裡芳草處處，天高雲淡，風景非常優美，兩人頓然神清氣爽。

速須佐之男命對身邊的妻子說：「我已經打聽過，這裡目前還沒有神統治。如果妳願意的話，我打算在這建造一座我們新婚的宮殿。以後，我們就可以在這片美麗的土地上安居下來。」

妻子一聽，非常贊同。

於是速須佐之男命開始動工修建宮殿。並帶著妻子一起慶賀宮殿的開土動工。

這天的陽光非常燦爛，四處散播著該地特有的香味。就在開土的一剎那，速須佐之男命驚奇地看到，有一股紫紅色的彩雲自地面升起。彩雲在太陽光線的照耀下，瑰麗無比。

隨著彩雲的慢慢升騰，漸漸地飄到蔚藍的天空，停留了很長時間才逐漸散開。於是速須佐之男就將此處命名為「出雲國」。

速須佐之男命決定建造的宮殿非常巨大，所以工程進度也非常慢。

動工後的第二天上午，速須佐之男命自己爬到附近的一座高山上，希望可以俯瞰自己選定國土的全貌。到了山頂，速須佐之男命驚訝地發現，出雲國非常狹小，遠遠望去，就如一根細長的衣帶。這時他才發覺自己和妻子只注意此處風景的出色，卻忽略了地域的侷限。

速須佐之男命心想：「既然這樣，總不能重新再找一塊地方吧？」

就在速須佐之男命鬱悶之時，他無意識地向山下一處海邊眺望，意外地發現在朝鮮半島的南端，有一塊向外突出的土地。他欣喜地自語道：「如果可以把這塊土地拖到出雲國，土地不就擴增很多嗎？」

於是速須佐之男命就拿起身邊攜帶的一把大鋤頭，聚集全身的力氣，對著那角突出的土地掄了過去。只聽「轟隆！」一聲巨響，速須佐之男命已經把這角土地與朝鮮半島截然分開。

速須佐之男命隨即從身上解下三條很粗的繩索，做成圈套，看準那塊突出土地的三個位置，扔了過去。

看到這角陸地已經被自己的繩索牢牢捆綁，速須佐之男命將三條放置在肩膀上的繩索用力拉起。儘管他身體非常強壯，力氣也很大，但經過一段時間的用力，他也累得氣喘吁吁。

最後只見他咬緊牙關，站穩腳跟，終於將這塊朝鮮半島南端角落的陸地重新跟出雲國的土地連在一起。（據說，如今日本出雲國的小津港到杵築的御崎，有一段長長的海岸線，就是速須佐之男命的傑作。）

為了防止這塊好不容易得來的陸地再度飄走，速須佐之男命來到海水的下面，用重錘夯入許多粗大的樹樁，並找來許多繩索，將國土的各個角都固定在了木樁之上。（據說，這些粗大的木樁就化成出雲國和石見國只見的高山，後人命名為「三瓶山」。而那些固定的繩索，就是杵築御崎的海濱。）

一切都忙完後，速須佐之男命看著眼前擴增的出雲國，開心地笑著。妻子得知此事，在速須佐之男命的指引下，看到擴充後的出雲國，對丈夫的能力讚不絕口。

過了一段時間，速須佐之男命再次俯瞰自己的國土，那種不滿足感再度出現。他向出雲國的四周眺望，又有了意外的發現。在出雲國的北面，有個隱岐島。隱岐島上同樣有一處向南突出的荒地，速須佐之男命馬上有擴充的打算。

這一次，速須佐之男命比照上次的方法，很快就把這塊土地拉到了出雲國。之後，速須佐之男命繼續從其他地方尋找可以得到的陸地，集少成多，讓出雲國的土地面積增加了許多。

因為這些土地大多是荒地，植被很少，所以國土儘管看起來廣闊許多，但仍然看起來非常單調冷清。

一次偶然的機會，速須佐之男命渡海來到了朝鮮國，發現那裡有很多金山與銀山，但自己所帶的船隻有限，並沒有帶多少回來。

為了可以造出更多的木船，渡海到朝鮮國，裝載大量的金銀財寶，速須佐之男命回到出雲國，開始自己的種樹計畫。

速須佐之男命托起自己長長的鬍鬚，對著風向，輕輕一吹，只見密雨似的鬍鬚落滿了大地，化成一棵棵茂盛的杉樹，茁壯而整齊。

隨後，他又從自己的前胸部分拔下一撮撮的胸毛，對風吹去，這些胸毛落地化成濃密的檜樹。這之後，速須佐之男命從自己的腰間拔出無數的體毛，瞬間變成了一片片的羅漢松樹。最後，速須佐之男命又把手伸向了自己的雙眉，落下的眉毛變成美麗的楠樹。

這時，遙遙看去，擴增後的出雲國到處都是綠樹成蔭，鳥語呢喃。

小知識：

日本位於歐亞大陸以東、太平洋西部，由數千個島嶼組成，北海道、本州、四國、九州四個大島和其他6,800多個小島嶼。眾列島呈弧形。日本東部和南部為一望無際的太平洋，西臨日本海、東海，北接鄂霍次克海，隔海分別和朝鮮、韓國、中國、俄羅斯、菲律賓等國相望。日本的總面積為377,835平方公里，其中土地面積374,744平方公里，水域面積3,091平方公里，領海面積310,000平方公里。日本是世界上填海造陸最多的國家，填海造陸的面積多達16,000平方公里。

葡萄牙的火繩槍

戰國時代天文十二年八月二十五日那一天，受颱風影響，一艘大船飄到了前之濱海岸。前之濱海岸本屬於日本鹿兒島縣，位於種子島的南方。

這艘漂流大船的船主是中國明朝有名的倭寇首腦，名叫王直，船員中有葡萄牙人、中國人、琉球人等，多達百人。因為這艘船航行所憑靠的是草席，遭遇颱風之後，只能沿岸航行。

聽說有一艘外國的輪船漂流到了自己村子的附近，前之濱的村長就帶著村民趕到了現場。但是彼此語言不通，無法直接用語言溝通，後來這個村長就和王直用筆進行交談。王直告訴村長，自己的船被颱風吹壞了，想找到地方修理一下。村長就建議王直將船行至西之表。

行使了大約兩天的路程，這艘船來到了西之表。西之表本是一個小島，該島的島主是時堯。時堯接見了王直，並安排船上的人住進了島上的慈遠寺。

因為船身被颱風吹撞的厲害，完全修補好前後需要大半年的時間。船上的人在慈遠寺居住期間，葡萄牙人曾在當地人面前，進行他們帶來的火繩槍表演。

一個葡萄牙人拿著火繩槍，抬頭看見不遠處山坡的樹枝上有一隻鳥，只聽一聲槍響，中槍的鳥就從樹枝下掉了下來。這時的槍還只是用來打獵，多用於打鳥。因為這種火繩槍的子彈很輕，射擊時的聲響不大。時堯見到火繩槍的這種威力，非常驚奇。

時堯心想，如果自己可以擁有很多這樣的槍支，將特別有益處。於是他拿出一大筆金子，跟帶槍的葡萄牙人購買了兩把火繩槍，並拿給家臣研究。

一時間，島上的人都對這種奇特的火繩槍產生興趣，也希望可以知道鑄造槍的方法。

有一天，筱河小四郎被島主選中，學習火繩槍的火藥配置；而之前被島主特別邀請教授島民鍛造兵器的美濃國人八板金兵衛，則被命令負責製造火繩槍的槍身。金兵衛生有一個獨生女兒，名叫若狹，這年十七歲，從小跟筱河小四郎訂下婚約。島主命令船員一行人住在慈遠寺之後，若狹也被安排到慈遠寺照顧他們。

金兵衛雖然是當地有名的刀匠，但是對造槍一竅不通，而筱河小四郎也是對所謂的火藥配置不懂。金兵衛原本以為以前再難鑄成的刀刃，自己都可以很快造出，最多不超過三天。這次卻非常意外，儘管心裡非常著急，但過了十多天，金兵衛仍然沒有研究出相關的配置方法。

不過，皇天不負苦心人，經過反覆觀察和認真研究，大約一個月的時間，金兵衛成功地摸索出了槍身的製造方法。但是問題又出現了，金兵衛頭痛的是怎樣才能把造好的槍底接合在一起。從早到晚，金兵衛拿著島主給自己參考研究的火繩槍反覆觀察，卻弄不懂如何將兩塊僵硬的槍身合為一體。

眼看馬上就可以成功地製造出一模一樣的火繩槍，就因為不能將其連接在一起，這讓一向自信驕傲的金兵衛大傷腦筋。後來有人告訴他，如果想知道這火繩槍是怎麼製造的，不妨詢問帶槍來的葡萄牙人。金兵衛聽了，覺得非常有道理，但是自己跟來到島上的葡萄牙人不熟悉，況且彼此語言也不相通，這該怎麼辦呢？

正當金兵衛為造槍的事情苦思時，他美麗的女兒若狹從慈遠寺回家探望。若狹一看到父親，就講述自己在慈遠寺的所見所聞，並提到了兩個葡萄牙人所帶的火繩槍。

金兵衛並沒有心思傾聽女兒的話，一連幾天費心製造槍支的他非常疲憊。就在他想打斷女兒連綿不絕的話時，他看到女兒美麗的容貌，突然想到如果自己的女兒可以跟島上的一個葡萄牙人結為夫婦的話，應該很容易得到製造槍的辦法。

若狹聽到父親要她嫁給葡萄牙人，立即回絕了父親，並告訴父親自己從小就和筱和小四郎訂下了婚約，自己是真心喜歡他，絕對不可能嫁給其他男人。

金兵衛瞭解自己的女兒是個非常孝順的孩子，於是便說：「如果這次島主吩咐的造槍事情失敗，自己做為一代名匠，肯定沒有再活下來的勇氣。」若狹聞言，無奈地哭著答應了父親的要求。

經由島主的引薦和介紹，很快地，若狹與島上一個年輕的葡萄牙人結婚。在破損的船被修好的大半年之後，若狹跟著自己的丈夫一起乘船回到葡萄牙。這過程中，若狹跟丈夫學會了葡萄牙語，並告訴丈夫自己父親的煩惱，而她的丈夫則答應會幫助她的父親順利製造出火繩槍。

時間過去了一年，這個葡萄牙人如約回到了西之表島。他從葡萄牙帶來造槍的工匠，沒過多久，金兵衛就瞭解了自己之前沒有成功的原因，原來只要可以造出接合槍身的螺絲，火繩槍就圓滿完成。

島主對金兵衛的成功非常滿意，重重地賞賜了他。

若狹跟著丈夫來到葡萄牙之後，才發覺原來丈夫已有了妻子，並且還有一個孩子。她跟隨丈夫在葡萄牙生活一年，並不怎麼幸福，且非常思念故鄉。於是在她主動要求下，最後回到了西之表島一個人生活，直到終老。

小知識：

根據葡萄牙商人所作《東洋遍歷記》的記載，天文二十年時，日本後國就有三萬把火繩槍，而全國共計約有三十萬把。一五七五年的「長筱和戰」中，織田信長以三千把火繩槍擊敗百戰百勝的武田騎兵隊。

淨琉璃姬物語

古代日本的三河國，住著一個名叫兼高的富人。

在別人的眼裡，兼高擁有一大片肥沃的領地，妻子賢慧溫柔，他應該感到非常滿足了，但是兼高並不這樣想。原來兼高跟妻子結婚好幾年，一直想有個孩子，卻始終未能如願。於是兼高和妻子到處求醫問藥，仍然沒有效果。兼高為了此事非常煩惱。

這一天，兼高的妻子聽說鳳來寺的藥師佛可以治療女人不孕症，非常高興地告訴丈夫。鳳來寺是三河國最大的寺院，很早以前有人傳說，那裡來了一位藥師佛，是東方琉璃淨土教的教主。兼高得知，也很欣喜，帶著妻子前去鳳來寺。

兩人來到鳳來寺，對藥師佛說明來意，藥師佛聽後，告訴他們只需全心閉居於寺院，齋戒整整二十一天，神明自然被祈求者的誠信感動，順利達成所願。兼高和妻子大為欣喜，馬上命家人送來衣物及日常用品，按照藥師佛吩咐行動，安心齋戒，誠信求子。

齋戒期滿之後的第二天，妻子驚異地感覺自己有了懷孕的症狀，兼高趕快派僕人請來醫生，經醫生檢查後，醫生滿臉笑容向兼高道賀。兼高非常開心，重重地賞賜了這位醫生，並馬上派人給鳳來寺捐獻大量的財物。一家人喜氣洋洋，親戚好友知道後，也都為兼高終於得子感到喜悅。

兼高妻子懷胎十月，順利生下一個女孩，為了感謝藥師佛，也希望女兒將來一切美滿，便取名為淨琉璃姬。

就在淨琉璃姬出生的同一年，日本發生了歷史上有名的「平治之亂」。這次動亂過程中，源氏家族有了重大的變故。已經退位的天皇控制的政權與當朝天皇控制的朝廷勢力產生了重大的矛盾，衝突不斷，同時，各自政權內部勢力的鬥爭也在增加。

各種勢力衝突加劇，矛盾不斷升級，一一五九年的這次「平治之亂」爆發。動亂的結果是，源氏家族勢力被平氏家族的勢力壓制，源氏家族的人幾乎被全部消滅。這也就形成了日本的武士社會。

在這次動亂中，源氏家族的三個孩子僥倖逃脫厄運，其中一個就是源義經。源義經九歲的時候，因為生活所迫，他可憐的母親改嫁給京城一個有錢的商人。母親改嫁之後，源義經被送往京都的左京鞍馬寺。十六歲，源義經不能忍受寺院單調的生活，就向寺院住持稟告心意，希望可以出去做自己喜歡的事情。住持答應了源義經的要求，並囑咐他好好照顧自己，如果有任何困難，隨時都可以回到寺裡。源義經含淚答應。

出了寺院，源義經才知道寺外的世界大得超乎他的想像。但是到哪裡去好呢？這時，源義經想到自己父親生前有一個好朋友，名叫藤原秀衡，住在離此很遠的奧州平泉，於是他打算先去那裡看看。

決定之後，源義經帶著住持所贈予的盤纏，以及美好的期待向奧州的方向上路。

一一七四年，源義經路過三河國。這天，不停趕路的源義經又累又餓，打開行囊，發現裡面已經空空如也。就在源義經發愁時，看到前面有個高大的宅邸，於是他向那戶宅邸的人家詢問，希望可以給自己一些食物充飢。

這家的主人正是兼高。此時，他的女兒淨琉璃姬已經成為亭亭玉立的漂亮姑娘，追求者眾多。

兼高家的僕人聽到有人敲門，便開門查看，看到源義經長相瀟灑不俗，再觀其談吐也非常高雅，就向主人稟報。兼高看著這個趕路的年輕人確實出眾，當即熱情地招呼源義經來到家裡。

淨琉璃姬也聽說了此事，跟在母親的身後偷偷地觀察來客，產生了愛慕之意。一直打算為女兒尋得如意郎君的兼高，和源義經交談之後，更是對他非常欣賞。做父親的兼高，很快看出女兒對這個眼前男子的愛慕，他就吩咐女兒出來與源義經見面。淨琉璃姬在父親的要求下，彈奏自己最喜歡的名曲《想夫戀》給源義經。

源義經看到淨琉璃姬溫柔美麗的樣子，又得知她才藝非常出眾，也暗暗喜歡。為了回報淨琉璃姬的精彩表演，他拿出母親留給自己的珍貴寶笛，和淨琉璃姬一起演奏。兩人琴笛互送愛意，雖然從未相識，但默契十足。兼高和妻子在一旁觀看，暗自高興。

演奏結束之後，兼高看到源義經望著女兒，幾乎迷醉的樣子，就對他直接了當地提出結婚之事。源義經一聽，驚訝之餘，更是百般願意。

一見鍾情的淨琉璃姬和源義經，第二天便舉行了盛大的婚禮。婚禮當天，很多人紛紛前來祝福。淨琉璃姬的父母看到兩人甜蜜地結為夫婦，相愛互敬，滿意地感嘆自己心頭的大事終於有了完美的解決。

結婚之後，淨琉璃姬和丈夫日日相伴，彈琴奏笛，魚水纏綿，羨煞旁人。

大約三年後，源義經對妻子訴說先前的打算，希望繼續趕往奧州，這樣自己也可以有一番作為。淨琉璃姬一聽，心底暗自傷心著，她甚至不願意跟丈夫有任何分別。但是善解人意的她還是答應了丈夫的請求。

分別的前一夜，兩人相擁直至天亮。源義經看到妻子傷心的樣子，就留下自己的笛子，並鄭重地對淨琉璃姬發誓：「安定之後，我就會想辦法，立即與妳聯繫，並把妳接到身邊來，長相廝守。請相信我。」來到門外，淨琉璃姬淚眼濛濛地看著丈夫，那背影越來越小，直至消失。

一一八〇年，源義經的哥哥源賴朝發動起義，地點選在伊豆。源義經得知哥哥舉兵的消息，就離開奧州平泉，前往伊豆尋找自己的哥哥，想幫助他成就大事。找到哥哥之後，源義經全力協助，帶領大軍先後打過好幾次勝仗，聲名遠播。

一一八三年，源義經帶領軍隊討伐自己的堂兄源義仲，路過三和河國的淨琉璃姬家。源義經帶著慚愧和興奮的心情飛奔到淨琉璃姬家，進入屋子，看到的卻是兼高夫婦憔悴痛苦的面容。源義經這時才知道這近十年來發生的事情。

源義經一心想有番成就，好能給愛妻淨琉璃姬帶來幸福快樂。但是，他沒有考慮到妻子的思念之苦。源義經走後，淨琉璃姬日日盼著他能夠早日出現在自己面前，但是始終音信全無。半年前，淨琉璃姬實在無法忍受名聲四起的丈夫仍然不來聯繫自己，於是某個深夜，她等家人都入睡後，便傷心絕望地獨自來到河邊，投河自殺。

得知自己十年未曾謀面的妻子竟然死去，心痛的源義經為她樹立了一千根的卒塔婆，做為紀念。

小知識：

淨琉璃姬的墳墓位於岡崎市誓願寺。十六世紀的室町時代末，出現了以琵琶或者扇子伴奏的新樂曲，其中，以淨琉璃姬為故事主角的說唱曲目《十二段草子》（即《淨琉璃姬物語》），風靡一時。後來，人們又稱這種新型樂曲為「淨琉璃」。江戶時代，日本出現了天才劇本家近松門左衛門，他與竹本義太夫合作創作出了以人偶演戲的「人形淨琉璃」。這一文藝形式又被稱為「文樂」，因為「人形淨琉璃」只剩了「文樂」一派，該詞逐漸成了「人形淨琉璃」的代稱。

加賀騷動

傳藏生於元祿直五年（西元一七〇二年），是前田家的子孫。

據說一次，他的父親跟隨加賀藩主狩獵，不知立了什麼大功，傳藏得以進城來服侍藩主的小兒子——吉治。

傳藏長得很英俊，而且聰明伶俐。所以當他來到藩主家中伺候吉治之後，沒多久就贏得了吉治的恩寵。

亨保八年五月，吉治做了加賀藩的第六代藩主，並改名為吉德。改朝換代後的君主，總是會不相信前朝的舊臣，而想提拔培養跟隨和聽從自己的家臣。吉德也是如此。在吉德上任之後，他就開始大力提拔他最寵愛的傳藏。傳藏剛開始只是一般的藩士，沒過幾年，他就掌握了藩國的財政大權。

再說吉德。他後來有了三個兒子，分別叫做宗辰、重熙和勢之助，都是他的三個側室所生。其中，吉德有個側室叫做阿貞，長相非常漂亮，也是他最寵愛的一個側室。阿貞本來是傳藏介紹給吉德認識的，她生的兒子勢之助，按年齡應該是排第二的，但是因為比較晚向幕府呈報戶口，所以排到了第三。

阿貞是個很有野心的女人，她非常想讓自己的兒子能成為藩主的繼承人。於是她開始極力討好傳藏。

傳藏知道她的用意後，就勸說阿貞：「既然做為藩主的兒子，肯定是衣食無憂，榮華富貴享用不盡的，那麼又何必在乎是不是能夠成為藩主呢？」不過，阿貞還是堅持自己的想法不為所動。

傳藏做為吉德的重臣，要負責各種經濟上的事情，比如改革舊的經濟體制，收拾上代藩主留下的經濟問題等，這樣的過程中不免會觸及上代舊臣的利益。這些前朝舊臣，私下非常痛恨傳藏，希望能夠有一天把他給趕下臺。所以這也就是吉德時期，藩內鬥爭比較激烈的原因之一。

在延享二年（一七四五年）的時候，吉德病逝。宗辰位為長子，順理成章地成為加賀藩的第七代藩主。宗辰成為新的藩主之後，也想重用自己的家臣，就開始想辦法除去傳藏。

延享三年，宗辰以「盜用公款」的罪名，將傳藏繩之以法，命傳藏蟄居起來。

同年十二月，宗辰突然死亡。死亡原因眾說紛紜，很多人都相信是傳藏暗地裡派人毒死了宗辰。

延享四年，吉德的次子重熙繼位。重熙成為加賀藩的第八代藩主。

延享五年，傳藏被改判流放到藩內的流刑地五個山。五個山專門收容那些重罪囚犯的小屋子，俗稱「御縮小屋」。這個屋子大小有十平方公尺左右，終日不見太陽，只留有一個小洞做為送飯的地方。

據說，傳藏在這裡待了大約半年後，也就是延享五年，用看顧他的臣下偷偷所攜帶的短刀，自殺而亡。

再說在江戶加賀藩內。有人發覺老侍女很可疑，種種跡象顯示她似乎想要毒殺宗辰的生母淨珠。後來經過調查拷問，才知道是阿貞在搞鬼。

江戶的宅邸派使者到藩內通報此事。加賀藩的大臣依藩主旨意審問阿貞。阿貞一開始矢口否認。後來審問他的官員將她推入蛇窟，施以眾蛇撕咬的極刑，阿貞無法忍受，才終於說出了實情。

阿貞承認他和傳藏的確有私情，但是絕對沒有對淨珠心生毒殺之念。

傳藏死了之後，阿貞和那個被拷問的老仕女一起被判了死罪。而他的兒子勢之助，也在寶曆九年（西元一七五九年），死在牢獄之內。

至於傳藏和跟隨他的那些人，也被重熙一一剷除。

小知識：

傳藏是日本江戶時代最有名的家老之一，治理成績非常突出，但是卻因為捲入了加賀的派系鬥爭，終於以身殉「藩」。

見沼田圃

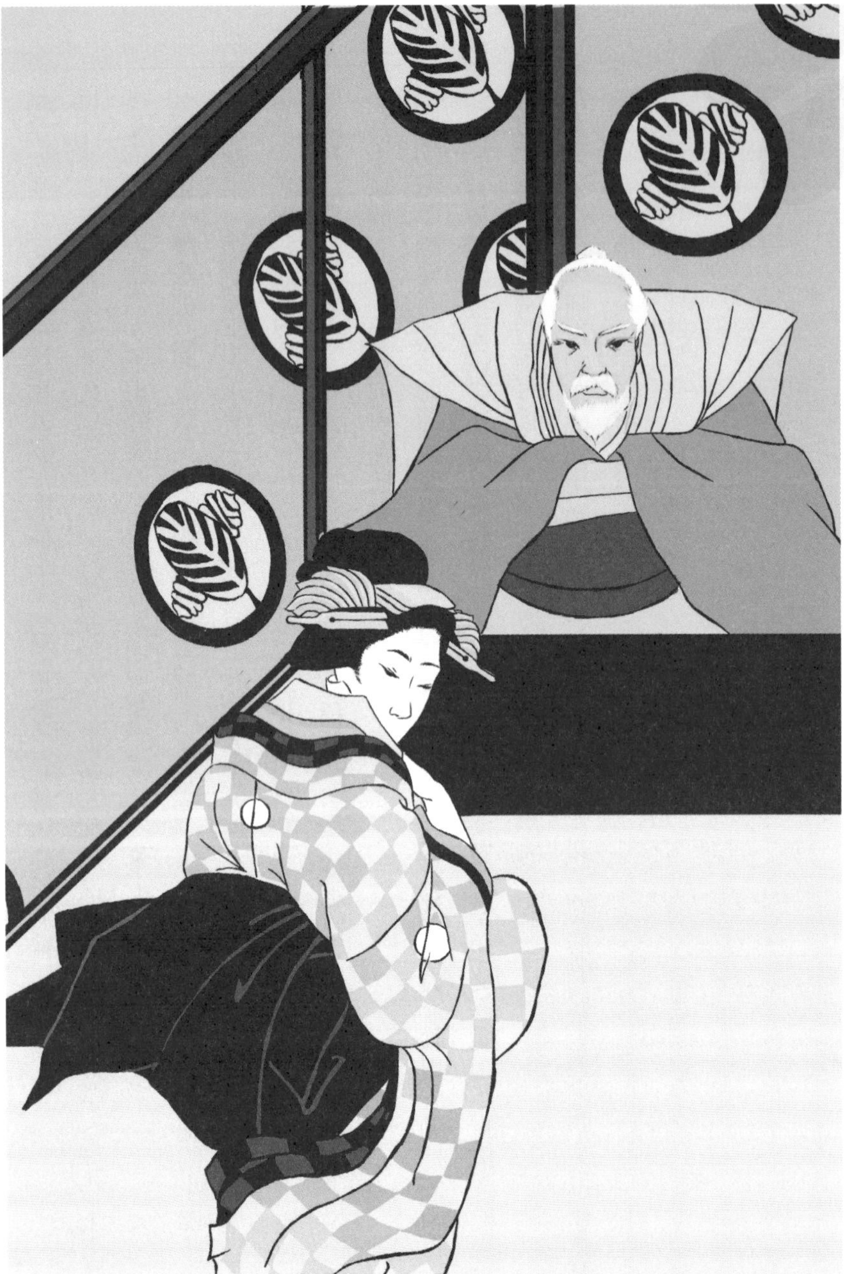

現在的日本埼玉縣的埼玉市，古時曾有一片非常大的沼澤地，即見沼田圃。見沼田圃的沼澤地非常廣大，各種動植物都生活在那裡。據說，龍是沼澤裡的首領，同時也成為附近村民的保護神，受到人們的祭拜和尊崇。

江戶時代的中期，日本第八代將軍德川吉宗，為了擴大全國的可耕作土地面積，下令將見沼田圃改造開墾，做為稻田使用。

負責開墾的人是日本一名老土木工程師。這個人出身於農民，有很多的土木開採和實作經驗。憑著自己紮實的土木知識和實地經驗，這個人一步步升職，並在德川吉宗掌權的這一年被任命為幕府的大臣，擁有了尊貴的身分。

接到德川吉宗的改造命令時，這個老工程師已經年近七十歲。他率領其他參加改造的人來到見沼田圃，這裡四野茫茫，一望無際。老工程師看到這片見沼田圃如此遼遠，就下令立即投身改造。

根據以往的改造經驗，老工程師決定首先需要做的是，將百年的堤壩八丁堤摧毀，這樣他才能迅速有效地排除沼澤內的水。

為此，這位老工程師就制定了盡快拆毀八丁堤的方案。這天眾人在老工程師的安排下，有的負責挖掘河堤的根基，有的負責搬運河堤上堆砌的石塊，很快地，這擁有百年歷史的堤壩就坍塌為平地了。眾人在堤壩坍塌的那一刻，齊聲歡呼。

但是隨著堤壩的消失，原本沼澤裡的生物也面臨死亡的命運。之前這裡有良好的生物系統，各種魚蝦等數量眾多。隨著水源的減少，魚蝦的數量也迅速降低。

看到突如其來的災難，守護這裡的龍神非常生氣。為了阻止人類對沼澤地的繼續破壞，龍神用盡了各種辦法。於是老工程師在改造過程中遭遇了各式各樣的怪事。

一天，幾個負責搬運石塊的工人突然跌倒，導致巨大的石塊砸傷了其中兩個人的腿，且傷勢非常嚴重；又有一天，前一天還好好的工人們竟然集體生病，導致沒有人可以繼續工作；還有一天晚上，工人忙了一天，吃過晚飯後，正在休息的房屋外面聊天時，突然發現房子自己著火了，火勢迅速蔓延。

儘管如此，老工程師仍然帶領工人們排除一切困難，堅持改造見沼田圃為農田的行動。

一切阻止的行為都沒有效果，龍神無奈之下，就化作一個年輕美麗的女孩，來到老工程師居住的地方。晚上，這個女孩哭的很傷心，對老工程師說：

「我從以前就很喜歡這裡，各種鳥兒和魚類生活在沼澤裡面，生機勃勃。但是，自從您來到這裡之後，拆除堤壩，使豐沛的濕地化為乾枯的泥土，到處都是魚蝦們死去的屍體，多可憐啊！您能不能停止這種行為，讓這些生命可以繼續存活？」

老工程師看到眼前這個傷心的小女孩，覺得她的身分有些奇怪，這附近荒蕪人煙，自己在這裡這麼久也從來沒有見過她。但是聽了她的話，又不無感觸地回道：「這些我也看到了。但是，我也是沒有辦法啊。現在國家的土地根本不能養育那麼多的人。現在如果不能將這片肥沃的沼澤地改造為農田，給那麼多挨餓的農民耕種，不知道又會有多少人死於飢餓呀！」

女孩聽後，理解地反問道：「您說的有些道理。但是也不能因為這樣，就不顧其他生物的死活啊？」

老工程師聽到這裡，也流下了眼淚：「暫時是沒有辦法。不過，我打算在將這片沼澤變為可以種植的稻田後，就在這裡開闢河道，種植樹木，讓這裡重新披上綠色的衣服。我想很快這裡仍然是糧食和各種動植物共存的樂園。」

女孩聽到老人的解釋，頓時消失了。老工程師覺得一切跟做夢一樣，只是心裡更加堅定早日完成使命的信念。

兩年時間轉眼即逝，老工程師和工人們克服各種艱難險阻，終於在這一天成功了。將這片沼澤改造之後，一千兩百多公頃的土地出現，而且土壤非常肥沃。

德川吉宗得知老工程師用這麼短的時間造出了這麼多的良田，大為高興，立即賞賜那些參與改造的人，並當面感謝這位有勇氣、有毅力的老人。

很多面臨飢餓威脅的人分得了土地，得到土地的第二年，見沼田圃上改造的土地獲得巨大的豐收，附近村民都感謝著老工程師給他們帶來美好生活的條件。

時過境遷，老工程師的功績更多顯示在他的環境保護觀念和行動方面。如今，見沼田圃一帶非常繁榮，地形也因城市化的建設有了很大的變化，自然環境也變得相當美麗。

小知識：

如今，見沼田圃的很多地方都被建成了公園，大片的綠地生長良好。特別是因為很多的農林和山林，國家都禁止開發，據說，這裡的綠地面積一直是東京首都地區最大的綠化帶。

百合若傳奇

嵯峨天皇時代的西九州，海盜活動非常猖獗。為了平定這裡的混亂局面，朝廷決定選派當時重臣左大臣的兒子百合若，擔負此次討伐的大任。

百合若製造的硬弓非常有名，同時硬弓也是他最喜歡、最擅長用的兵器。得到朝廷的命令，百合若非常興奮，他一直希望自己可以有機會接受重任。於是他馬上行動，不但特意造出一張巨型的硬弓，還特別製作出一支匹配的大型利箭。

一切準備就緒後，百合若帶領自己的軍隊，乘著朝廷安排的大型海船，浩浩蕩蕩地開進西九州。因為準備充足，百合若指揮得當，兵士們也英勇殺敵，原以為至少要五年的時間才能平定征戰，沒想到三年不到就提前結束。

大軍勝利返回之日，百合若所帶領的兵士都非常高興。看到部下在這次行動的表現如此出色，百合若也格外喜悅。於是他爽快地宣布，大軍在返回家鄉前可以好好放鬆一下。

就這樣按照百合若的命令，軍隊在系島半島附近的玄界島靠岸登陸。大家選擇了一處環境優美的地方，搭了帳幕，擺好酒宴，開始盡情狂歡著。

百合若那天心情極佳，雖然肩膀上的箭傷還隱隱作痛，但他仍然暢飲部下大將遞來的敬酒，只覺得沒過多久，自己就神智不清了。

百合若沒有想到，就在他酒醉之後，有人打起了他的主意。

這次大軍裡面，有一對兄弟，是別府的貞澄和貞貫。兩人看到百合若喝醉之後，就私下商量，想代替他帶領大軍返回，這樣就可得到原本屬於百合若的賞賜。

兩人商量好後，偷偷把不省人事的百合若抬到一處隱秘的地方，藏了起來。等了一段時間，兩人才來到眾兵士前，聲淚俱下地說百合若肩膀上的傷口意外惡化，現在已經離開人世了。兩人還欺騙眾人說，百合若在斷氣之前，囑咐他們兩個帶領大軍返回京城，並把他的遺體掩埋在這風景秀美的島上。

兵士們覺得這兩個大將的話有很多疑點，但是地位低微，都不敢輕易說出自己的意見。看到兵士們沒有任何異議，這對密謀獨攬軍功的兄弟暗自高興。假裝懷著百合若死去的巨大傷痛，他們做出不得不引領軍隊的樣子，傷心無奈地返回了京城。

回到京城之後，這兩個人按照商量好的說法，向朝廷稟報了百合若死亡的消息，順利地得到了豐厚的獎賞。之後，他們把百合若的戰甲和兵器送往百合若的家裡，並故作難過痛苦的表情。百合若的妻子春日姬，得到丈夫死去的噩耗，幾乎快要昏死過去。聰明的她聽著來人的講述，雖然心生諸多疑惑，但是看到來人傷心的樣子，她便不再多想，只得接受現實。

丈夫的死訊讓春日姬整日沉鬱欲絕，淚水漣漣。家人看到春日姬終日這樣痛苦，就勸說她把百合若生前所用的物品和豢養的動物捐給寺院，以便他早日升至極樂世界。

春日姬覺得有道理，深愛丈夫的她就將丈夫作戰的兵器、鎧甲、駿馬，以及丈夫在家精心訓練的獵犬和老鷹，都一起送給附近一座有名的寺院。奇怪的是，有一隻名為「綠丸」的老鷹，在春日姬回家之後，也跟著飛了回來，前後多次送給寺院，仍是成功地回到了家裡，彷彿不願意跟這一家人分開一樣。

這天，春日姬來到院子，綠丸馬上飛落在她的腳邊。春日姬以為綠丸是餓了，就命令僕人在牠面前放了一些食物。誰知道，這綠丸當即叼著食物向西方飛去。

綠丸一刻不停，一連飛了三天三夜，終於來到了百合若的身邊。

再說百合若酒醉之後，一直沉睡了三天還沒有醒來。綠丸來到之前，百合若終於睜開了眼睛，發現自己一個人躺在這座荒島上，還不知道到底發生了什麼事。正在驚訝的時候，綠丸飛到他的面前，讓早已感到非常飢餓的他高興著。

填飽肚子後，他咬破自己的手指，在島上找來寬大的葉子，寫上發生在自己身上的事，綁在綠丸的羽毛下。綠丸則朝著回家的方向飛去。

春日姬看到綠丸帶來的東西，終於弄明白了丈夫的遭遇，並急忙讓綠丸帶給丈夫寫字的物品，以便自己可以將事情稟告朝廷，早日為丈夫澄清冤屈。

春日姬一心著急丈夫的生死，忘記了綠丸雖然忠心，卻為了主人的事情一直沒有吃過東西。綠丸帶著春日姬所交付的東西，立即趕回玄界島，就在即將來到百合若身邊時，卻累死掉落在海水裡。

百合若苦苦等待，也沒有發現有人前來營救自己。無聊至極，來到海邊眺望，剛好發現綠丸的屍體，並得到了妻子透露的隱情，知道發生在自己身上事情的前因後果。

更湊巧的是，正當百合若著急地想回到京城報仇時，一艘漁船遭遇風浪，漂流到這裡來。百合若告訴船上人自己的遭遇，並跟他們一起乘船回了京城。

回到京城之後，百合若心想，現在朝廷還不知道自己還活著，必須等到時機成熟自己才能出現和報仇。於是百合若隱姓埋名，一直等到宮內舉行射箭比賽的時候。比賽內容規定，京城之內所有願意嘗試的人都可以報名參加。百合若就這樣混在人群裡面，等待時機。

那天，別府兄弟奉命做射箭比賽的裁判，和一名朝廷要員在席上觀看比賽。比賽進行中，百合若故意大聲喝叱那些上臺射箭之人，而且還故意擾亂氣氛。

射箭比賽的舉行，讓貞貫本來很得意，自己可以和哥哥好好炫耀一番。沒想到比賽中，一個蓬頭垢面的人竟然如此擾亂。他來到百合若的面前，要他上臺射箭，並聲明如果不能讓眾人滿意，將當場處死。

百合若很輕鬆地拉斷了十張大弓，並且還將一張從沒有打開的巨弓拉滿，眾人拍手叫好。

貞貫非常驚奇，詢問百合若的名字。百合若大聲一喝，怒聲道：「你們現在這麼風光，怎麼這麼快就忘記了這一切是誰給的？你們一定以為，那個百合若早就在荒島被野獸啃噬了吧？」

別府兄弟大吃一驚，嚇得當場從臺上滾了下來。

百合若順利地向朝廷澄清發生在自己身上的事情，最後終究得到朝廷的大力嘉獎。

別府兄弟自知作惡不淺，一直跪求百合若的饒恕。百合若看到他們，想到自己遭受這麼多磨難，氣憤難耐，於是建議朝廷將兩人流放到玄界島，永遠不能回到陸地。

小知識：

如今的玄界島上已經有人居住，大約七百人左右。島內的小鷹神社就是祭祀綠丸的神社。每年有近萬名遊客到這裡遊玩。

失耳的芳一

壇之浦海邊，有一座名叫阿彌陀的寺院。相傳，這座寺院的修建是為了安撫平家一族的亡靈。

阿彌陀寺院的附近，曾經住著一個名叫芳一的盲人和尚。芳一從小就擅長彈奏琵琶，而且琴藝非常精湛。也有當地人傳言，芳一可能是琵琶之神蟬丸法師或者其弟子源博雅的投胎轉世。特別是當芳一當眾彈起《平安物語》這段曲子時，在場聽眾都紛紛潸然淚下。

在芳一的聽眾裡面，最能聽懂他的當屬阿彌陀寺的住持。因此，住持就主動邀請芳一住進了寺院，以便芳一可以衣食無憂地安心彈奏琵琶。芳一彈奏的《平家物語》，也是住持最喜歡聽的。時常，芳一有空就會彈奏起《平安物語》：

祇園精舍鐘聲
訴說諸行無常
娑羅雙樹花色
道盡勝者必衰
驕奢者不長久
只因春夜如夢
威猛者終滅亡
如風中之塵土

住持經常聽的如醉如癡。

這天夜裡，天氣分外悶熱。住持帶領小和尚外出去做法事，只剩芳一一個人守在寺院。

芳一等了很久，住持還是沒有回來。於是，他就坐在面對後院的窄廊下面即興彈起了自己心愛的琵琶。

沒多久，芳一聽到有腳步聲從後門傳來，越來越近，直到芳一身邊才停止。

接著芳一就聽到一句「芳一！」的低沉呼喚，但很明顯不是住持或者其他寺院的人，聽起來很陌生。

芳一很吃驚地問道：「請問——是哪位？我眼睛看不見……」

只聽對方答道：「我是奉主人之命前來。我家主人身分高貴。這次他為了觀賞壇之浦的合戰遺跡，帶了很多隨從來到赤間關，住在該寺的附近。主人剛才有幸聽到您演奏的《平安物語》，很是欣賞，特意派我過來請您過去。」

聽到這裡，芳一更是驚奇了。他看不到對方是什麼樣的裝扮，但是從剛才的聲音中，猜想應該是全副武裝的兵士之類，或者京城裡貴族的貼身侍從。芳一此刻既擔心自己的安全，也害怕住持回來之後找不到自己會著急，但是對方的口吻恭敬，也不好拒絕。思前想後，芳一還是決定跟隨來人前往。

來人帶領芳一來到了一座豪門宅邸。

根據平時的經驗，芳一判斷此處應該是阿彌陀寺院的山門，怎麼還會有宅院在這裡呢？芳一暗想。

這時，芳一聽到來人向裡面叫道：「開門！」隨即，裡面立刻傳出了開紙門、格子紙窗、板門的聲音。

跟著來人進入後，芳一又聽到點燃燈火的聲音，以及女人下襬摩擦地面、點薰香的聲響。

接著，芳一感覺到一雙柔軟細嫩的手拉著自己，帶領他穿過庭院，又爬上樓梯，越過長長的走廊，經過數不清的榻榻米房間，最後來到一個彷彿是大廳的地方。

芳一來到這裡，可以感覺大廳裡聚集了很多人。四周不時有竊竊私語聲傳來，有男有女。芳一感覺奇怪的是，他們竟然使用的都是宮廷用語。

那雙溫柔的手示意芳一坐下來，芳一感覺到他坐的是那種帶毛皮坐墊的凳子。接著，芳一聽到一個威嚴的老婦人說：

「我們都想聽你彈唱《平家物語》，你可以開始了。」

芳一答道：「《平家物語》有兩百多首，不知道從哪一首開始呢？」

對方毫不猶豫地說：「《壇之浦》！」

芳一點了點頭。他抱起琵琶，就開始彈唱。芳一如平時一樣，只需從撥動琵琶那一刻起，他就可以馬上來到那個血雨腥風、亂箭俱發的赤間關海面。戰士的廝殺，戰場的騷亂，在芳一的琵琶聲中，令人感覺身臨奇境，難以抗拒。

周圍不時傳來驚嘆。「果然是名不虛傳的琵琶法師！」「京城也找不到這樣的名手啊！」「嗯！就是好！」「好像又回到當時了。」

當芳一專心彈著，到了「祖母身懷三種神器並懷抱年幼的天皇跳進河中」這一段時，四周驟然寂靜無聲，隨即傳來一陣陣的啜泣聲。

芳一這時注意到，周圍的啜泣聲不止，後來又變成了悲嘆聲、抽泣聲、呻吟聲和痛苦聲。

當芳一終於彈奏完這一曲，周圍寂然無聲。

過了一會兒，方才的老婦才說道：

「果然是名手啊！殿下也聽的入迷了。日後一定會給你獎賞。但是，你明晚必須接著來彈，連續六晚。而且，殿下這次是微服出巡，所以，你一定要將今晚所發生的事情保密。」

果然，第二天同一時間，那個來寺院召喚芳一的人都會前來，迎接芳一去表演。

再說芳一跟來人去彈琵琶的晚上，後來住持回來之後，看不到芳一，覺得應該也不會有事，就令小和尚等芳一回來。芳一整晚都在彈唱琵琶，白天就顯得非常疲憊。如此幾天，小和尚察覺有異，把芳一的事情告訴了住持，住持連忙命令寺院其他人仔細觀察芳一的行蹤。

到了這一天的晚上。寺院的僕人看到芳一一個人快步從後門出去了，就提著燈籠跟在他的身後。這天是雨夜，風也很大，沒跟多久，僕人的燈籠就熄滅了。但是，僕人奇怪地看到，芳一這樣的盲人，卻比他這樣的正常人走的還要快。沒多久，芳一就消失在僕人的視線內。僕人只好返回寺院。

令僕人沒有想到的是，他回到寺院後，就隱隱約約聽到芳一那熟悉的琵琶聲。他循聲尋找，竟然在寺院後山的墳場發現了芳一。芳一坐在漆黑的樹林裡，專心地彈唱著《壇之浦》曲。

僕人大驚。他上前硬將芳一拉回了寺院，並向住持報告了事情的原委。

芳一這才跟住持交代了這幾天他所遭遇的事情。

住持聽後，沉吟了許久。最後，他對芳一說道：「你知道你每晚是在對誰彈唱嗎？」

芳一遲疑著說，「好像是高貴的殿下和其他一些宮廷裡面的人。」

住持神情嚴肅，說：「你還不知道吧！你去的那個地方就是我們寺院的後山樹林，那裡是你所彈《平安物語》一曲的男主角——平安一族的墳場啊！」

芳一臉上頓時沒有了血色。

住持繼續道：「一旦照他們所說，連續彈六個晚上，你恐怕要跟他們一樣了。很有可能沒有六個晚上，你的精氣就會被耗盡，肉體也跟著死亡。」

說完，住持命芳一脫掉全身衣物，讓其他和尚在芳一的身體上寫滿《般若心經》。

住持對芳一交代，「芳一，你要聽好。只有這個辦法可以救你自己。今晚你還跟往常一樣，等對方前來。無論發生什麼事，都不要動。只要能平安度過今晚，以後就沒事了。」

當天晚上，芳一照住持吩咐去做。他赤裸著寫滿經文的身體坐在窄廊之下，手上彈著琵琶。來召喚他的人到了。無論來人怎麼叫芳一的名字，芳一都紋絲不動。

來人奇怪的是怎麼也找不到芳一，而且只看到芳一的耳朵和琵琶。原來，住持忘了在這些地方也寫上經文。

來人心想既然找不到芳一，拿芳一的這雙耳朵回去也算有了交代。

芳一只感到自己的雙耳處一陣異常疼痛，但是不敢動彈，也不敢叫出聲來。

直到天亮，住持趕到，才發現芳一身上布滿血跡。

聽芳一講過夜裡所發生的一切，住持向芳一道歉，但是他慶幸地告訴芳一他已經得救，以後不會再被這些鬼靈所騷擾。

從此以後，芳一靜心在寺院裡生活。

芳一雖然本身是盲人，耳朵也沒有了，但是他卻更加勤奮地練習自己的琴藝，以致譽滿天下，無人不曉。

小知識：

日本本州最西端的山口縣有一個名叫關門海峽的地方，自古就是防禦外患的要塞地帶。壽永二年（一一八三年），後白河法皇下令討伐住在京城顯赫一時的平家一族。平家歷經一之谷決戰和屋島決戰等這一系列歷史上有名的敗仗後，就一路往西方出逃。

最後，平家一族逃到了本州最末端的赤間關的壇之浦，決定在這裡和征討他們的大將源義經決一死戰。壽永四年（一一八五年）三月二十四日，平家一族被源義經所帶的大軍打得落花流水。伴隨當時才七歲的第八十一代的安德天皇跳海自殺。由此，平家一族七十年命運結束。

據說，平家一族敗落之後，壇至浦一帶的海面經常發生各種靈異現象。每到月圓之夜，海面上就會傳來各種戰場上的廝殺聲；若是到了大雨連綿的夜晚，海面上還會出現很多鬼火，若明若暗，非常鬼魅；假如是大霧的天氣，有人甚至可以看到壇之浦一帶海面上的船隻和人影，忽明忽暗，甚至會有刀槍和弓箭的撞擊聲。

關於平家的傳說很多，山口縣壇之浦的芳一傳說是其中最出名的一個，最初記載於天明二年（一七八二年）京都刊行的《臥遊奇談》。

役小角

役小角，據傳是日本的修驗道始祖。

役小角從小就自己學習佛法。他經常在心裡想像，自己能夠乘著五彩祥雲，輕鬆自如地飛過村落，飛越河川與高山，一直飛到那些神仙們居住的地方。到達神仙們聚居之處，役小角還接著想像，自己得到了那些終年修行的得道大仙們的熱情歡迎，並被神仙們傳授修行之法，吸收靈氣，脫胎換骨。

儘管這樣的想像，在旁人看來，不過是做白日夢。役小角卻始終堅持，他自信自己的誠意終有一天會感動神仙，得償所願。

所以役小角一直堅持在洞窟內居住，以便讓自己可以更加接近神仙。這樣一住就是三十年。他不穿常人衣物，只學原始古人穿那些葛藤所編的蔽體之物；他不吃一般人所食的五穀雜糧或是肉類，每天只需摘食一些松針嫩葉。除此之外，役小角堅持每天在清泉中洗澡，希望可以以這種方式讓自己早日清除塵世的污穢，具備仙人的基本素質。

後來，持之以恆的役小角終於得到一本名為《孔雀經》的咒語之術，以及其他一些神仙法術。這時的役小角，不但真的實現了自己騰雲駕霧的夙願，還能夠憑藉自己的法術駕馭一些妖鬼。

一次，役小角打算在葛城山和金峰山之間架起一座石橋。

葛城山本來和金峰山相隔很遠，大約有三十公里左右。兩山之間的地面，不是巍峨的高山，就是湍流的溪谷，根本不可能彼此相通。於是，役小角決定在兩個高山之間的上空架起一座石橋，這樣也就可以方便自己與其他仙人順利來往。

事情決定後，役小角開始吩咐那些可以使喚的妖鬼去架橋。

役小角本來以為憑靠這些妖鬼的能力，石橋應該很快就可以建成。一直等了大半年的時間，也沒有人向他稟告這件事情的進展。

役小角再次來到眾妖鬼施工的地方，發現大白天裡這些妖鬼都無所事事，彼此閒聊，耗費時間，沒有一個認真工作。

看到妖鬼這樣應付自己，役小角非常生氣。他來到妖鬼們的面前，厲聲呵斥他們為什麼遲遲不能將石橋之事竣工。

這些妖鬼回答道：「您可能有所不知。在這裡，一言主神是眾山之主。我們這些妖鬼必須聽從一言主神的吩咐。但是，這個一言主神白天不出現，只是夜晚出來。我們害怕被他知道責備，就只好夜晚出來動工，以待主神隨時差遣。」

追問原因，妖鬼們告訴役小角，因為一言主神長相奇醜，總會被其他神仙恥笑，也就不在白天露面。

役小角聽到這裡，不由得大怒。心想這個醜陋的山神，就為了自己的容貌，不讓自己的石橋計畫完成。於是，役小角命令這些妖鬼，一定要把一言主神叫出來。役小角還補充說：「既然一言主神耽誤了石橋的進展，就務必要幫助妖鬼，大家一起合力，早日建成石橋。」

一言主神得知此事，根本就不把役小角的話放在心上。他告訴妖鬼，自己肯定不會在白天出門，更不會幫別人建什麼奇怪的石橋。

役小角知道一言主神的態度後，勃然大怒。他施展法術，很快一言主神就被拖了出來。役小角看到一言主神的樣子，更為氣憤了。他把一言主神綁在葛城深山裡的一棵百年老樹上，一言主神大罵役小角，但是卻不能為自己解脫。

一言主神無奈，就運用自己所習的咒語之術，附在天皇的一個寵臣身上。

這個被天皇恩寵的大臣，本來就是一個非常能夠顛倒是非的小人。這次，他中了一言主神的咒語，就立即向天皇進獻讒言，說役小角做了多少壞事，甚至想要消滅朝廷，自己做上天皇寶座的位置。

天皇一聽此言，自然非常惱怒。他就命令大軍，無論如何一定要把役小角抓住。

這支大軍儘管在戰場上英勇無比，戰無不勝，但是卻怎麼也奈何不了會各種法術的役小角。

而那個向天皇說役小角壞話的大臣，繼續想出一個可以制伏役小角的辦法。他命人先把役小角的母親抓起來，並向役小角放話說：「如果不前來就範，一定會把這個可憐的老婦人殺死。」

役小角非常尊敬和愛戴自己的母親。得知母親因為自己被抓並且可能為此丟掉性命後，役小角只好前去認罪。

天皇看到役小角承認了自己的罪行，於是下令將他流放到蠻荒的伊豆島。

來到伊豆島的役小角，繼續潛心修練自己的法術。他白天安然地接受天皇對自己的懲罰；晚上則偷偷地飛到富士山上修行。

三年之後，役小角終於被釋放。

小知識：

役小角是日本的修驗道始祖，聲望很高，史料記載於《續日本紀》。該書是創作於平安初期的史書，是奈良時代的基本史料。根據記載，役小角住在奈良縣葛城山，會咒術，受弟子韓國連足誣告，在文武天皇三年被流放於伊豆島。

千歳松

千歲松

奈良時代，京城裡面有個貴族男子，名叫藤原豐光。

這一年，藤原豐光奉命到遠方的陸奧國做國司。藤原豐光的妻子在多年前因病去世，家裡只有一個女兒，名叫阿古耶姬，長相美貌。藤原豐光想到這次赴任，可能要多年之後才能返回故鄉，於是便帶著女兒一起上路。

來到陸奧國，藤原豐光和女兒來到千歲山山腳的平清水，這裡風景秀麗，遠離鬧市，於是就成為他們定居的最佳選擇。

阿古耶姬來到這裡之後，因為每天的生活都很平淡，加上沒有朋友，父親公務繁忙，就開始懷念起京城繁華熱鬧的生活。

因為從小學習古箏，阿古耶姬彈奏技巧非常嫻熟。無聊之時，她總是彈奏著古箏，在優美熟悉的樂曲裡尋找安慰和寄託。

這天晚上，阿古耶姬像平時一樣，懷念在京城有許多的朋友可以作伴的日子，邊回憶邊彈奏，一個人沉醉其中。突然，一陣優美的笛聲傳到她的耳邊，而且那笛聲時而婉轉，時而豪放，似乎正是為了配合她的演奏。

阿古耶姬從自己的情緒裡驚醒，抬頭一看，只見不遠處，自家後院的籬笆牆外站著一個青年男子，氣宇軒昂，儀表不凡，手握橫笛，專心致志。奇怪的是，這個男子演奏以後，就隨即消失了。

第二天的晚上，這個男子依然出現。阿古耶姬驚奇，仔細觀察，覺得這個男子的裝扮並不是當地之人，但是他究竟是誰？又為什麼會到自己家門口演奏，並應和著自己的古箏？阿古耶姬心裡冒出一連串的問題。

以後的日子，男子每天晚上都會出現在阿古耶姬的視線，專心地合奏，跟約定好的一樣。終於，大晚上，抑制不住自己好奇心的阿古耶姬來到男子的面前，詢問身分。

這個男子看到美麗的阿古耶姬，面帶微笑地回答：「我叫左右衛門太郎。」

但是，當阿古耶姬問起男子的身世時，他便故意含混，始終不願透露。

阿古耶姬心想，可能他有自己的秘密和苦衷，於是便不勉強對方。

至此，兩人算是一見鍾情，二見傾心。此後的每天晚上，阿古耶姬和男子約定了見面的時間和地點，彈琴說話，異常甜蜜。

一次，阿古耶姬的父親藤原豐光忙完公務回家，見女兒未在屋內，找來找去，來到了後院。藤原豐光驚訝地看見女兒正在後院的黑暗之中專心彈奏，上前詢問，一向乖巧聽話的阿古耶姬就害羞地向父親道出了實情，並吐露出對這個左右衛門太郎的愛慕之情。

藤原豐光覺得這個男子的行為非常可疑，因為自己過於繁忙，就告誡女兒，婚姻大事要認真對待，並要求女兒不要再跟那名男子見面，女兒默默答應。

阿古耶姬雖然答應了父親不再與左右衛門太郎見面，但是一到晚上，她就偷偷地來到後院，繼續與左右衛門太郎交往。並且在不久之後的一個深夜，兩人私自結成了夫婦。

於是，阿古耶姬瞞著父親和左右衛門太郎結為夫妻，兩人在晚上並肩演奏，促膝談心，如漆似膠。雖然心裡擔心被父親發現，阿古耶姬還是滿足於和丈夫的相處，並小心翼翼地隱瞞著兩人的行為。

原本可以這樣一直相處下去，讓阿古耶姬沒有想到的是，一天晚上，左右衛門太郎把阿古耶姬叫來眼前，抱在懷裡，似乎依依不捨的樣子。阿古耶姬正覺得奇怪，卻聽到丈夫說：

「以前妳問我的身世，我一直不敢告訴妳。現在，我想對妳坦白。我不屬於人類，本來是附近千歲山山頂上的一棵千年老松，因為日日吸收天地精華，成為精靈，孤伶伶地生活在這深山裡面。直到妳來到這裡，我聽到妳優美的琴聲，很感動。為了可以經常聽到妳的演奏，我便化身為男子的模樣接近妳。」

阿古耶姬雖然有懷疑過丈夫的身世，但聽到對方說自己是精靈，還是大吃一驚。

對方繼續說道：「沒有想到能夠演奏出這樣美麗樂曲的人，長得竟然如此美麗，而且心地善良、溫柔可愛。我情不自禁地愛上了妳，並希望可以一直陪伴著妳。我覺得我們相處的日子非常幸福。但是，現在我要抱歉地告訴妳，我可能不能夠再繼續跟妳在一起生活了。」

阿古耶姬更加驚訝了，她抱緊了男子，著急地說：「你是什麼意思？我不要你離開我。」

男子傷心地說：「妳可能不知道，現在千歲山上的很多樹木都被砍掉了。明天就輪到我，聽說是為了造一座石橋。」

停頓了一下，男子無奈地繼續道：「我已經沒有太多的時間，只是想拜託妳，如果可以的話，希望妳明天可以拉我一下。」

阿古耶姬還沒弄清楚男子的話，只見一陣輕煙升起，丈夫就不見了。

傷心欲絕的阿古耶姬回到屋裡，一夜無眠。

第二天，阿古耶姬很早就起床。她匆匆地來到附近的千歲山山路上，拼命地向山頂爬去。因為山勢非常陡峭，加上一夜沒有休息，阿古耶姬累得氣喘吁吁，但是她仍然一刻不停地爬著，直至大汗淋漓地來到山頂。

這時，阿古耶姬看到一群人正在合力搬運著一棵非常巨大的松樹，當即明白丈夫所說的話，肝腸寸斷。這些人早已把松樹砍倒在地，聽說花費了幾十個人的力量和整整一個晚上的時間。

當這些人抬著松樹來到阿古耶姬的面前，無論怎樣用力拉，綁在松樹上的繩子還是絲毫未動。阿古耶姬想起昨晚丈夫交代的「拉我一下」的事情，也明白了丈夫的心意，對這些人說，自己或許可以幫上他們的忙。

這些人聽到阿古耶姬的話，都以為她是在開玩笑，看著阿古耶姬認真的樣子，想到松木一動也不動的怪事，眾人將手中的繩子交給阿古耶姬，紛紛退下。

阿古耶姬淚流滿面地來到松樹跟前，在心裡對其默默祝福，並把自己的愛戀一一傾訴，並向松樹做出告別的手勢。然後，阿古耶姬輕輕地拉起了手中的繩子，繩子竟然就跟著移動起來。

事後，阿古耶姬向父親說明發生在自己和松樹精之間的故事，並下定決心要和其永遠相守。不顧父親的反對，阿古耶姬來到了千歲山，在那根千年老松樹埋在山上的樹根處，蓋起了一間草屋，並重新種植了一棵松樹。然後，阿古耶姬就一直居住在這裡，直至死去。

阿古耶姬死後，為了祭奠這對戀人，人們將阿古耶姬的屍體埋在她親手種植的松樹下，並將這棵松樹命名為「阿古耶姬」。

小知識：

因為阿古耶姬刻骨銘心的愛情與千歲山有關，後人又把這棵松樹叫作「千歲松」。現在，日語中的「千歲松」一詞，還有表示男女感情「無論海枯石爛永遠不變」的意思。

江之島

古早以前，日本神奈川縣鎌倉市的深澤一帶，有處非常大的湖泊，方圓四十里左右。據說，在這湖泊中，住有一條有五個頭的龍。這條五頭龍性格暴虐，經常四處為非作歹，不是引起山崩地裂，就是喚來大水淹沒農田和房屋，要不然便是噴火讓農作物燒個精光，或讓瘟疫流行蔓延。令附近村民更為恐懼的是，這條五頭龍最喜歡吞噬小孩子。其中有個村落名為津村，該村長家十六個孩子，全喪生在五頭龍手下。

村民擔心五頭龍的破壞，又苦於沒有抵抗能力或逃避的辦法，最後派人跟五頭龍達成協議，答應定期準備年輕女孩做為禮物送上，以便五頭龍不再對整個村子施加災難。

欽明天皇十三年（五五二年）四月十二日，深澤附近海岸突然發生異變。某天，天搖地動，大海呼嘯，狂潮奔湧，此異變現象長達十天之久。

二十三日辰時，騷動才逐漸平息，海面升起一陣濃霧，濃霧彼方遙遙傳來美妙樂音，四面香氣芬馥，有位仙女乘著五彩雲，左右各跟隨一個女童，自天而降，同時，海面也出現個小島。這正是現在的江之島，天女則為江島神社內的弁財天女神。

五頭龍得知此事後，非常好奇，趕到江之島時，正巧目睹了仙女嬌美的容貌。自此，五頭龍對仙女一見鍾情，回到湖泊後，終日夢斷魂牽，甚至為此廢寢忘食，形體消瘦。

某天，五頭龍無法忍住自己對仙女的愛慕之情。牠來到江之島，向仙女傾訴自己的愛慕之意，並向仙女求婚，希望她與自己結為連理。

仙女聽到這裡，不禁大怒：「我怎麼可能嫁給你？姑且不論你的長相，你如此殘忍，經常對附近的村落肆意侵害，害了那麼多人遭受痛苦，我絕對不可能答應你的要求。」

五頭龍聽到仙女的回答，不禁失望難過，他連忙發誓痛改前非。以後，每逢乾旱的季節，五頭龍就會主動施展法術，呼雲喚雨，普降甘霖，滋潤乾旱的農作物。等到秋季颱風入侵，五頭龍又會以自己龐大的身軀來抵抗海嘯。而且，五頭龍還經常幫助村落裡面的貧弱之人。

這樣十餘年過去了，仙女看到五頭龍的行為，感動不已，也終於答應與五頭龍成婚。

歲月流逝，五頭龍逐漸衰老，臨死前，牠向仙女說：「感謝妳跟我生活在一起這麼久，讓我可以成為對別人有用的人。我死之後，會化作高山，希望因此可以永遠保護妳和那些善良的村民生活幸福。」

五頭龍說完，就拖著衰弱的身軀，渡海來到江之島的對岸。只見五頭龍氣息微弱，但神情莊嚴。牠用盡最後一絲氣力，化身為一座巍峨的高山，俯視和呵護著江之島上的妻子以及附近的村民。

時代往後推，時值江戶時代前期。慶長十五年（一六一〇）生於伊勢的杉山和一，本為藤堂藩某家臣長男，小時候因病失明，自認不能勝任，便主動把將戶主地位讓給妹婿，一個人前往江戶學習針灸。

杉山和一踏上了拜師學習針灸之路。因為是盲人，加上對路線不清楚，自然經歷了不少曲折和艱辛。但是杉山和一並沒有因此改變自己的意志，反而更加堅定了自己的信念。

大約前後有一年的時間，杉山和一成功地尋訪到針灸大師山瀨琢一，拜其門下開始學習針灸。

針灸本是一門細緻的學問，跟隨山瀨琢一學習的其他人都學習比較快，不久便得到了針灸之術的要領。但是杉山和一卻無論怎麼努力，始終無法習得這項技藝。杉山和一不但天生手拙，而且忘性非常大，經常把針扎錯地方。師父教他的技藝要領，過了一天他什麼也記不起來。

時間一長，山瀨琢一也對杉山和一失去了信心，決定將他趕出師門。

杉山和一無奈，只得返回家鄉。在返回歸鄉的路上，杉山和一感到自己的志願成為泡影，而做為盲人，回到家中也不能像正常人做出一番成就。他想到，離開家之前自己把家中擔子交與妹婿，就是為了避免成為無用之人。事到如今，時光飛逝，卻仍是回到原處，杉山和一感到痛不欲生。

杉山和一鬱悶地走著，不知不覺來到了江之島。島上奇花異草散發出陣陣花香，讓他心情好了不少。這時，他想起弁財天女神的傳說，於是抱著最後的希望，向弁財天女神祈願。杉山和一為了表示自己祈願的誠意，連續七天不吃不喝。

到了第八天，拖著飢餓和疲憊身子的杉山和一無力地摸索著下山，不料途中絆到一塊大石頭，立刻摔倒而昏迷不醒。

不知過了多久，杉山突然感覺一陣類似針扎的痛楚，回過神來時，盲目的他竟看到眼前站著弁財天女神。這時，他又感到一陣刺痛，伸手摸索，發現指尖前有個細竹筒，裡頭裝滿尖銳東西。他又用手指觸摸，才恍然大悟竹筒裡裝的原來是松葉。這時，杉山和一腦中閃過亮光。

如果先把針灸時用的針放在竹管內，就不用擔心會扎錯地方了。他心頭大喜，連忙感謝仙女的啟示和幫助。

意外得到學習針灸的技巧，杉山和一不顧飢餓和勞頓，繼續前去學習針灸。

這次，他來到了京都，拜當時有名的江豐明為師。後來，杉山和一得知，江豐明的父親曾經是山瀨琢一的師父，祖父則是豐臣秀吉官醫的徒弟，不禁更加欣喜，用心學習針灸之術。多年之後，杉山和一將自己專研的這兩派針灸融會貫通，發明了獨一無二的管針法。

學成針灸的杉山和一回到江戶，並自己開了一家針灸醫館。因為杉山和一針灸的技術嫻熟，而且療效極快，當時的人都爭相前來就診。杉山和一很快聲名大噪。

後來，杉山和一的針灸之術傳到當時五代將軍綱吉的耳裡。綱吉有腰痛宿疾，懷著把死馬當活馬醫的心情，他召喚杉山和一進城為自己治療。

杉山和一來到綱吉將軍所住之處，弄清楚病因後，便開始針灸治療。很快地，綱吉將軍的腰已沒有任何疼痛感。

多年的腰病終於痊癒，綱吉將軍大喜，問杉山和一：「你想要什麼獎賞？不用客氣，老實說來。」

杉山想了一會兒，才回說：「我只希望至少有隻眼睛。」

對這要求，將軍也無法馬上作答。沉思許久，終於下令：「好，沒問題，就給你一隻眼睛。」

原來將軍賜給杉山和一位於「本所一目」的約一千九百坪宅地，並任杉山和一為關東總檢校。所謂「檢校」，就是盲人的最高官職，管轄範圍不僅包括針灸，還有三弦、箏曲、評曲，以及按摩。

杉山和一在「本所一目」開設了一家「杉山流針治導引訓練所」，是當時全球首創的眼疾訓練治療學校。

小知識：

五頭龍化身的山就是現在日本藤澤市的片瀨山，龍口處名為「龍之口」。這座山附近的村民都稱這座山為「龍口山」，並在山腳下建立了祭祀五頭龍的龍口明神社，神體即是五頭龍的木雕像。目前每隔六十年，這裡仍然會舉行一次祭祀典禮。祭祀當天，當地人會抬著五頭龍型的神轎，乘船渡海到江之島，希望五頭龍和她美麗的妻子可以重溫舊夢。

道德內省篇

道成寺

古代的紀伊國，曾經有一位富人，名叫莊司。莊司很有錢，但為人熱情，慷慨大方。莊司的家庭和睦而幸福，特別是有了自己的獨生女清姬之後。

離紀伊國不是特別遠的奧州白河，住有一個年輕的和尚名叫安珍。安珍每年都要前去紀伊國參拜，晚上寄宿的地方就是莊司家。

安珍容貌非常英俊，加上修養很好，每次來到莊司家裡借宿，漸漸贏得莊司的女兒清姬的傾慕。有一天，莊司和女兒吃過晚飯之後聊天。偶然提及安珍，隨口說如果讓自己心愛的女兒和安珍這樣的出色男子結為夫妻，也是不錯的選擇。清姬聽後，暗生歡喜，對父親的話信以為真。以後不能跟安珍見面的日子，她就更加思念。

這年安珍二十歲，清姬十七歲。安珍跟往年一樣，來到莊司家借宿，以便前去參拜佛祖。

清姬得知安珍到來的消息，心裡跟吃了蜜糖一樣。她穿上自己最漂亮的衣服，戴上父親剛給她買的精美首飾，躲在暗處偷看自己的心上人。透過窗戶，清姬看到屋子內的安珍，依然那樣英俊非凡，談吐高雅，而且新添了幾分男子漢的氣概。

這天晚上，清姬來到安珍的住處，向眼前這位自己思念不已的男子傾吐了愛慕之意。清姬是個直率而單純的女孩，她早已不能抑制自己的懷春之苦，加上之前父親的那句戲言，她以為安珍也是很愛慕自己的。沒等安珍開口，她又直接了當地問道：「你覺得什麼時候可以跟我結婚？」

安珍聽到清姬的這一番話，非常慌張。儘管他跟莊司家已經很熟，卻從未見過清姬小姊的面。今晚初次見到她的安珍，並沒有對方那樣濃烈的感情。況且，安珍一心修行，雖然欣賞對方的美貌，但還是把修行看得最重要。所以，安珍到目前為止，從來沒有想過要跟清姬結為夫妻這樣的事。

安珍誠實地回答清姬說：「我為了早期修成正果，堅持每年到這裡參拜。等我參拜完回來再談這件事情好嗎？」

第二天早上，安珍收拾好行李動身到參拜的地方。清姬一再囑咐安珍，要他參拜的事情結束之後，一定要趕快返回。安珍答應說，最多兩三天之後，他就會返回。

清姬天天到門外等候安珍回來，但是日子一天天過去，她也沒有看到安珍的影子。焦急的清姬四處打聽安珍的下落，好些從參拜的地方返回的和尚都說看見安珍已經繼續往前趕路了。清姬不相信安珍會違背自己的諾言，就發瘋般地前往追趕。

不知追趕了多久，這一天，清姬真的追上了一直前行的安珍。

清姬以為安珍看到自己經過這麼長時間來等待和追趕他，會非常感動。誰知安珍看到清姬的招呼，竟然說道不認識她。

清姬心底無邊的愛戀和思念一下子就變成了對安珍的憤恨。她神色兇狠地質問安珍，跟女鬼一般。安珍見到清姬這個樣子，嚇得轉身就逃。安珍跑到日高川的岸邊，趁機坐船來到了對岸的日高寺。

日高寺內有很多的僧兵，見跑來的安珍描述自己的遭遇，他們都不相信。安珍苦苦哀求，眾人答應幫他躲過清姬的追趕。當時，寺院裡正在修補鐘樓，剛卸下的吊鐘放在地上。僧兵們就把安珍放在偌大的鐘內，並將鐘吊在了寺院的大殿上。

追趕安珍的清姬，來到了日高川的岸邊，正值水流湍急的時候，河面上沒有一艘船。急著要追趕安珍的清姬竟然變成了一條巨蛇，一會兒就游到了對岸。

但是，變成巨蛇的清姬再也不能還原成人形。她吐著火焰，移動著爬向寺院的石階，尋找著日高寺的角角落落。那些僧兵看到這個情景，也嚇得一動也不動。

終於，清姬把注意力集中在了大殿的吊鐘。她巧妙地爬上了吊鐘，憤怒地撕咬著鐘頂端的龍頭。清姬把自己的身體捲了七層，吐出巨大的火焰，將吊鐘燒的裡外通紅。安珍也很快被活活熱死在裡面。

之後，僧侶看見巨蛇流出了帶血的淚水，頭也不回地爬向了附近的海灣，並死在那裡。

三天之後，日高寺的住持在夜裡做了一個奇怪的夢。在夢裡，他看到兩條纏繞在一起的蛇，其中一條向住持哭訴：

「我就是三天前來到寺院的安珍。我遇上了一個惡女。現在我被她活活燒死了，在地獄被迫與她結成夫婦，沒有辦法再修練成佛。希望您能幫我好好超渡，完成我的夙願。」

日高寺的住持夢醒之後，覺得這件事非常蹊蹺。第二天，他就命令寺院的僧兵全部來為安珍舉行盛大的法事，誦經超渡安珍以及那條巨蛇。

當天夜裡，安珍真的向住持託夢說，自己已經擺脫了惡女的糾纏，感謝住持的超渡。

自此之後，日高寺就改名為了「道成寺」，以此重新宣揚佛法，普渡眾生。

小知識：

與道成寺有關的《道成寺緣起》繪卷是道成寺寺寶，也是日本國寶，共兩卷，長約四十米，應永三十四年創作完成。在這幅繪卷當中，清姬與安珍的名字還沒有出現，只是用「僧」、「女」的泛稱代替。到江戶時代，根據這一傳說改編的淨琉璃、歌舞伎中，清姬與安珍的名字才定下來。

黑百合

佐佐成政，性格直率，是織田信長家臣中最勇猛、最忠誠的一位。

佐佐成政跟隨織田信長，歷經曾經發生在福井縣的朝倉之役、愛知縣的長筱合戰和石山本願寺的農民武裝起義，不斷建立功勳。在天正九年，也就是一五八一年的時候，佐佐成政升職為富山縣的守護大名。

天正十年，本能寺之變爆發。豐臣秀吉為自己死去的主君報仇，首先討伐了明智光秀，並且逐漸掌握了主君的實權。

佐佐成政得知此事之後，擔心豐臣秀吉會進而威脅信長的勢力。為此，在信長去世後，他就跟信長的兒子一起去拜託德川家康，希望在自己攻打秀吉時，德川家康能夠助自己一臂之力。

天正十二年，佐佐成政在愛知縣的長久手，跟豐臣秀吉展開激戰。他不知道，德川家康為了自己的利益，私下與豐田秀吉締結了和約。而且，在此之前，織田信長的另外一個家臣前田利家，為了自己的前途考量，已經投奔了豐臣秀吉。

佐佐成政得知前田利家背叛自己主君的消息，非常生氣，也向前田利家開戰，奇襲了末森城。

戰鬥過程中，佐佐成政前往靜岡縣催促德川家康組織隊伍，唯一的一條路得經過立山。但是即使他經過立山的千難萬險，終於見到德川家康時，卻被對方一口拒絕了。

佐佐成政從立山無功而返，身心疲憊不堪。誰知他剛回到家中，又得知在自己離開家的這一段時間，一向寵愛的小妾早百合跟自己的家臣發生了私情。這時的佐佐成政腦子一片混亂，根本就沒有辦法讓自己冷靜下來。加上他本來心情就不好，佐佐成政就把自己在戰爭前後的憤怒轉嫁到了早百合的身上。

佐佐成政回家後，就立即親手殺死了那位被指控跟早百合有私情的家臣，並且，還把早百合綁在神通川河畔的樹上，一刀一刀將早百合折磨致死。就連早百合的親人也無一倖免，全部被斬首示眾。

但是，早百合並不因自己的醜事而內疚，她無論怎樣解釋，都沒有任何人相信。她絕望地看著自己的丈夫，那個被失敗沖昏了頭腦的男人，臨刑前大聲呼喊道：「我發誓沒有做過任何對不起你的事情，而平白遭受這樣的酷刑，必將死不瞑目。我會在死後化為野百合，當立山開滿野百合的時候，也必定是你佐佐成政一家滅亡的日子。」

原來，早百合是當年佐佐成政剛到富山縣赴任時偶然遇見的女子，佐佐成政對她一見鍾情，隨即就上門求親，納其為妾，寵愛有加。

就在佐佐成政通過立山，前往德川家康駐地的時候，早百合懷了身孕。做為佐佐成政妻子的那個女人，卻一直沒有為其生下一個男孩。當早百合懷孕的消息傳來時，她開始憂慮焦急，一旦早百合生了個男孩，勢力很快就會超過自己。所以，她利用自己的權力編了這一番假話來誣告早百合。

第二年的夏天，在立山的山腰上，真的開滿了一片片的黑百合。這邪惡黑百合各個垂首無語的樣子，似在向世人傾訴著她巨大的冤屈。

天正十三年，豐臣秀吉率領大軍前來攻打佐佐成政。激戰過程中，有人看到，不時風雨交加，還有震人魂魄的霹靂閃電，甚至還會時有早百合的亡靈閃現在炸裂的天幕上。佐佐成政心驚膽顫，無心應戰，只得落荒而逃。後來，佐佐成政終於身穿黑色的法衣，向豐臣秀吉俯首稱臣。

天正十五年，豐臣秀吉封投降於他的佐佐成政為現熊本縣的首領。在佐佐成政前去赴任之前，豐臣秀吉曾向他告誡，不能得罪當地的那些土豪。

奉命赴任的佐佐成政，內心惶恐不安。因為，之前他曾經跟豐臣秀吉處處作對。但是，豐臣秀吉不但沒有殺了他，竟然還讓他到這裡來做領主。

當時，大阪城內正要舉行花會。忐忑的佐佐成政心想，正好可以利用這次機會討好豐臣秀吉的正室妻子北政所。據說，豐臣秀吉的正室是北政所，側室的小妾是織田信長的妹妹阿市的遺孤澱君。兩人經常在後宮裡爭來鬥去。

於是，佐佐成政命人到立山上去採摘了一株最美麗的黑百合，想要進獻給北政所。北政所收到佐佐成政所進獻的黑百合，非常高興，覺得自己這次肯定能夠在花會上勝過澱君。

到了花會比賽那天，信心十足的北政所吃驚地發現，澱君的花瓶裡，插滿了嬌豔瑰麗的黑百合。北政所失敗而歸，就將怨氣轉向佐佐成政。北政所向豐臣秀吉惡意陷害佐佐成政，說佐佐成政故意跟她作對，向著織田信長的親戚澱君，讓自己在萬人參加的花會比賽上丟臉。豐臣秀吉本來就對佐佐成政懷有怨恨，這次之後，怨恨就更加深了。後來有人說，北政所的陷害也是早百合的亡靈在作祟。

佐佐成政到任之後，急於立功，向當地的土豪徵收稅款，導致土豪暴亂，讓當地烽火四起，戰亂不休。後來，還是豐臣秀吉親自帶兵平定這些叛黨。

在天正十六年五月十四日，豐臣秀吉以這次叛亂騷動為由，命令佐佐成政切腹，並株連其家眷，以儆傚尤。佐佐成政無言辯駁，只是後悔自己曾經對早百合的傷害過於殘酷。

佐佐成政在他五十三歲的時候，終於在兵庫縣一寺院死去。

小知識：

黑百合，屬於百合科，原產地是日本、堪察加、東西伯利亞，黑紫色，盛開於夏季，生長在標高二四〇〇公尺～二五〇〇公尺的高山上，花形略為向下，像低著頭的害羞少女。

築波山

築波山

很早以前，日本眾神之母有很多兒女，分散在全國各地。這些兒女神分布在全國各地，彼此都很忙，各自長大成家以後，幾乎從來沒有回家看望過母親。

一天後，眾神之母非常思念自己的孩子。想到這裡，她再也不能忍受這種思念親人的痛苦，就馬上收拾好了行李，前往孩子們居住的地方。

出了門，眾神之母心情馬上輕鬆很多。她抬頭看了看天空，這時天空像是大海一般的藍色，朵朵白雲輕盈而飄逸。空氣飄散著花兒的芬芳，嘰嘰喳喳的鳥兒從眾神之母的頭頂飛翔過，飛往遠處山林的深處。

目送轉眼消失的鳥兒，眾神之母微笑著。

「我那麼多孩子，要先探望哪個呢？」眾神之母暗想，這時她的腦海裡立刻浮現出了小女兒可愛美麗的臉龐。於是眾神之母決定先到小女兒神福慈居住的富士山看看，況且這裡到富士山的路程是最近的。

眾神之母邁著輕盈的腳步，哼著年輕時最喜歡的歌謠，向富士山前行。

來到富士山腳下的靜岡縣，眾神之母發現天色已暗，夜晚即將來臨。

「看來我今天無法再探望其他孩子了。不過能在最漂亮、最討人喜愛的小女兒家多待一個晚上，也是件值得高興的事。」前往小女兒家的路上，眾神之母想。

站在小女兒家的門外，眾神之母突然特別興奮，她幾乎按耐不住自己此時激動的心情，「她肯定會很驚訝，然後非常高興我這樣的突然到訪。」眾神之母暗自歡喜。

敲響了小女兒家的門，門很快從裡面打開，小女兒看到母親微笑站在門外，頓時愣住，然後驚訝地說：「怎麼是您，母親大人？」

眾神之母滿足地笑著，她口若懸河地描述自己是怎麼思念孩子們，路上遇到哪些有趣的見聞，她相信這些都是自己女兒喜歡聽到的。

但是女兒很快打斷母親的話。她早上跟丈夫吵架，現在心裡仍然不高興。沒想到母親會在這時到來，她沒有那個心情歡迎母親。

她問母親：「那麼，母親大人今天晚上有什麼打算？」

母親愉快地回答：「我想晚上就跟妳好好聊聊，我們這麼長時間沒有見面了。妳說好——」眾母之神的話被女兒打斷：

「今天晚上？非常不湊巧，可能不行。」

「妳說什麼，難道發生什麼意外的事情？」聽到女兒的話，母親變得緊張起來，關切地問道。

「那倒沒有。您可能不瞭解，現在這裡正在舉行一年的收穫儀式，所有人必須七天不吃飯，不見生客。母親大人這時到來，實在沒有辦法留宿家裡。」女兒冷冷地解釋道。

「可是，我已經走了這麼遠的路，況且天已經黑了……」母親心裡驟然涼了。

女兒沉默不語。

本來還想解釋的母親，突然有點生氣了，她毫不猶豫地轉身準備離開，就在那一刻，她聽到身後的門「吱呀」一聲關閉。

「妳，妳——」眾神之母越想越生氣，氣到渾身發抖。她回頭對著門內的女兒喝叱：「做為你們的母親，我辛苦將妳養育成人，而今千里迢迢前來看妳，妳不但不歡迎，反而趕我出門，實在太過分了。既然這樣，我還不願意留在這裡呢！我希望妳記住，這裡將四季枯榮，永遠死寂蕭瑟，就如同妳無情的心一樣。」

說完，眾神之母頭也不回地離開了。

不知道走了多久，眾神之母感到自己非常疲憊，她停下來，看到自己竟然來到了富士山對面的另外一座山，築波山。這時眾神之母心裡的氣憤也消減了很多，她想到築波山上住著自己的大女兒夫婦。但是眾神之母並沒有因此感到些許安慰。

原來，孩子們跟眾神之母一起住在家裡的時候，因為孩子比較多，眾神之母對自己的大女兒疼愛很少。她甚至有點忽略了對她的教育和培養。

這位母親猶豫的是，時隔多年，自己平日最疼愛的小女兒都這樣冷漠地對待自己，大女兒會不會更甚？

眾神之母想到這裡，不知道該這麼辦。夜晚的山林，顯得可怖而神秘，加上飢腸轆轆，眾神之母已經不能再趕路。

「不論如何，我還是碰碰運氣吧！」眾神之母無奈地想。

這次來到大女兒家門外的眾神之母已不像先前那樣高興，她試探著敲了一下門，裡面立刻有人應聲，門打開了。大女兒看到母親竟然站在門口，也是驚訝不已，她馬上熱情地招呼母親進來。

來到屋內，大女兒雀躍地對眾神之母說丈夫一早出門，這時應該要回來了，所以她剛才以為是他回來，沒想到是母親來了，真是天大的驚喜。

眾神之母感到心裡安慰許多，微笑了一下。不過，她這種欣喜的表情並沒有維持多久，她小心地問大女兒，自己是不是來的不是時候？

大女兒一時沒有明白母親的意思。不過，她很快就微笑回答母親：

「母親大人知道的事情真是好多啊！您剛才是指收穫儀式的事情嗎？這裡的風俗規定，到了舉行一年最重要的收穫祭祀的時候，要絕食，並且不要跟陌生人見面，這樣來年才會有更大的豐收。但是，您是我們的母親，走了那麼遠的路來看望我們，本來就很辛苦了，怎麼可能拒之門外呢？母親大人您就放心住下。」

眾神之母聽後，終於恢復了微笑，她滿意地跟大女兒聊了起來。很快，大女兒的丈夫也從外面回來，知道眾神之母來到，就準備了很多好吃的食物，處處恭敬照顧。

這天晚上，眾神之母在大女兒及女婿的家裡，開心極了。

等到離開時，眾神之母對這一對熱情善良的孩子表達自己的感激之情：

「我沒有想到你們對我這麼好，真是段難忘的時光。為了感謝你們的款待，我會祝福你們這裡四季長青，春日常在，生機勃勃。」

就這樣，在眾神之母走後，富士山真的一直寸草不生，冰雪覆蓋，了無生機，而對面的築波山卻清脆欲滴，遊客不斷。

小知識：

據說，平安時代，築波山這裡秀美的風景一度成為青年男女戀愛對唱的絕佳場所。今日，這裡成為了日本遊覽勝地，山上各種遊樂設施齊全，不僅配有空中吊車、纜車，還有迴轉餐廳。

老年人的智慧

日本古代信州，曾經戰亂不已。

當地藩主為了確保長期戰爭的最後勝利，就下令貯備武士的軍糧，但是因為糧食有限，藩主就在信州各地發布公告：凡六十歲以上的老人，家人必須將其帶入深山丟棄，不准繼續留在家中。如若不照辦，就將全家人的頭砍掉。

各地村民得知藩主的命令，非常生氣。但是，沒有誰敢公然反抗，況且連年戰爭，很難有糧食收成。所以，很快很多人也就先後無奈實行了公告的規定。

這一天，拋棄家中老人的事情終於要輪到角太郎家。

一段時間以來，眼看藩主規定的期限將到，家裡的人都非常擔心，大家都沉默無語，默默為家中唯一的老母親祈禱，希望奇蹟可以發生。老母親這一年已經六十五歲了，因為常年在田裡和家裡辛苦忙碌，脊背早已癱駝，但是身體一直很好。

早上起來，角太郎的妻子就準備好很多飯糰和可以飲用許多天的水。一家人早早地來到院子裡，嗚咽著，眼睜睜看著角太郎背起年老的母親，腳步沉重地走在通往深山的路上。

穿過山徑，越過樹林，角太郎傷心地望著腳下的荒草，可憐背上的母親，不知道她一個人在這深山裡要如何生活。母親一直沒有說話，角太郎只是感到她一直在折那些伸手可及的樹枝，折樹枝的聲音一直清脆地響徹耳朵。

終於來到一處泉水旁，角太郎小心地將母親放下來。這時，他才發覺，時間已經是下午了。角太郎拿出早上準備好的乾糧，送到母親手裡，母親沒有一點難過的樣子，這種表情讓角太郎看了更覺得心痛。

只見母親拿著飯糰，並沒有要吃的樣子，她轉而對著坐下來擦汗的兒子，慈愛地說：「辛苦你了，這麼曲折而遠的山路。你還是早點回家吧！不用管我了。這深山裡面，天色晚的話很容易迷路，我已經在來時的路上折下許多樹枝，這樣，你就可以盡快返回。」

本來就覺得很對不起母親的角太郎，聽到這裡難過地哭出了聲來。他再也不能忍受心裡的折磨。

說完，母親若無其事地吃著兒子遞來的飯糰。

角太郎看著母親堅毅而憔悴的面孔，沉思了一會兒，對母親說：「母親大人，我要帶您一起回家！」

母親聽到兒子的這句話，吃驚地看著兒子堅定的神色，隨後開始擔心以後家中將會面臨怎樣的不幸。終於，母親順從地重新趴在兒子背上，很快又回到了家裡。

回到家中，兒媳婦見到母親和丈夫一起回來，就跟丈夫商量安置母親的辦法。他們連夜在後屋挖起了洞穴。母親幫助兒媳婦在屋子裡面挖掘，兒子和孫子就負責將挖出的泥土堆放到後山。

不久，洞穴挖好了。角太郎和妻子一起將母親安置在裡面，每天送飯進去，並小心探望。但是，這件事很快就被發現了。

角太郎所在村子的村長聽說這件事情，非常害怕，為了不再連累村中其他人，他就將事情秘密地告知了藩主。

藩主一聽，非常生氣，立即命人傳來角太郎及他的母親。

角太郎在決定將母親背回家中那一刻，已經有了面對任何困難，哪怕是被殺頭的命運。他不慌不忙地向藩主陳述了自己將母親藏於家中事情的來龍去脈。

藩主聽完，心裡暗暗稱讚角太郎的勇氣和對母親的孝心。

藩主問角太郎道：「既然你決定將自己的母親留在家中，除了不怕我的懲罰之外，想必有更充分的理由。我倒想問問你，這樣的老年人，留在家裡還有什麼用處。」

藩主接著說：「這樣吧！如果你的母親能回應我下面要求，我就饒你們母子一命。請你們為我用灰燼纏繞一條繩子。」

角太郎一聽，不免煩惱起來，心想，我只知道可以用藤條和樹皮等纏繞成一條繩子，還沒有見過灰燼怎麼做成繩子的，藩主分明是在故意刁難。

正在這時，只聽他身旁的母親微笑著答道：「這很簡單，我很快就可以辦到。」只見這位老婦人向旁邊的侍從要來一根繩子，並懇請藩主命侍從將繩子點燃。藩主答應，只見一根用灰做成的繩子很快就出現在了眾人面前。

藩主看到這裡，對著老婦人讚賞地點了點頭，並接著說：「很好，那麼如何才能在海螺裡面穿起一根線來？」

老婦人氣定神閒地說：「這個問題就更簡單了。找來一隻螞蟻，並在螞蟻的腳上纏起線，再將纏了線的螞蟻放進海螺裡面。這樣之後，只要向海螺裡面吹煙，螞蟻自然就會從出口的地方爬出，並穿好線。」

藩主露出了一絲不易察覺的微笑。他繼續問道：「怎麼才能最快地分清六尺長的木棒，哪邊是頭部，哪邊是尾部？」

這次，角太郎焦急地看了母親一眼。母親還是很輕鬆地樣子，她微笑著回答：「看來，藩主的問題是越來越簡單了。只要把這根木棒放入水中，它就會很快浮起來，沉沒在水面以下就是木棒的頭部。」

藩主眼看自己難不倒眼前的老太婆，就急了。老婦人剛回答完最後一個字，他就說：「好吧！好吧！最後一個問題，只要妳能回答出來，我就馬上放你們回家團聚。如何用紙包住火？」

角太郎心都要跳出來了，暗想，藩主一定是要將自己和母親的頭砍了才甘願。

誰知，老婦人開心地笑了起來：

「我說傻孩子，我們不是經常用燈籠嗎？只要在燈籠內點起火就好了呀！」

藩主聽到這裡，突然感悟地說：「我終於明白了。老年人也並非沒有用處啊！隨著年齡的增加，人的經驗和閱歷也在增加。」

藩主終於將角太郎和母親一起釋放回家。

除此之外，藩主還下達命令，撤銷原來的公告，並要求家家戶戶尊敬並愛護老人。

小知識：

除了《今昔物語集》，日本的其他古代文學作品如《大和物語》（十世紀中期）、《日本靈異記》（八二二年）也有類似的故事。近代文學作品有柳田國男的《親棄山》、太宰治《姥舍》，現代文學作品中最著名的一篇是深澤七郎的作品《九山節考》。導演今村昌平將這篇小說改編的電影非常感動人心，還獲得了戛納電影節的最佳影片棕櫚獎。

博雅與蟬丸

博雅，日本第六十代天皇醍醐天皇的子孫。

貴族出身的博雅，多才多藝，對樂器更是非常迷戀。如管弦、琵琶和笛子，博雅無一不擅長。

儘管人們都覺得博雅的器樂技藝已經很高了，博雅本人卻並不這樣認為。他只要聽說哪裡有人演奏的水準比他還要好，他就一定會前去拜訪，向對方學習，以期自己的技藝能夠精益求精。

這次，博雅聽說有個名叫蟬丸的盲人，是一位琵琶高手。這個蟬丸住在京都與近江國交接的逢阪關，在一處草庵裡過著與世無爭的生活。

據說，這個蟬丸曾經在宮中生活過，服侍過式部卿。式部卿是日本第五十九代宇多天皇的第八皇子敦實親王，也曾是著名的音樂家。

博雅知道蟬丸的事情後，就非常希望能夠拜見他。但是，想到蟬丸是盲人，他不清楚自己怎樣才能讓蟬丸接受自己，並能夠傳授自己演奏琵琶的高深技藝。

於是博雅想到了一個藉口。他派人送給住在逢阪關的蟬丸一封信，信的主要內容，是仰慕博雅的琴技，自己可以安排博雅來到繁華的京城居住。

很快蟬丸就給博雅回覆了一首和歌，大意為：人活在這世上，哪裡不能居住呢？無論是輝煌的宮殿，還是簡陋的草屋，都不能永遠擁有，人總是要死亡然後埋進泥土。

看到蟬丸的回覆，博雅對蟬丸的仰慕更加強烈。他不但欽佩蟬丸不慕榮華富貴的高潔，而且對蟬丸的琴技有了更高的期待。博雅最想聽到蟬丸彈奏《流泉》和《啄木》兩支曲子。但是怎樣才能聽到蟬丸的彈奏？

既然蟬丸是個安於淡泊的隱士，自己不能強迫他演奏，博雅心裡想，那我就等等吧。博雅決定每晚前往逢阪關，在蟬丸居住的草庵外等待，希望可以聽到他高妙的琵琶聲。

時間一天天流逝，直到第三年的八月十五日，博雅終於等到了夢寐以求的曲子。

這天晚上，月色矇矓而雅致，清風溫暖而宜人。博雅躲在草庵一處陰暗的角落裡，靜靜地繼續等待著奇蹟的出現。

他看到蟬丸像平時一樣懷抱琵琶，神色分外哀戚。沉寂了一會兒，蟬丸突然撥動了手中的琵琶，邊談邊唱：

逢阪關卡，
疾風暴雨。
寧捱靜坐，
司昏守夜。

博雅聽到蟬丸美妙而哀怨的琵琶，不覺感動萬分，熱淚盈眶。

蟬丸接著邊嘆息道：「哎！這樣美麗的月夜，不知道有沒有能夠聽懂我的琵琶的人啊！」

博雅聽到此處，就立即站了起來，上前幾步，激動地對蟬丸說：「我正是您所希望的人啊！」

蟬丸看不到博雅，聽到來人突然到了自己面前，非常驚訝。

博雅看到蟬丸吃驚的樣子，就解釋說：「我就是三年前給您來信的人，京城的博雅。我在這裡等了您三年，就是希望可以聽到您彈奏《流泉》和《啄木》的高妙之音。」

聽到博雅這一番話，蟬丸非常欣喜，高興地招呼博雅到自己的屋內暢談。博雅的堅持終於有了回報。

兩人促膝談心，意氣相投，而感嘆相見恨晚。蟬丸知道博雅非常想學習上面所提到的兩首曲子，就當面彈奏起來，而且將演奏的技法和訣竅一一告知博雅。

從此，博雅在音樂的造詣上逐漸臻於完美，更重要的是，他和仰慕的蟬丸成了最好的朋友。

小知識：

滋賀縣的大津市有三處蟬丸神社，逢阪一丁目有「關蟬丸神社」上社、下社，下穀町有「蟬丸神社」分社。一般所說的「關蟬丸神社」，指的是JR大津車站徒步約十分鐘的下社。根據「社傳」的記載，日本朝廷在天慶九年（九四六年）在此祭祀了蟬丸。安和二年（九六九年），蟬丸被尊為「音曲藝道之神」。直到明治維新之前，這一神社一直被看作音曲藝道的掌門人象徵，負責發行音曲執照給盲人。

不守信的樵夫

在一座大山的腳下，住著一個年輕的樵夫。

這天，樵夫來到山裡打柴。突然一隻肥大的兔子從山路邊的草叢中跳了出來，樵夫看到就追了上去。兔子非常靈活，三竄兩跳，樵夫眼看到手的兔子越來越遠，非常著急。不一會兒，樵夫就不見了兔子的蹤影，自己則累得滿頭大汗。

正當樵夫累得再也走不動的時候，打算放棄追趕兔子的行動，準備返回原來的地方。這時，他才發現，四周都是茂密的叢林，高大的樹木遮擋了陽光，無法找到方向。

就在樵夫著急時，四處找路的他發現一座豪華的宅邸出現在自己的面前。樵夫心裡非常納悶，自己對這座山林也算非常熟悉，並沒有見過或者聽說過有人住在裡面，況且，怎麼會有人願意把自己的家安置在深山？

樵夫越想越奇怪，對宅子非常好奇。他慢慢地靠近眼前的院落，走到大門口，樵夫注意到，這座宅院好像還是剛剛建成的，一切嶄新。他又看到門是虛掩著，樵夫大壯著膽子推開門進了院內。

樵夫驚奇地看到，院子裡灑滿了陽光，各種奇花異草生機勃發，耳邊還傳來各種悅耳的鳥鳴聲。來到房門口，只見一個面容秀氣的女孩從裡面走了出來。這個女孩看到出現在自己的房門後的樵夫，生氣地問他是誰，為什麼隨便闖到別人家裡。樵夫如實回答，女孩聽後，覺得來人說話誠懇，也就原諒了他的行為。

樵夫此時也察覺到自己的冒昧魯莽，打算離開，轉身之際，只聽女孩嬌笑著說道：「不管怎麼說，你也算是我家第一個客人。既然來了，你就別急著走吧！剛好我有點急事要出門，想拜託你幫忙照看我的家，可以嗎？」

聽到對方竟然這樣歡迎自己，還相信自己，拜託自己看護家門，樵夫含笑點頭答應。女孩走之前，交代樵夫：

「我不在家的時候，你可以隨意參觀。只是，絕對不要進入後院的房間。」

樵夫一一答應，說他一定按照女孩的話做。

女孩走了之後，樵夫四處查看，嘖嘖地稱讚不已。時間過得很快，他的興趣很快就淡了下來。無聊之極，樵夫來到了後院的房門前，只見這裡有七間一樣的房間。抑制不住自己的好奇心，樵夫偷偷地打開第一個房間的紙門。他透過紙門的縫隙，看到房間裡面佈置的很漂亮，還有三個女孩子正在打掃房間。

三個女孩子發現有人偷看，驚嚇之餘，馬上紛紛像小鳥似的躲藏起來。

樵夫隨即打開了第二個房間，只見一個精緻的青銅火爐擺在屋子的中間，上面金光閃閃的茶壺裡冒著熱氣，水已經燒開了。還有一扇中國風格的屏風擺在屋子的角落處，顯然有人居住，只是沒有人影。樵夫心想，或許是自己嚇到了主人。

打開第三個房間，樵夫看到了屋子裡面擺滿了作戰用的弓箭和盔甲。

第四個房間裡面，有一匹彪悍的黑色駿馬，這似乎是一匹戰馬，樵夫看到馬背上披著黃金製的馬鞍和韁繩。第五個房間裡面，各種塗了朱漆的餐具擺滿了屋內的桌子，好像有一場盛大的宴會即將舉行。

第六個房間溢出醉人的酒香，樵夫看到眼前放著一個黃金做的酒桶和勺子。樵夫被美酒吸引，用勺子舀出美酒，暢飲起來。

醉眼矇矓的樵夫打開了第七個房間的門，一股神秘的花香撲進樵夫的鼻孔。他看到屋內有一處金絲稻草築成的鳥巢，三個潔白光滑的鳥蛋擺在裡面。

這鳥蛋如此光潔，質如美玉，令樵夫感嘆不已，並拿起其中的一個，細細觀看。因為鳥蛋非常光滑，樵夫滿眼昏花，一不留神，鳥蛋就掉在地上，一隻小鳥從碎裂的蛋皮裡飛出，轉眼消失。樵夫又試著拿出第二個蛋，同樣如此。第三個蛋也同樣。

看到眼前的情景，酒醉的樵夫被驚醒，驚訝不已，不知道如何是好。

就在他左右為難的時候，只聽「哎呀」一聲，樵夫看到那出門的女孩已經回來。女孩呼喚樵夫，沒有找到他人影，看到後院屋子房門大開，一片混亂。心痛而著急的女孩，她一連檢查了六個房間，也沒有找到樵夫，聞到自家的酒香四溢，她便明白了。看到還有些醉意的樵夫，以及地面上狼籍的鳥蛋殼，她非常氣憤，大聲哭泣。

樵夫十分羞愧，無論他怎樣道歉，女孩都還是涕淚滿面，只聽那女孩傷心欲絕地哭訴道：

「真是不能隨便相信人啊，只怪我太天真了。本來，我還想，既然你跟我這麼有緣分，還想就此託付終身……我走之前，特別交代，我家院子你隨便參觀，只是，一定不要去後院。你答應我好的，誰知道，轉眼之間，竟然全然不顧我的話。可憐我那三個孩子呀！」

瞬間，樵夫看見哭泣的女孩變成了一隻悲哀鳴叫著的黃鶯，傷心地飛走了。

樵夫見狀，渾身顫慄，很驚慌，準備離開這裡。回過神的他竟然發現，這些屋子和院子如一陣急風，消失的無影無蹤。

樵夫呆呆地站在荒草叢中，不知道剛才是不是做了一場空夢，然後，只聽一聲悶響，他就嚇昏在地。

三天之後，樵夫終於睜開了沉睡的眼睛。他用力地睜開了自己的眼睛，發現竟然躺在自家簡陋的床上。

鄰居老人看樵夫醒來，高興地對他說：

「你這孩子，以前不是經常上山砍柴的嗎？這次怎麼倒在深山了？不會是迷路了吧？不過只要醒了就好。要不是打獵的人發現，你可能就被山上的野獸吃掉了。哈哈……」

樵夫往門外一看，陽光白晃晃的，就像那幾個破裂的黃鶯蛋，又傷心起來。

小知識：

《不守信的樵夫》這一傳說，採用了各國通用的「禁忌房子」主題。在日本傳說中，禁忌房子裡面大多有黃鶯站在梅枝上報春，或者房子裡有稻穀茁壯生長的奇妙現象。但是，在西方的傳說中，禁忌房間裡出現的則是死屍或者吃死屍的魔鬼。而且，日本的民間傳說中，觸犯了禁忌房間的人並不會受到相對的懲罰；在西方，故事中的那個不幸犯了禁忌的人，多數會被奪走生命。

木精故事二則

在日本的沖繩縣，有一個孤島，島上生長著各種陸地上少有的古樹。誰也不知道這些樹木的年齡。只是抬頭仰望，頭頂濃密的枝葉變成巨大的綠傘，將天空灑下的陽光一絲不露的全部隔離；三個高大的男子聯手擁抱大樹，還是不能觸及彼此的手指。這裡，最讓人難忘的就是跟古樹有關的木精故事。

其一

在這個孤絕的小島上，住著一個白鬍子老爺爺。自從年輕時代的一次意外，老人漂流到了這個覆蓋了濃密樹葉的小島。剛開始他感到非常孤獨，但是，對周圍環境熟悉了以後，又發現這個地方非常神奇有趣。

一次，老人四處採摘野果，遇上了一個滿頭紅色捲髮的小男孩，大大的眼睛，雪白的皮膚，非常討人喜愛。老人好奇地停了下來，跟小男孩交談起來。

老人從小男孩口中得知，他是在此生活了近千年的樹木精靈，千年的生長，吸收了天地日月的精華，神明點化之下有了血肉之軀。老人一聽，對小男孩更加好奇了。小男孩非常聰明，也很調皮，熱情而開朗的他，給老人平淡無聊的島上生活，增添了無窮的樂趣和希望。

這一天傍晚，老人吃過晚飯，來到島上一處釣魚，這是他來到島上之前最喜歡的一項運動。好在釣魚的工具很好準備，老人就把釣魚當作了以後生活的重大內容。正當他拿起釣杆向釣魚的地方走去時，被一陣銀鈴似的笑聲吸引了。

老人停了下來，走進聲音發出的地方一看，原來是木精這淘氣鬼在跟他開玩笑。老人看到木精，開心地跟著笑了起來，並詢問他怎麼會在這裡。木精說一個人很無聊，想看看老爺爺有什麼好玩的事情。

老人一聽，就爽快地邀請這個搗蛋鬼跟他一起去海邊垂釣。木精一聽，釣魚這種事情他還從來沒有做過，很好奇，一路蹦蹦跳跳地跟著老人到了海邊。

因為天氣晴朗，夜晚的月色又亮又柔和，初夏的島上吹著令人陶醉的海風。很快，老人就高興地歡呼自己釣到了大魚，木精也很快樂地跑來歡呼，誇獎老人做的好。老人特別高興，把釣到的魚交給木精保管。木精一聽，大為興奮，玩弄著釣上的魚兒，喜上眉梢。

看到木精對釣魚這麼感興趣，老人就另外做好了一根魚竿送與木精，並耐心地教導怎樣垂釣。木精非常聰慧，很快也可以釣到魚了。

於是，老人就和木精成了無話不談的好朋友。每天晚上，木精都會準時地帶著魚竿，來到老人家門前，要老人帶著他前去釣魚。等到要回家休息的時候，木精就會把自己釣的那些魚的左眼挖出吃掉，然後全部送給老人。老人非常感謝，覺得跟這些精靈交往也是非常開心的事情。

交往的時間一長，兩人對彼此非常熟悉。有一天，老人問整日興高采烈的木精說：「我看你總是笑口常開，好像世界上沒有任何可以讓你痛苦甚至煩惱的事情。你難道就沒有任何討厭的或者煩惱的事情嗎？」

木精微笑著回答說：「也不是啊！只是我每天都想的很少。能夠看到嶄新的太陽，呼吸到新鮮的空氣，能夠蹦蹦跳跳地來去自如，我就覺得很開心了。說到不喜歡的事情，我最討厭看到海水裡面張牙舞爪的章魚了，難看死了；我最不想聽見清晨的雞鳴，那時我正在做好夢呢！一聽到雞叫，我的美夢就被打斷了，你說是不是很遺憾？」

老人聽到木精的回答，就打算跟他開個玩笑。

到了第二天的傍晚，老人察覺到木精要來找他一起釣魚了，就在自己家的門上掛起了一隻好大的章魚，並藏在門後觀察木精的反應。

果然，木精就哼著快樂的旋律來到老人家的門外，正準備敲門的時候，竟然發現眼前一隻好大的章魚，生氣極了。他正準備大聲問屋子裡面的老人「這是怎麼回事？」卻又聽到了老人學的雞叫，氣的轉身返回。

但是，不知道為什麼，就在當天晚上，老人看到木精生氣的樣子，剛開始覺得很高興，後來又覺得對不起木精，打算天亮之後對木精道歉，可是他再也沒有機會了，因為他很快暴斃而亡。

其二

有一個名叫鮫殿的漁夫，習慣深夜出海捕魚。

一天晚上，鮫殿划著自己的漁船來到海裡捕魚的時候，發現離他不遠的地方也有一個人在捕魚。那時，空中突然颳起大風，將鮫殿的船吹的幾乎快掀翻，鮫殿急忙向岸上划去，卻見另一艘漁船依舊從容地捕魚，非常驚奇。

很快風就停息了，即將划到岸邊的鮫殿見狀，就又回到了原來捕魚的地方。沒過多久，鮫殿就成功地捕獲了很多魚。等到他決定划船回家的時候，回頭一看，那艘本來還在的漁船，竟然神秘地不見了。

更為奇怪的是，鮫殿發現，只要有那個漁船的陪伴，他就能有意外的收穫，捕到很多的魚。

時間一長，兩個同時喜歡深夜捕魚的人就認識了。他們上岸之後，交談愉快，並成為好朋友。鮫殿發現，這個人長相跟自己不一樣，說話的口音也不像島上的人，每次問起他的名字，他總是支支吾吾地含混過去。於是，鮫殿的心裡就開始有些懷疑，但是又沒有證明疑點的證據。

這天深夜，鮫殿和那個人一起捕魚之後，分手回家。為了弄清楚相處了這麼長時間的人的身分，鮫殿並沒有真正的直接返回家裡，而是迂迴到了那個人的身後，偷偷觀察。

他跟著那個人來到村子，以為很快就找到那個人的家，沒想到穿過了整座村子，那個人還在走。穿過荒涼的樹林之後，那個人來到一株很大的桑樹面前，消失不見。

鮫殿原以為自己是眼花了，但是又記得清清楚楚，這個人是在這裡不見的。他滿懷疑惑地繞了好遠的路，才回到了家裡。

回到家中，鮫殿對妻子說了自己的跟蹤奇遇，始終不明白，那個人怎麼就在一棵大樹前消失的。妻子聽後，隨後說了一句：「難道他是住在樹上啊？」

鮫殿突然受了啟發，覺得妻子的話不無道理。他對妻子說：

「這樣吧！明天白天，我會帶妳到那個人消失的桑樹處。等到晚上，我們還會一起出海捕魚。我離開家以後，妳就趕快來到那棵樹下，找來可以燃燒的東西，一併把那棵大樹點著。看看會有什麼情況發生。」

妻子點頭答應。

第二天白天，鮫殿帶著妻子指明了路途和大樹的位置，一切安排妥當。晚上的時候，他和那個人一起划船出海，並肩捕魚。

就在捕魚的過程中，那個人突然驚慌起來，他自語道：

「我怎麼聞到一股燒焦的味道？我的家不會被燒掉了吧？」

鮫殿使勁嗅了嗅，感覺什麼味道也沒有。但是，他想到妻子燒樹的事情，就有點心虛，為了證明自己的清白，他故意安慰那個人說：

「我只聞到了海水的腥味，其他什麼味道也沒有聞到。剛才是你的錯覺吧？」

那個人停了下來，似乎是立即要去驗證自己的判斷，他匆忙跟鮫殿道別，將船划向了岸邊，頭也不回地走遠了。

鮫殿回到家後，得知妻子正是在那個人驚覺的時候點燃了大桑樹。以後，鮫殿再也沒有看到這個人出海捕魚了。他和妻子都確認那個人就是島上傳說的木精。讓他後悔的是，他所捕的魚也越來越少。

幾年之後，鮫殿來到沖繩縣城辦事，在大街上遇到以前的老朋友。故友重逢，兩人聊了很多。鮫殿無意間提起了自己捕魚的奇遇以及自己和妻子一起燒樹的事情，友人聽到，突然大怒，大呼自己看走了眼，喝叱鮫殿是個忘恩負義的小人。

鮫殿被友人的反應震驚了，正在發愣的時候，發現這個老朋友竟然就是那個木精。木精一臉憤怒，拔出隨身攜帶的刀刺向了鮫殿，鮫殿當場死亡。

小知識：

木精的傳説，源於日本的沖繩縣。木精，是一種古樹精靈，跟日本本土的「河童」相似，屬於寵物妖怪，其傳説流傳於整個沖繩群島。在日本，有的木精造型非常現代，長有一頭濃密而長的紅色頭髮，耳朵又長又尖，眼睛大而明亮，惹人喜愛。

沒有手的女孩

古代，日本的岩手縣有一對非常恩愛的夫婦。

兩人結婚三年之後，生下一個女兒，名叫花子，伶俐可愛，非常討人喜歡。

兩人看著這麼女兒乖巧懂事，感到生活更加幸福。但是，就在花子快四歲的時候，她的母親就因病去世。

父親不能忍受沒有妻子的生活，在妻子死後一年，在別人的介紹下，他娶了一個年輕漂亮的女人為妻，很快就忘記了死去的前妻。

這個女人來到花子的生活當中，巨大的變化就出現了。原來，這個女人雖然漂亮，但是心腸自私、狠毒。為了獨得丈夫的寵愛和家產，她極其厭惡花子，想方設法要將花子趕出家門。花子是個善良的女孩，從來沒有將繼母的陷害放在心上，並幸運地化險為夷。

在花子十五歲的時候，這位繼母覺得把她趕出去的事情實在是迫在眉睫，於是就向丈夫哭訴，說花子平日對自己如何不尊敬，如何險惡地陷害自己。雖然自己總是為沒有母親的花子著想，但是花子絲毫不領情，如果丈夫再不將花子趕出門，自己寧願一死。

經過了十多年的相處，花子的父親早已對現在的妻子言聽計從。聽到妻子說「死」，他就馬上答應妻子的要求。

聽到丈夫的允諾，這個女人心裡顯得很歡喜。

這天，天氣晴朗，非常適合出門旅遊。父親看到這樣的好天氣，突然有了主意。他熱情地對花子說：「好孩子，這麼好的天氣，我帶妳出去玩好不好？」

花子一聽，滿口答應，並馬上收拾好東西，跟著父親一起出門。

一路哼著歌走在路上的花子，心情特別好，不知不覺離家已經很遠了。漸漸地，花子發現父親帶著自己來到的是深山，便對走在前面的父親說，是不是走錯路？

父親馬上回頭，面帶慈愛的微笑，告訴女兒，自己知道一個很熱鬧的廟會，大概還要翻一兩座山。他故意問花子：「是不是堅持不了了？」

花子搖搖頭，對父親說很希望早點走到廟會玩。

又走了好長的路，花子已經很疲憊。父親見狀，就在翻越最後一座山的中途停了下來，然後從口袋裡拿出兩個飯糰，兩人一起吃了起來。

吃完飯糰，深山的涼風吹來，疲憊的花子很快就睡著了。

父親看到女兒睡熟，就從腰上取出了柴刀，惡狠狠地砍向了花子。花子驚醒，父親心驚之下，只匆忙砍斷了花子的一雙手跑開了。

花子懷著巨大的疼痛呼喊父親救救自己，但是她的父親頭也不回地迅速消失在山林裡面。花子疼痛地昏死過去。

醒來後，花子想明白了，自己是被父親丟棄了。她艱難地在深山裡生存了下來。

三年之後，一個英俊的年輕人騎馬來到深山，發現了野人模樣的花子，心生憐憫，就帶她一起回到了家中。

回到家裡，年輕人對家中的母親稟報自己在山上所遇。母親聽後，看到花子，也是十分疼惜。她把花子叫到面前，為花子梳洗裝扮之後，發現花子漂亮端莊，暗自喜愛。

從此，花子就和這對母子生活在一起。母親漸漸把花子當作自己親生女兒來養，加上花子本來就聰明伶俐，更是疼愛。年輕人看到花子這樣討人喜愛，也不禁喜歡上了她。

按耐不住自己對花子的愛慕之情，年輕人對母親提出請求，希望母親答應他娶花子為妻。他母親本就對花子憐愛有加，自是毫不猶豫地點頭。

兩人成婚之後，花子很快就有了身孕。孩子出生的時候，丈夫有事去了江戶還沒回來。母親便拜託鄰居將好消息帶給兒子，這鄰居送信時，剛好路經花子的家裡。

鄰居向花子繼母討水喝，不小心說出了花子的下落。繼母知道花子不但活著，還生活的很好，又是嫉妒又是仇恨，便故意拖延送信人的時間，並伺機修改了信的內容，說花子生下來一個怪物。

年輕人接到鄰居捎來的信，非常吃驚。但是，他還是非常擔心妻子的身體，回信說只要是他們的孩子，就要好好撫養。

鄰居得到回信，連忙原路返回。又經過花子的家中，繼母等在門口，她想看看花子的下場，便故技重施，順利地拿到回信，見內容跟自己預料的相反，就索性把回信按反義修改。

送信人把年輕人的回信帶回家，母親拆開一看，大為吃驚。想到兒子不在，母親決定等兒子回來再說，並沒有將回信的事情告訴花子。

後來，兒子本來說三個月就回家，但是一年過去，還是沒有兒子的消息，母親便相信了兒子信中所說。她無奈地叫出花子，坦白了兒子回信的內容，花子聞知丈夫竟然要拋棄自己和孩子，另娶一個年輕貌美的女子，痛苦不已，但是，她還是微笑著感謝婆婆和丈夫的收留和照顧，稍作收拾，便背著孩子離開了家。

來到一條小河旁，花子感到非常口渴，想低頭喝水。就在低頭的一剎那，後背上的孩子眼看就要滑落到水裡，花子驚慌了，急忙伸手去接，孩子又穩穩地回到自己懷裡。花子欣喜半晌才發現，自己的雙手竟然都長了出來，跟原來一樣。

花子走後沒多久，丈夫回到家，發現妻兒皆不見了，感到非常奇怪，連忙詢問母親。母親和兒子對證後，推論到那信件必定在途中經過了修改。母子兩人立刻找來送信的鄰居對質，真相大白。

接著，他們急忙出門尋找花子的下落，找了好久，終於在一處神社裡面找到花子。丈夫發現愛妻雙手復原，孩子也非常健康，很是激動。兩人相認，抱頭痛哭。據說，他們掉落眼淚的地方，開出了一片燦爛的花朵。花子抱著自己的孩子和丈夫、婆婆一起攜手回家，所到之處鮮花盛開、鳥獸鳴叫歡迎。

從此，善良的花子一家人幸福地生活著，她傳奇的經歷被遠近的人傳唱。

後來，花子被父母所害的事情，被丈夫稟告給了當地村長。他們對花子的所作所為被村人痛斥，他們的財物被充公，連房屋也被村人佔用。兩人最後四處乞討為生，再也沒有人知道他們的下落。

小知識：

這類故事廣泛地分布在日本和歐洲各地。但是，日本此類故事一定會有繼母虐待女兒的情節，而歐洲的同類故事未必如此。

不用吃飯的妻子

曾有一處偏遠的村落，住著一個名叫太郎的男子。

太郎長相出眾，家裡條件也很不錯，但是比較挑剔和吝嗇，等到和他年齡相仿的朋友都先後結婚生子，太郎仍然是一個人生活。

朋友們都非常納悶，心想，這個太郎也太挑剔了吧？難不成他是要娶一個天上的仙女為妻子？大家商量之後，決定好好勸勸他。

這天，看到太郎坐在院子裡發呆，一個朋友故意開玩笑似地對他說：「太郎，又在想你天上的妻子啊？」

太郎知道朋友是故意這樣說，就沒有理會。因為平日裡兩人關係很好，這個朋友見太郎並不理會自己，就坐在太郎的身邊，詢問他的近況，兩人很快就聊了起來。朋友關切地問太郎為什麼總是不結婚？是不是對女子的要求太高，或者有其他什麼為難的事情？

誰知，太郎認真地回答道：「我也想趕快找到一個合適的妻子，但是總沒有遇到。我對她沒有特別的要求，如果可以不吃飯就好了。」

朋友聽後大笑，說：「太郎你真會說笑，這怎麼可能呢？再說你家又不是沒吃的。」

不久後的一天傍晚，一個女孩來到太郎的家裡。這個女孩對太郎說，自己從很遠的地方來，懇求太郎可以借宿一晚。太郎覺得讓一個陌生女孩住在自己家裡，難免會引起其他人閒話。只是，當他看到女孩渴望的目光，不好意思當面拒絕，便說：「住宿是可以。但是我不會提供妳食物，我家很窮。」

本以為這樣，女孩會知趣地離開。誰知道，女孩滿臉的高興，笑著說：「麻煩您已經很感謝了，我從來不吃東西的，我只需要住一個晚上，休息一下。」

太郎一聽，有點詫異，只得留女孩住下。

第二天清早，太郎還沒有起床，就聽到自己家的廚房響聲不斷。他心想，這個借宿的女孩肯定是餓壞了，嘴裡說不吃東西，其實是想偷著吃。太郎感到有點生氣，便輕聲起床，來到廚房。

這時太郎才發現，女孩不但長得非常漂亮，還幫他收拾好了家裡的一切。正不知道怎麼開口的時後，只聽女孩溫柔地說道：

「早飯已經給您準備好了，隨時可以吃。」

太郎感到非常意外，對女孩暗生愛慕。

吃著女孩做的美味可口的飯菜，太郎心裡非常滿意，便招呼女孩吃飯，女孩微笑拒絕了，推說自己真的不用吃飯，最多聞聞飯菜的香味就可以了。

女孩並沒有急著趕路，她不停地在太郎家忙著，太郎也不著急讓女孩離開，一連十來天過去了，太郎沒有見她吃過一口飯，心想，難道世界真有這樣的女人？如果這樣漂亮又勤快的女人做妻子真是再好不過了，況且還不用我養活。

當太郎對女孩吐露了自己的心意之後，女孩滿臉羞澀地點頭答應，兩人歡喜地結為夫妻。

朋友得知太郎竟然不聲不響地找了一個女人結婚，非常吃驚，都爭先恐後地前來拜訪，興奮的太郎對他們講述了自己和妻子相遇的前因後果，並認為自己真的找到了這樣完美的妻子，真是太幸福了。

一個向來膽大的朋友聽後，心生懷疑地問：「你是說，你的妻子真的不用吃飯？還生活的很好？」

太郎得意地回答道：「的確如此。」

朋友想了想，堅定地說：「我不相信，這世界可以有人不需要吃飯活著，除非不是人。」

太郎聽了很不高興。朋友繼續說：「我覺得你應該偷偷地觀察一下，要不然可能永遠不知道事情的真相。」

雖然心裡很不舒服，太郎卻覺得朋友的話不無道理。

這一天，即將午餐時間，太郎說自己有急事要出門，可能很晚的時候才能返回，希望妻子不要等候自己。妻子信以為真，囑咐太郎出門一定要小心，盡量早點回來。

太郎出門沒走多遠，就原路返回家裡。他偷偷爬上自己家中的天井之上，看到妻子正在做飯。太郎暗暗吃驚，自己不在家裡吃飯，妻子做飯給誰吃啊？

他更加小心謹慎地觀察著妻子的動向。

只見，廚房裡面的妻子先煮好了飯，並用這些米飯做了十來個很大的飯糰。之後，她又拿出三條魚來燒烤，香氣四溢。看到這一切忙完之後，太郎心驚肉跳起來。只見他那美麗溫柔的妻子坐在凳子上，分散開頭頂的髮絲，裡面露出一張恐怖的嘴，四根尖牙突了出來。妻子把自己做好的飯糰和魚統統塞入頭頂，心滿意足地咀嚼起來。

太郎只覺得非常噁心，全身發冷，嚇得趕快逃離家中，來到朋友住處。

這個膽大的朋友聽過太郎的講述，就建議他先不要驚動對方，必須裝作什麼都不知道，這樣，才可以將之除掉。

太郎無奈，只好先返回家中，以防妻子發現自己的行蹤。回到家中，他發現妻子正躺在床上休息，一副非常難受的樣子。太郎小心地詢問原因，只聽她說突然頭痛。太郎不敢接近妻子的床，只是站在房門口，遠遠地問道要不要吃藥或者請個巫師試試？

妻子便叫太郎過來，安慰一下自己。

太郎一聽，害怕極了，哆哆嗦嗦地說自己還是找一個巫師來。

太郎跌跌撞撞地又來到朋友家裡，尋找對策。這個朋友推測，應該是她吃的東西有問題。他勸說太郎不要驚慌，自己正在想辦法。

聽朋友這樣說，太郎就又回到了家中，按照朋友的囑咐回答。誰知，因為過於緊張，他竟然把看到妻子吃飯的事情洩露了出來。這個原本躺在床上的女人驚叫一聲，從床上爬起來，變成吃東西時的恐怖模樣，一口將太郎吞進了頭頂的大嘴裡面，並邊吃邊說：

「我本想過些時候再吃掉你的，現在你發現了我的真實身分，只怪你運氣不好。既然你找到了一個不用吃飯的女人做妻子，為什麼還嫌棄她？這就是你這種自私男人的下場！」

小知識：

美國印第安人民間故事《雙面人》也是一個與《不用吃飯的妻子》有很多類似之處的傳說。在《雙面人》傳說中，也有男子偷看女子原形畢露地吃東西情節，不論什麼樣的民間傳說，甚至今天的故事當中，涉及此類內容的比比皆是。一個人因為偶然偷窺到什麼，他的人生便因此逆轉。

大國主神與白兔

日本七福神之一的「大黑神」——大國主神。大國之神是出雲大社祭神，也是古國「葦原中國」的建國之神。傳說大國主神有很多同父異母的兄弟，通稱為八十神。在這些神當中，只有大國主神心地善良，遇到各種事情總是為人著想，而且非常樂於幫助他人。其他諸神不是自私狡詐，就是殘忍兇邪。平日裡，大國主神總是被其他兄弟欺負，他卻從不記恨。

在遙遠的因幡國，也就是現在的日本鳥取縣，住有一個非常有魅力的姑娘，名叫八上姫。八十神都非常愛慕她，希望可以將她娶回來做為自己的妻子，為了獨得美麗的姑娘，他們從此明爭暗鬥，用盡各種卑鄙的伎倆。

他們爭鬥了很長時間，始終未分勝負。於是，有一個神提議說：

「大家這樣在家裡爭來爭去，也沒有一個確切的結果。再說了，我們還沒有弄清楚八上姫姑娘的心思。我認為，不如大家一起親自問問這個美人，她喜歡誰，決定嫁給誰，我們都不要有意見。大家意下如何？」

大家想了一下，覺得很有道理。

於是，除了大國主神之外的其他八十神都商定，來日一起前去因幡國，到八上姫的面前求婚。

出發之日，八十神穿戴好自己最氣派的衣服，準備好各自要送給八上姫的禮物。臨行之前，他們一起欺騙大國主神說，有一項莊嚴的任務要他完成，只要大國主神單獨背負他們的行李，就會有意想不到的好事等著他。

大國主神信以為真，而且他聽說兄弟們出行的原因，表示無論誰贏得八上姫的芳心，他都會給予支持和祝福。至於他自己，雖然他也暗地裡很喜歡像八上姫這樣美麗的姑娘，但是覺得自己肯定沒有娶到她的機會。

八十神浩浩蕩蕩地出發了。只見大國主神背著那麼多的行李，落在七十九個兄弟的後面，氣喘吁吁，大汗淋漓，但是沒有一個神願意停下來回頭幫助他。

這一行人來到了氣多岬海岸，只見海面上波濤滾滾，巨浪滔天，十分兇險。正當眾神為如何渡海發愁時，只聽不遠處傳來兔子傷心的哭聲。原來一隻兔子的皮毛都被剝掉了，兔子疼痛不已。

看到兔子絕望的樣子，八十神就心生捉弄可憐而瘦小的兔子的念頭。他們走到哭泣的兔子面前，裝作非常同情兔子遭遇的神態，並說：

「可憐的兔子，你太不幸了，不僅丟了雪白的毛，還被剝掉了薄薄的皮。請不要再苦了。你只要到這海水中清洗一遍自己的身體，再來到岸上讓海風吹乾你的身體，你很快就可以回復原樣了。」

兔子聽信了對方的建議，來到海邊照八十神的辦法，認真地清洗起自己的身體。誰知道兔子剛洗了第一處，就痛的大叫起來。兔子身體的傷口與鹹味的海水接觸，自然更加疼痛難忍。

八十神看到兔子上當後悽慘的模樣，不禁哈哈大笑，罵這兔子真是太愚笨了。之後，他們輕鬆地到海岸的其他地方，尋找可以過海的辦法。

過了好一會兒，背著一大堆行李的大國主神才來到剛才八十神到達的地方。他一到這裡，就注意到了躺在沙灘上的兔子，氣息奄奄。

大國主神關心地問兔子到底怎麼回事。

兔子一臉悔意地回答說：

「昨天，我被突發的洪水沖到了淤岐島。本來打算回到自己的家，但是始終沒有找到合適的方法。於是，我就欺騙海裡面的鯊魚說，兔子的數量肯定比鯊魚要多。我說，不相信的話，可以讓海裡的其他鯊魚排成一列，以便我數數。」

「這些鯊魚聽到我的話，就非常好奇。牠們真的馬上在海裡整齊地排成了一列，從海的這岸一直延伸至對岸。」

兔子心喜鯊魚上了自己的當，高興地在排成列的鯊魚背上數來數去。就在離海岸還有一步的時候，興奮的兔子脫口而出：

「你們這些鯊魚太笨了，哈哈，竟然都被我騙了。」

兔子腳下的鯊魚聽到兔子的話，不禁大怒，一下子就將兔子翻倒在海水裡面，並將兔子的皮毛撕咬殆盡。

聽到兔子的回答，大國主神建議著說：

「你身體的傷口其實很容易治癒。你只需要到河川的地方，用淡水洗淨身體，然後再摘一些河岸上長的香蒲花，將花粉塗滿自己的身體，就好了。」

白兔半信半疑，試著照辦。果然，兔子很快就恢復許多。

為了感謝大國主神，白兔對他說：

「你的兄弟八十主神，一起到八上姬的家裡求婚，這件事一定不會成功。八上姬不會看上他們其中的任何一個人。她一定會選擇你做為她的丈夫，你趕快趕去吧！不要錯過了好機會。」

大國主神聽到兔子這麼說，就加快了腳步，追趕自己的兄弟。

到了八上姬的家裡，一切均如兔子預言的一樣。八上姬不僅貌美，而且非常聰明，她很快看出了八十神的壞心腸，而鍾情於相較之下格外善良的大國主神。就這樣，大國主神和美麗的八上姬結成了夫婦。

小知識：

這一傳說也是日本著名童話，昭和初期的「講談社繪本」叢書，就將之收錄其中。鳥取縣鳥取市的白兔海岸，距離淤岐島大約一百公尺。海岸附近有祭祀白兔的「白兔神社」。在白兔神社外，大國主神與白兔雕像常相左右。

黑貓復仇記

佐賀第二代藩主鍋島光茂，非常喜歡跟人下圍棋。

這天，在江戶的家裡，鍋島光茂和家臣龍造寺又八郎下起圍棋。期間，因為一盤棋局的勝負歸屬，兩人爭論不已，並且很快就發展到了爭吵的地步。

平時，依仗權勢，鍋島光茂經常因下臣讓棋，幾乎從來沒有輸過。這次，看著對方絲毫不顧及自己的地位，並跟自己大聲爭吵的又八郎，鍋島光茂突然勃然大怒，氣急敗壞之下拔刀向他砍去。只聽一聲慘叫，鍋島光茂才意識到自己已經把又八郎殺死了。

為了掩蓋自己殺死又八郎的事實，鍋島光茂連忙命人將又八郎的屍體偷偷掩埋，並警告不能對任何人講這件事。

又八郎出門之前，告訴妻子阿政說，藩主召見下棋，他陪藩主下完棋就會返回家裡。看著天色一點點的變暗，阿政開始惦記始終未歸的丈夫。此時，陪伴阿政的是她最喜愛的黑貓。黑貓在阿政的懷裡溫順地一動也不動，似乎也在全心地等待著家裡的男主人。

兩天過去了，她心裡開始湧出一種不祥的徵兆。阿政命家裡的奴僕前去藩主家裡打聽，並囑咐如果丈夫不在藩主家裡，務必再去丈夫經常交往的朋友家裡詢問。但是，奴僕跑遍整個江戶也沒有帶回任何消息。

就在阿政心神不寧地四處打聽丈夫消息的時候，有一個跟又八郎關係友好的朋友偷偷地告訴阿政，又八郎是被藩主所殺，阿政悲痛欲絕，氣惱憤恨。

一心想替死於非命的丈夫報仇的阿政，苦思冥想，也沒有想出辦法對付勢力龐大的藩主。終於，這天深夜，絕望的阿政對著懷裡乖順的黑貓，交代道：

「我現在沒有任何辦法為死去的丈夫報仇。與其這樣一個人憔悴而孤獨地活著，還不如到另外一個世界跟丈夫作伴。我死之後，會把靈魂依附在你的身體，希望你能夠替我可憐的丈夫報仇。」

然後，抱著黑貓的阿政抽出一隻手，取出隨身攜帶的護身短刀，安靜地刺進自己的喉嚨。只見阿政的鮮血順著短刀迅速地流向了黑貓的身體，滿是鮮血的黑貓仰頭喝盡流向自己的最後一滴血，縱身一躍，消失在了茫茫的夜色之中。

阿政死後，怪事就開始發生了。那個聽從藩主吩咐掩埋又八郎屍體的奴僕的母親不再喜歡吃飯，而是全部改吃魚；以前慈愛賢良的性格忽然古怪起來，脾氣時好時壞，讓人捉摸不定；並且，她竟然開始不願意更衣洗澡。

一天晚上，這個奴僕聽到自家廚房裡面有動靜，就過去查看，竟然有個人正趴在地板上，用嘴撕嚼一隻活生生的魚。這個人大吃一驚，仔細一看，竟然發現這個人就是自己的母親，就在那時，一隻貓頭長在了母親的身體上。

奴僕拔刀砍向這隻怪物，只見他的母親鮮血淋漓地倒在地上，同時一隻黑貓從母親身體鑽出，牠對臉色慘白的奴僕說話：

「我是又八郎家裡的黑貓，他妻子阿政曾對我百般寵愛。如今，可憐的阿政無力為自己死去的丈夫報仇，就自殺身亡，託魂到我身體上。我剛才又託魂到了你母親的身體上。就是你夥同藩主掩蓋又八郎死亡的事實吧？」

黑貓說完就跳出了奴僕的視線。

奴僕心神未定，慌忙將事情向藩主稟報，鍋島光茂一聽，昏死過去。

沒過幾天，離江戶很遠的佐賀傳來消息，說有隻黑色妖貓出現在城外，鬧得附近的人和家畜都非常擔心。鍋島光茂得知此事，更加恐懼不已，原來剛好他的任期到了，要返回佐賀。

驚慌顫慄的鍋島光茂還是如期回到了佐賀，命人嚴加看守，不能有絲毫懈怠。誰知，就在鍋島光茂到達的當夜，這隻黑貓就將鍋島光茂最寵愛的側室阿豐咬死而化成她的樣子。同時，這隻黑貓不知道從哪找來其他的黑貓，一起咬死了這個女人身邊所有的侍女，並化身她們的樣子。

這些黑貓化身的女人整日想辦法折磨鍋島光茂，沒過幾天，鍋島光茂就奄奄一息了。

鍋島光茂死後，黑貓化身的這個女人儼然成了佐賀的藩主，發號施令，無所不管。

剛開始，並沒有人懷疑阿豐的身分和行為。但是，很快那個被黑貓禍害過的奴僕就懷疑阿豐的行為處事。所以，這個人就準備好了長矛，夜夜藏在藩主的門外。

深夜，這個人聽到藩主痛苦的聲音從屋內傳出，而且越來越大，他感到奇怪，就探頭向窗內望去，只見有一隻巨大的貓影映現出來。奴僕便用力將隨身攜帶的長矛向貓影的方向刺去，似乎聽到那黑貓悲鳴一聲，應然倒地。

然而，在第二天，這個奴僕的屍體在城內的一處角落裡被人發現，而藩主也已經死在自己的床上。從此，這些黑貓就消失了，再也沒有人看到牠們。

小知識：

這一怪談是日本非常有名的說書和歌舞伎劇題材之一，根據事實改編而成，記載於《元茂公譜》。

燒炭的富翁

從前，大海邊的一個村子裡面，住著兩個有錢人，分別被人們稱為「東家富翁」與「西家富翁」。

同是村裡的富翁，這兩個人的關係非常好，最喜歡做的事情是一起釣魚。只要是天氣晴朗的日子，無論白天或晚上，這兩個人總會約好，有說有笑地一起出門，來到離家不遠處的海邊，放下釣鉤，看著平靜的海水，悠閒地等待魚兒上鉤。至於是不是有釣到魚，這兩個人並不在意，只要天色變暗，一起回家的時候特別輕鬆，就非常滿意。

這天晚上，月光如水，空氣中的氣氛特別愜意，兩個富翁來到家門外散步，不知不覺，他們就來到了平日垂釣的場所。他們心情顯得格外愉快，各自對海邊美好的月色發出了從來沒有過的幸福感嘆。原來前不久，他們各自的妻子先後有了身孕。

兩個人興奮極了，對著月光聊了許多對未來的期待。夜晚的潮水起起落落，兩個聊累了，看到眼前的潮水還沒有退落，索性就先在這裡睡上一會兒。

從海邊找來一塊奇形怪狀的木頭，做為枕頭，這兩個男人在星光與月光的照耀下，聽著湧動的海水聲，滿意地閉上了眼睛。

東家富翁沒多久就做起了美夢，可是西家富翁遲遲沒有睡意，他聽著東家富翁此起彼落的鼾聲，更加睡不著。

就在西家富翁對著天上的繁星發呆的時候，發生了一件神奇的事情。

只見龍神出現在海面上，並走到兩人附近，對著兩人枕著的木頭說，躺在木頭上面的兩個人，馬上將擁有自己的孩子，要趕快賦予兩個新生命屬於他們的命運。但是那塊神奇的木頭很為難，此刻被兩個人枕著，無法脫身，所以希望海神可以代替他們做這件事情。

海神聽從神奇木頭的建議，馬上消失了。西家富翁聽到這樣的一番對話，更是一動也不動，不知道自己的孩子會有怎樣的命運。

一轉眼的時間，海神就回到了海邊。他告訴神奇的木頭說：

「我已經去過他們的家裡，剛好趕上孩子出生，當即把屬於他們的人生給了他們。」被人枕著的神奇木頭一聽，就急著問結果。

海神接著說：

「他們啊！東家富翁的女兒是富貴命，西家富翁兒子是貧賤命，命中註定，相差很大啊！」海神說完，就消失在了海面之上。西家富翁聽到自己有了個兒子，本來特別高興，但又聽到兒子的命運這樣不好，又傷心起來。他一著急，動了一下，枕下的木頭就消失了。跟著，東家富翁也醒了。

這時，西家富翁有了自己的主意，既然東家女兒一生好運，如果我的兒子跟他的女兒結成一家人，命運應該就可以改變了吧！於是，他就向東家富翁說明自己的打算，東家富翁以為這不過是西家富翁的想像，並且心想，如果是這樣，也是好事，就一口答應了。

兩人回到家裡，東家富翁發現自己的孩子真的是個女兒，非常高興。得知西家富翁也同時生下一個男孩，他當即重申了自己的承諾：這兩個孩子長大之後，會結為夫妻。

因為家境富裕，加上兩家對自己孩子都疼愛有加，成長的很好。成年之後，兩人在家人的安排下舉行了結婚儀式。

結婚之後沒多久，到了五月，按當地風俗，要舉行糧食的收穫祭祀。祭祀期間，人們要吃沒有加工過的粗麥飯，以求來年風調雨順。妻子做好了粗麥飯，熱情地招呼自己的丈夫吃飯。沒想到丈夫看到是麥飯，當即大怒，打掉飯碗，怒斥妻子，說吃不下這樣的食物。意外得到丈夫的責備，妻子十分傷心。她覺得自己再也不能和丈夫生活，決定離家出走。

外面大雨傾盆，妻子走了沒多久，渾身濕透，又冷又餓，就有點後悔，不知道是否應該返回。就在這時，她聽到兩個米倉神的對話。兩個米倉神為東家女兒的遭遇感到不平，並提出與其這樣，還不如嫁給多原的燒炭五郎。她聽到後，就前往多原尋找燒炭五郎。

四處打聽之下，東家富翁的女兒終於找到了米倉神提到的燒炭五郎。一番對話交流，東家富翁的女兒看到，眼前的這個男子不僅外貌出眾，心地非常善良，更重要的是勤勞工作，就主動說願意嫁給他。

燒炭五郎看到這個美麗的女子要嫁給自己，考慮到自己只是靠燒炭為生，收入很低，家境又非常貧寒，當即拒絕。

東家富翁的女兒見其這樣為別人著想，更加堅定了嫁給燒炭五郎的信念。她留在了多原，經常來到五郎的家裡幫忙。大約一年之後，五郎喜歡上這個漂亮而善解人意的女兒。兩人在鄉鄰的祝福聲中，歡喜地生活在了一起。

結婚的第二天，燒炭五郎很早就要起床，準備開始燒炭工作。他悄悄地穿好了衣服，來到院子裡。誰知，他剛準備工作的時候，妻子就跟了出來，她溫柔地對五郎說，自己從來沒有見過別人燒炭，希望可以跟在丈夫身邊看看。五郎見狀，欣然答應，並囑咐妻子要小心。

兩人來到燒炭的窯窟，五郎開始認真燒炭。神奇的事情發生了，東家富翁的女兒看到，丈夫這天燒製的木炭，竟然全部變成了黃金。兩人開心不已，憑藉這些黃金，加上持家有道，很快就成為遠近弛名的富翁。

多年以後，西家富翁的兒子不思上進，妻子出走之後更是無所事事，很快就將家裡的錢揮霍殆盡。為了生存，他就一路沿街乞討為生，偶然販賣一些小工藝品。

這天，西家富翁的兒子來到了燒炭五郎的家裡。東家富翁的女兒認出了自己的前夫，就故意出高價購買了丈夫手中的小工藝品。丈夫並沒有認出自己的妻子，他認為這個富家女人非常愚蠢，就不斷拿來東西販賣。東家富翁的女兒見自己的前夫還是這樣令人失望，就拿出了離家出走前帶在身上的碗，那個被丈夫踢翻在地的麥飯碗。

西家富翁的兒子見狀，明白了眼前這個女人就是自己離家出走的妻子，感到羞愧難當，當即撞牆而死。

小知識：

這一傳說在日本的民間傳說當中被劃分為「命運與致富」類，包括《燒炭富翁（初婚型）》和《燒炭富翁（再婚型）》以及《產神問答》。這個傳說中的婚姻對於女性來說，初婚便是初婚型，再婚便是再婚型，如果傳說開頭再加上對主角出生時的宿命論，就被稱為產神問答型。

醜女阿岩

德川綱吉將軍統治的元祿時代，田谷左門殿町住有一個名叫田宮又左衛門的人。左衛門是當時的下級公役御用家人，官職為弓箭槍炮步兵組，家產豐裕。

這年，左衛門原本欠佳的視力惡化，做任何事情都很不方便，加上年歲逐高，就打算退隱歸家，安度晚年。

讓左衛門著急的是，自己唯一的女兒阿岩，雖然聰慧賢德，但是因為小時候罹患天花，治癒疾病之後，留下了滿臉的疤痕，尤其在右眼部位的疤痕更是異常可怖，頭髮也是十分稀疏，可見頭皮。這樣，原本清秀的阿岩變成了鄰里害怕的醜姑娘。

怎麼才能給自己女兒選一個合適的丈夫呢？

只是讓人沒有想到的是，左衛門心事未了，就突發急病死去。他平日的好朋友們得知左衛門家的變故，非常同情，就彼此用心為他的獨生女兒尋找一個好丈夫。聽說在下谷住有一個能言善辯的人，名叫又市，口才極好，這些人就找來又市，商量阿岩的婚事。

又市知道了左衛門朋友們的來意，很自信地說，雖然阿岩容貌醜陋，但是非常聰慧，再說家境也非常不錯，一定可以找到滿意的丈夫。這些人聽後，非常高興，就給又市留下一大筆錢財，拜託他早日辦成此事。

果然，沒過多久，又市就給阿岩找到了一個不錯的丈夫人選。又市介紹說，這個人名叫伊右衛門，家在攝州，身分是一個浪人，年齡三十一歲。雖然伊右衛門家境貧寒，卻是個英俊瀟灑的男子，很得當地姑娘的愛慕。

伊右衛門被又市的花言巧語說動，答應來到阿岩家裡看一看。這個身分卑微的浪人心想，只要可以得到阿岩家中的錢財和地位，自己就可以再娶一個美貌的妻子。誰知阿岩早已聽說對方條件，害怕見面之後，對方馬上拒絕婚事，怎麼也不願意見面。

既然這樣，在又市的安排和建議下，兩家很快訂下了結婚的日子。

結婚當天，伊右衛門心滿意足，高興地招呼前來阿岩家裡祝賀的名門望族。等到親友散去，兩人單獨相處，伊右衛門終於看清妻子的容貌，當即厭惡不已，沒想到又市嘴裡的「長相一般」，竟然是這般醜陋。

婚後，阿岩的母親對自己的女婿非常照顧，這令伊右衛門滿意了很多。

妻子阿岩見到自己丈夫長相如此出眾，婚後對丈夫萬般體貼，但是這不但沒有得到丈夫的理解和喜愛，反而更加增添了他的嫌棄。

沒過幾年，阿岩的母親撒手人寰。伊右衛門覺得在家中有如地獄，經常待在外面，不願意面對自己醜陋無比的妻子。

跟阿岩結婚之後，伊右衛門的上司伊藤喜兵衛，是一個品行極壞的好色之徒。這時，伊藤喜兵衛眾多年輕的愛妾之一阿花，意外有了身孕，他不想因此給自己增添任何煩惱。伊藤喜兵衛想到伊右衛門，就有了一個拋棄這個懷孕女人的陰謀。

一天，伊藤喜兵衛找來伊右衛門，偷偷地對他說道，自己的愛妾阿花美貌無比，但意外懷了自己的孩子，如果伊右衛門願意跟阿花在一起生活，自己會給他很大的好處。

伊右衛門大為欣喜，心想自己正想如何再找一個美貌的女人。

另外，伊藤喜兵衛還興致勃勃地告訴伊右衛門，自己可以幫助他，順利地徹底擺脫阿岩。伊右衛門聽後，非常高興。

自此以後，伊右衛門變本加厲，幾乎不在家逗留，跟阿花逍遙生活著，花費家裡的錢財無數。阿岩拼命省吃儉用也逐漸不能負擔家裡的開銷了，到最後，連一個奴僕都不能留下。

這天，伊藤喜兵衛命人請阿岩到自己家裡來，然後對阿岩故作好心地說：「看著妳這樣窮困，我再也不能置之不理。我早就發現妳的丈夫在外面胡作非為，原本是想為你們家的名譽著想才一直瞞著妳，可是現在我實在看不下去了，希望妳能管管他，要不然就真的完了。」

阿岩聽了伊藤喜兵衛的話，非常生氣，又心知自己長相醜陋，怎麼努力都無法留住丈夫的心，只得唉聲嘆氣。

第二天，阿岩看到丈夫終於回來，正準備上前責問，誰知丈夫竟然大聲喝叱她昨晚為什麼沒有好好待在家裡。阿岩剛想解釋，卻被丈夫痛打了一頓。

阿岩痛苦不已。伊藤喜兵衛趁機來到阿岩家裡，規勸她，既然這樣，還不如跟丈夫離婚，說不定這樣還可以跟丈夫要些財物補償。阿岩認為他說的有道理，不論自己做什麼，丈夫都不會分一絲憐愛給她，這樣勉強在一起他們都不會幸福。伊右衛門得知阿岩的想法，果然興高采烈地和阿岩解除了婚姻，並答應給阿岩一些錢。

在伊藤喜兵衛的介紹下，阿岩來到一家富人做僕人，日子雖然清苦，但生活清淨平和。不料，離婚後沒多久，在阿岩家裡富裕時，一位曾從阿岩家裡得到錢財幫助的人告訴阿岩離婚的真實原因。阿岩聽後，憤怒不已，沒想到伊右衛門竟然對自己這樣絕情，當即變成了厲鬼。

伊右衛門和阿花一起生活之後，先後養了四個孩子。十四年後，他們一家人在院裡聊天，突然聽到淒厲的女聲呼喚自己的名字。伊右衛門到處查找，沒有發現任何可疑的東西。

但是，怪事之後沒過多久，伊右衛門的小女兒就生了急病死去。而且家中的不幸接連不斷，其他孩子和阿花也先後離開人世。

伊右衛門失去了公務之後，也很快花完了佔用阿岩的那些錢財，在孤獨而貧困中可憐地生活著。一個特別寒冷的冬天，有人發現他全身僵硬地死在了阿岩家舊宅的附近。有人說，這是阿岩的報復，她要這個虛有其表的男人痛苦地離開人世。

小知識：

該傳說產生一百多年後，七十一歲的第四代鶴屋南北寫下了《東海道怪談》，將阿岩的故事編進「忠臣藏」故事系列。

其中，伊右衛門被刻劃為赤穗藩浪士，阿岩的模樣則是因為喝下毒藥而成為了醜女。當時剛好有很多類似性質的社會事件，在一八二五年首演時，根據這一傳說改編的歌舞伎劇大受好評。

青門洞

古代越後國的禪海和尚，自幼出家於江戶淺草的一座寺院。禪海本來立志成為得道高僧，但修行幾十年仍然未能如願，就轉而開始了雲遊四方的旅程。亨保十九年，也就是禪海四十八歲那一年，來到豐淺國的中津市。

來到中津，禪海首先參拜了臨濟宗的名寺自性寺，之後，又打算前往距離最近的羅漢寺。從自性寺到羅漢寺的路上，要經過山國川的競秀峰。據說，此處屬於九州山脈，因為是熔岩山貌，景色瑰麗無比。美中不足的是，山巒之中唯一的路途是所謂的「清鎖渡」，也就是靠著山峰的峭壁，鑽出山洞，置以木頭，在位於兩端的木頭之上鋪了木板所形成的懸空之路。

在山國川的深山之內，住有幾個村子，村民經常到最近的羅漢寺參拜，除此之外，平時販賣貨物，購買日常生活用品等，都必須從清鎖渡上經過。天晴的時候還好，一到雨雪連綿的日子，青鎖渡就變成異常驚險，上面鋪著的木板很容易掉落在深淵裡，更別提走在上面的人了。

禪海來到青鎖渡附近，正趕上一年中雨水最為豐沛的季節。只見青鎖渡之上已經缺失了好幾塊木板，兩邊沒有任何鐵鏈的護欄，孤伶伶地橫在兩山之間，令人心驚肉跳。禪海注意到一個人牽了馬在雨後的山路旁歇息，上前詢問人們是怎樣通過這麼危險的青鎖渡。

馬夫無奈地回答：「就這樣通過啊！這是必經的唯一一條路，經常會有人從上面掉進青鎖渡之下的萬丈深淵。」

禪海聽後，非常同情當地村民的遭遇，希望有機會可以幫助他們。

等到天氣轉晴，禪海好不容易順利地通過了青鎖渡，來到了羅漢寺。禪海看到羅漢寺附近有好幾個人工的山洞，裡面都是彼此相通，非常巧妙。他突然聯想到，可以將青鎖渡附近的山脈打通，這樣就可以平安快速地通過那裡，再也不會有人因為行路將性命喪失在深淵之中。

回到青鎖渡附近，禪海就開始認真觀察那裡的山勢。前後經過一個多月的時間，他終於有了打通周圍山脈的方法。

就這樣，禪海帶著自己所想的方法來到這裡的一個村落。找到這個村子的村長，禪海興奮地講述了自己希望打通山脈，另造一條道路的計畫。這個年老的村長聽完禪海的話，啞然失笑：「您一定在做白日夢。這麼大的山，還不只一座，怎麼可能做到？又要花多長時間才能成功？」

禪海早已想到村長的反應，就打開了自己已經規劃好的樣圖，耐心地解釋自己的方案。但是，這個村長始終不能接受他的想法。禪海一次次去勸說這個村長，終於打動了他，並透過持續的努力說動其他幾個村子。

同時，禪海又將自己的計畫告訴羅漢寺的住持，希望該寺給予財物方面的支援，並對住持保證說，如此一來，到羅漢寺參拜的人一定加倍，該寺的收入也會增加得更多。住持認真瞭解禪海的方案，認為很可行，並對他敢想敢做的精神感到敬佩，於是承諾一定會給予必要的支援。

最後，禪海將此事報給中津寺的道奉行，這是負責道路修建的官方部門，沒有想到的是，這個官員覺得禪海簡直是異想天開，毫不留情地駁回了他們的請求。

為了說服負責的官員，禪海不厭其煩地解釋自己的方案和這樣實施的好處。轉眼一年過去，禪海還是滿懷希望而去，滿臉失望而歸。直到日本第八代的將軍吉宗上臺，禪海的申請終於得到了批准，到了這時，又是九年的光陰過去了。

工程開始之後，果然異常艱辛，不論是懸崖還是峭壁，眾人只能用比較笨拙的挖掘方式進行。這一年，禪海已經是五十八歲的高齡，身體已經遠遠不如十年之前，不能跟大家一起奮戰，他便開始為工程所需要的資金忙碌。禪海幾次來到羅漢寺，懇請寺院給予更多的支援。同時，他和該寺的僧人一起到處募集捐款，召集願意參與工程的人。

第一個山洞打通，五年已經過去。這個山洞按照禪海的設計，上方是弧度柔和的圓形，底部平坦而寬敞，不論人、畜，都可以放心通過。面對河流的峭壁，禪海還專門設計出了一個石窗，天晴的日子，陽光自窗戶射入，非常明亮。洞內單調的石壁上，禪海雕刻出了形態各異的石佛圖像，非常具有美感。這時，再也沒有人懷疑禪海的設計，更多的人加入到禪海發動的打造山洞隊伍，景象空前。

前後三十年時間，禪海設計的四個石洞圓滿造出，禪海命名為「青門洞」。洞內美觀而實用，受到當地人的大力稱讚。這年禪海七十八歲。

青門洞修建好的第十年，禪海按照自己與道奉行的約定，青門洞的通行，由免費變為繳納費用。具體的收受標準是：人各四文錢，牛、馬等體型巨大的牲畜為八文錢。因為此處早已成為國內聞名的路途，每天人來人往，川流不息，沒過幾年，路費的收入就達到了之前修建費用的數倍。禪海高興極了，他將羅漢寺的錢還清，並將一些錢分給附近貧困的村民。

八十八歲那年，禪海老去。意識到自己將不久於人世，禪海將一生積蓄全部贈予羅漢寺，希望可以造福更多的人們。

小知識：

目前這裡已經開通了可以通行汽車和消防車的新路，非常方便。但是這裡的舊山洞還被保留著，供遊客徒步觀光旅遊。遊人從川面反眺青門洞，更可以感覺開山築路隧道的工程艱險程度。

靈犬

很久以前，日本遠州府中也就是現在的靜岡縣盤田寺，有一個見付天神社。每年的秋天來臨，見付天神社都會如期舉行祭祀活動。所謂的祭祀，就是選出一個年輕的小女孩，躺在準備好的白木棺材內，抬至正殿，等待社內神明的享用。

每年秋天即將到來的時候，村民們就會非常焦急。因為秋祭來臨的前一天，一支箭會莫名其妙地從遠處飛來，插到一個年輕女孩家的屋頂。看到這支箭的家裡，就意識到自家女兒的不幸來到，必將成為該年祭祀的貢品。

這一年的秋天，又到了秋祭的時間。這時有一位行雲的僧人來到神社，並暫時寄居。知道村裡祭祀的怪事，這個人就向村民自薦，代替女孩躲在館內，以便觀察事情的原委。

這天夜裡，村民們將已經藏了僧人的棺材抬至神社的大殿，因為害怕鬼怪的出現，棺材剛一落地，眾人就紛紛逃離四散。感覺眾人已經離開，僧人就開始在棺材內誦唸起經文。

不知道過了多久，僧人感覺自己已有睏意的時候，突然聽到一陣狂風颳過大殿。緊接著一隻巨大的怪物出現在大殿裡面。這隻怪物跳到棺材之上，並不急於打開棺材，而是手舞足蹈，唸唸有詞道：

「這件事情一定不能洩露出去，這件事情一定不能洩露出去。信州信濃的光前寺，就是光前寺。光前寺有個早太郎，早太郎。」

躺在棺材裡面的僧人將怪物的話聽得清清楚楚，並牢記於心。

當怪物唸過這一番話之後，著手施法打開腳下的棺木。僧人意識到怪物的舉動，就高聲唸誦胸中的經文。怪物聽到經文之後，大為震驚，落荒而逃。

第二天，村民紛紛來到神社大殿，好奇昨晚到底發生了什麼事情，不知道僧人的性命是不是還在。當村民發現僧人完好無損地坐在殿內誦經時，紛紛向前詢問事情的經過。僧人將昨晚事情的原委一一講述。眾人非常震驚。因為僧人昨晚偶然聽得怪物的秘密，就告別村民趕往信州信濃，也就是現在日本長野縣。

走在通往信州的路上，僧人想起來信州有一處古寺名叫善光寺，因為善光寺的附近都是盆地，附近被稱為「善光寺平」，幾年前，僧人曾經雲遊經過此處。

僧人首先來到了善光寺平，並開始四處打聽光前寺的下落。奇怪的是，僧人一連向附近的村民詢問了三天，也沒有問出光前寺的所在。而且，當僧人說出「早太郎」這個名字時，這裡的居民更是一頭霧水，他們異口同聲地回答僧人，從來沒有聽說過這個名字。

僧人一路走到信州，遍訪該地居民，沒有打聽到有關「光前寺」或是「早太郎」的任何消息。無奈，僧人便離開此處，順著路線向南行進。

一天，僧人來到天神善山腳下的一處寺院，不顧一路奔波和飢渴的僧人，見到寺院的住持就先向前詢問。該院住持聽到僧人的詢問，回答說光前寺位於木曾駒嶽山麓下的一處村落附近，是創建於貞觀二年也就是八六〇年的古寺。因為該寺位置非常偏遠，很少有人知道。住持聽到僧人的詢問，很驚奇。得到住持的回答，僧人終於感到輕鬆了許多。

經歷不少波折，一年之後，僧人終於來到光前寺。來到寺院，僧人向該寺住持告知了自己的來意，並希望可以求見早太郎。住持聽到僧人千里迢迢來到這裡，竟然是為了見一見早太郎，一臉迷惑的神色。

他來到寺院的窖廊下，對著窖廊的盡頭呼喚道：「早太郎，早太郎！」只見，一隻灰色的山犬就跑到了住持面前。

看著僧人驚訝的表情，住持解釋道，好幾年前，寺院裡來了一隻駒嶽山犬。等寺院裡的人發現牠時，這隻山犬正臥在寺院的正殿窖廊之下，本來以為牠是生病了，後來發現這是一隻即將生產的母山犬。來到寺院沒多久，母山犬就生下了三隻小山犬。住持看到牠們非常虛弱，就不斷供給牠及小山犬們食物。母山犬很快就變得強壯了，兩隻小山犬在住持的悉心照顧下也長得很快。

等到小山犬逐漸都長大之後，一天夜裡，這隻母山犬帶著自己的兩隻小山犬悄無聲息地離開了寺院。第二天早上，當住持像平時一樣來到山犬待的地方時，只見一隻山犬留在那裡，其他山犬全不見了蹤影。

這才知道其他山犬應該是自己離開了。看著眼前的這隻山犬，住持覺得，應該是母山犬特意留下來的。以後，住持對待這隻留下的山犬更加照顧，並和僧人們親切稱呼牠為「早太郎」。聽完住持的解釋，這位僧人感到很意外，並意識到這隻山犬肯定非同一般。

住持想起僧人來到寺院所講的祭祀之事，就問僧人今年村裡的秋祭具體是哪一天。僧人這才意識到剛好就是下個月。僧人向住持詳細描述了自己上次遇到怪物之事，並推測早太郎一定是那隻怪物的剋星，懇請住持能夠同意自己帶著牠前去除妖，同時請求秋祭前天晚上，住持一定要為早太郎頌經直至天亮。

住持滿口答應，但是囑咐僧人一定要保護早太郎的安全，希望這隻神奇的山犬能夠重新回到寺院。於是，僧人帶著早太郎往村子趕去。經過日夜不停地長途跋涉，終於在秋季前一天的夜裡返回。回來之後，僧人就向村民講述了自己的一路見聞，並把尋到奇犬早太郎的前因後果交代得一清二楚。村民聽了之後，都非常高興，祈禱這次早太郎可以順利地將可惡的怪物剷除。

到了準備祭祀的準備時間，村民們按照商量好的計畫，將早太郎放進白木棺材之內，並合力將棺材抬進神社的大殿之內。在遙遠的另外一個地方，光前寺的住持也早早坐下為早太郎誦讀起了經文。這一夜，村民和僧人都沒有闔眼，也不知道會有什麼未知的事情發生。

第二天一大早，大家就來到了神社的大殿。上前一看，大家發現，白木棺材已經被打開了，旁邊有一隻被撕咬得遍體鱗傷的大狒狒，一動也不動。

這時有人叫道：「早太郎怎麼不見了？」無論僧人和村民怎麼尋找，也沒有找到早太郎。

後來，僧人得知，早太郎當晚和那隻巨大的狒狒咬鬥了很長時間，最後，早太郎終於將其咬死在地。之後，早太郎似乎覺得自己已完成了使命，就連夜奔向了光前寺。光前寺的住持在為早太郎誦讀經文直至天亮之後，起身來到門外，在院子裡發現了早太郎，只見牠奄奄一息地躺在地上，看到住持之後，就斷了氣。住持和寺院的僧侶將早太郎的屍體埋在了以前母山犬和小山犬們所待的地方旁邊，並為早太郎的離去傷心了很長一段時間。

從此，到了秋天，見付天神社再也沒有舉行過所謂的祭祀活動，村民都在家裡供奉起了早太郎的名字，希望可以保佑家裡一年平安無事。

小知識：

在現在光前寺的正殿前有早太郎的木雕像；見付天神社參道還有早太郎的銅塑雕像；有些地方還有「早太郎神社」。在每年的農曆八月十日前的週末深夜，見付天神社會舉行國家重要的無形民俗文化財產的「裸祭」。「裸祭」本來是用女孩當祭神牲禮的祭奠活動，後來才改成自遠江總社淡海國玉神社的神轎出巡的祭典活動。二〇〇六年為農曆的狗年，也就是光前寺舉辦「早太郎七百年祭」之年。

義狐

村上天皇（九二六～九六七）那時代，攝洲（即現在大阪府和兵庫縣一帶）的阿倍野鄉，有位二十三歲名為保名的青年。父親安倍保明曾是此地領主。安倍家是名門望族，祖先阿倍仲麻呂是奈良時代的遣唐留學生，唐名晁衡（亦作朝衡），曾在玄宗朝代任左補闕、散騎常侍、秘書監等職位，並且與當時唐朝文人李白、杜甫、王維等交誼甚篤，終老於唐土。保名是他的第八代子孫。

安倍祖上雖是名門，但到了保名這一代時，卻因保名的父親受騙而失去所有領地。而安倍家有卷代代相傳的天文學秘藏文獻，記載天文、曆數等陰陽道奧祕，保名很想解讀此祕笈，卻因家道中落，自己又忙著復興家門，至今仍未翻閱。

為了償得夙願，他每月前往泉州（大阪府南部）信太森參拜明神。那裡四周人跡罕至，雜草橫生，樹木參天，即使在白天，看起來也是昏暗矇矓。更令人心驚的是，人們都傳說那裡有很多狐狸出沒。

這年秋天，二十三歲的保名帶著幾名隨從，像往常一樣到信太森參拜明神。秋天時節，信太森附近的景色格外美麗。保名參拜完後，自然而然被這景色所吸引。他命令隨從在神社的外面擺設宴席，讓大家一起觀賞如火焰般豔麗的紅葉。

大家聽從保名的安排，輕鬆自在地相互喝酒談笑。就在眾人興致不斷高漲的時候，從周圍的森林裡傳來狗叫聲，還夾雜著人群的吵鬧聲。大家感到非常奇怪。保名和眾人好奇之際，突然間，只見兩隻白色的狐狸從幔帳的外面闖了進來。牠們像是被追趕著，閃電般地從幔帳的一邊跑向另一邊。一會兒，兩隻白狐又鑽出了幔帳，消失了。

眾人嚇呆了！

就在此時，第三隻白狐鑽進了幔帳。或許是奔跑得比較疲憊，這隻小狐狸來到保名的面前之後，便一動也不動地望著他。保名看到小白狐可憐的神情，感覺眼前的這隻狐狸跟剛才消失的那隻很像，心想應該是同一家的狐狸出來了。

有人說：「這幾隻狐狸好像是被狗追趕，真可憐。」保名聽到這句話後，就趕忙把幼小可憐的狐狸藏在了自己長長的袖子下面。果然，一群狗跟著就闖了進來。隨從們立刻拔出隨身攜帶的刀劍，把衝在前面的一隻狗砍死了。其他狂叫的狗看到，也不免畏懼了起來，退後做出圍攻眾人的樣子，狂叫不已。

隨後，一群武士裝扮的人跟了進來，對眾人大喊道：「剛才是不是有狐狸出現？肯定逃到這裡了，快點交出來！」保名看到帶頭喊叫的人兇狠的表情，就回答道：「這裡是供奉明神的地方，不宜殺生。」

「你說什麼？」其中一名眼睛發紅的武士對著保名大叫，說著就拔出了自己腰間佩帶的長刀，向保名砍去，這時有人對著帳內嚴肅地喊道：「誰想搶奪我看中的狐狸？誰敢動我部下的一根汗毛。」來人正是河內的守護大名石川恒平。

這個人平時就作威作福慣了，當地人都非常痛恨他。因為石川恒平的妻子發高燒，怎麼醫治都不能退燒。石川橫平聽說幼狐的心肝可以治療這種病，就帶著部下追狐狸到這裡。

保名的隨從也拔出了刀，準備迎戰。雙方很快大戰了起來。保名和隨從雖然拼勁全力迎戰，但跟對方相比，實力相差過於懸殊，寡不敵眾。

沒過多長時間，保名的隨從接二連三地倒在了地上。保名無暇顧他，全力跟一名身材魁梧、目光兇狠的武士廝殺。他的左肩被對方的刀砍到，血流不止，疼痛難忍之際，他的腳又被地上的樹根所絆，倒在地上。

幾名武士看到保名倒下，就蜂擁而上，七手八腳地把保名抓牢，用粗繩綁的結結實實。石川恒平面露得意之色，大喊一聲：「把他的頭給我砍下！」

保名的腦海閃過那隻惹人憐愛的小白狐，牠恐慌的眼神讓保名顧不得自己的處境，只擔心牠會被這些惡人所抓。他平靜地環視四周，確定沒看狐狸的影子，就安心地閉上了眼睛，只待對方動手。

一名彪悍的武士，把自己手中沾滿了血腥的刀舉過頭頂，正要向保名的脖頸處砍去。這時，眾人聽到一聲雄厚低沉的叱喝：「慢著！」眾人回頭一看，才發現一位僧侶不知道什麼時候就站在他們的身後。這個人是賴範和尚，河內國藤井寺的住持，該寺是恒平一族所皈依的寺院。

石川恒平看到自己尊敬的住持，竟然神不知鬼不覺地出現在這裡，大吃一驚，趕忙恭敬地問：「請問住持，您怎麼來到了這裡？」

住持只是淡淡地說道：「在供奉明神的地方殺人，是萬萬不該的。你們先把刀收起來，把事情的起因給老衲說說。」

石川恒平趕忙命令武士們聽從住持的吩咐。然後將剛才之事的來龍去脈講了一遍。住持聽後，勸導石川恒平不要隨便殺生，並要求把保名交給自己處置。

石川恒平無奈答應下來，沮喪地帶著武士離開。

住持看到石川恒平等人消失在樹林的深遠之處，就解開纏繞在保名身上的繩索，並關切地告訴他：「你不要擔心。那些人已經走遠了，不會再回來。」

看著保名臉上的疑惑，住持繼續說道：「你還好吧？我就是你剛才所救的那隻白狐。」說罷，只見住持賴範和尚變化成了先前那隻小白狐，眼睛裡面流露出對保名的感激之情，轉眼間就奔向樹林，消失不見。

百感交集的保名拖著自己受傷的身體返家而去。途中他感到乾渴，找到一處溪澗，正打算低頭喝水，碰巧看到一個少女正在那裡打水。瘦弱的少女把裝滿了水的木桶打翻在地，她自己也因此跌倒在地。

好心的保名不顧自己的傷痛，奔過去扶起跌倒的少女，少女連聲道謝。當她看到保名肩膀上血跡斑斑，傷口處血肉模糊時，關切地說：

「看來你是受了重傷。我家離這不遠。你跟我回家去，我可以給你擦些草藥，幫你把傷口包紮一下。」

到了少女的住處，保名發現少女竟然是一個人居住，心裡有些不安。但礙於少女的好心，也就不再多說什麼。在少女的精心照料下，保名的身體很快就恢復了。隨著時間的流逝，兩人逐漸產生了好感，最後結為夫婦，並且有了一個可愛的孩子，叫安倍童子。

在兩人相識的第七年的一天，正是保名和少女邂逅的日子。保名像平時一樣，吃過早飯，跟妻子輕聲道別，出門種田。他美麗賢慧的妻子，就在家裡專心織布。

此時正值深秋，保名的院子裡種滿了菊花，這種菊花是保名上一年從一個過路人手裡購得，聽說不但花型漂亮，花香也格外好聞。一陣風從院子裡吹進了屋子，正在專心織布的妻子突然感到自己一陣精神恍惚。就在妻子感到頭有些暈眩時，背後傳來了自己孩子的驚恐聲：「啊！」

妻子回頭一看，安倍童子正異常驚恐地看著自己，害怕極了，也就明白了原因。原來，她知道自己是因為聞多了這種奇異的菊花香，不自覺露出了原形。保名的妻子正是那隻他救過的小白狐。

妻子後悔自己沒能提前躲避這花香。想到自己無法再像以前一樣，和自己的丈夫、兒子正常地幸福生活，她留下字條給還未回家的丈夫後就消失了。

失去母親的安倍童子非常傷心，守著門口哭泣不已，直到保名從農田裡回來。保名弄明白家中所發生的一切，帶著自己的孩子前往七年前遇見白狐的信太森寺院附近。

到了那裡，妻子竟然真的出現了。妻子對保名解釋道：

「我就是一隻住在信太森寺院的狐狸。日日聽聞寺裡誦讀的經文，我逐漸有了靈性。七年前，我和父母走散，被一群來此打獵的武士追捕。多虧您的冒死搭救，我才逃過一劫。為了報答您的恩德，我就祈求明神，將自己變作一個女子，想和您結為夫妻。如今，我的身分意外地洩露，就無法再跟您和孩子共同生活。請您代我好好照顧我們的孩子。」

說完，妻子滿含深情地看了保名一眼，上前給眼角還掛滿淚水的兒子一顆美麗的智慧玉石，瞬間不見了。

據傳，保名和白狐所生的這個孩子，就是有名的陰陽師安倍晴明。

小知識：

幕末浮世繪名師月岡芳年筆下的葛葉傳說，格子窗後的母親露出了狐狸的原形，在地上爬著的小孩子正是安倍晴明。

妖刀

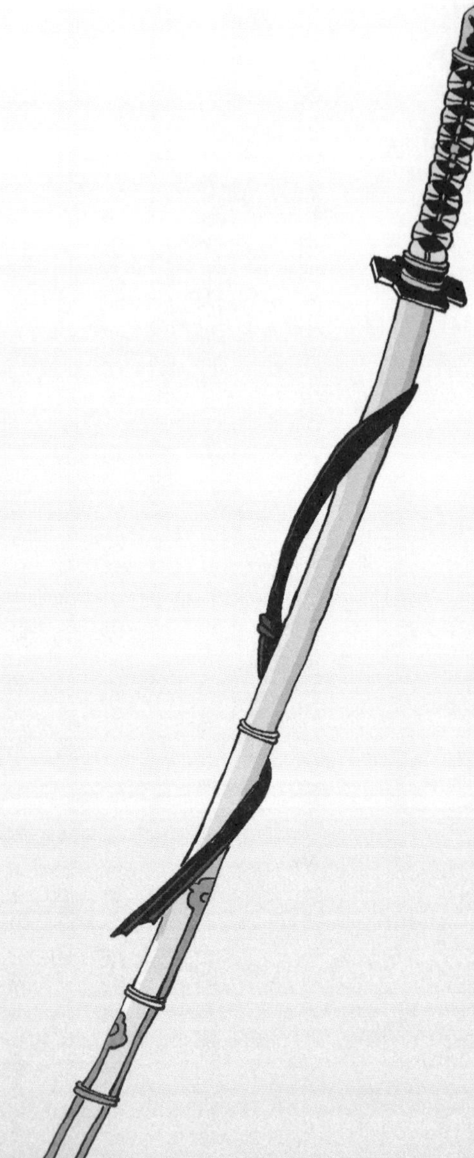

家康一家四代均被妖刀所害，被稱為日本歷史上的奇聞：當德川家康是三河國（現在日本愛知縣東南部）鄉下大名時，一五三五年，家康祖父松平清康就死於妖刀之下；一五四五年，家康父親松平廣忠也被妖刀所傷；後來，家康嫡長子信康，被人陷害而無奈切腹，切腹之刀還是妖刀；一六〇〇年，家康本人在關之原決戰之時，又被妖刀刺殺。那麼，「妖刀」究竟指什麼樣的刀呢？

鐮倉後期，日本的著名刀匠岡崎五郎入道正宗，在他五十二歲的時候，感到自己年歲已高，精力和體力都不如從前，就有了退出鑄刀一行，和家人歸隱山林，過閒雲野鶴的平淡生活的打算。

但是，怎樣才能將自己摸索多年的鑄刀經驗傳承下去？這成了最讓正宗頭痛的事情。之前，正宗一心鑄造刀劍，兢兢業業，雖天下聞名，上門求教的人絡繹不絕，但是他從來沒有想過把這項獨得的技藝教給外人。

而且正宗家中，只有一個嬌小可愛的女兒，自然不適合學習鑄刀這樣首先需要體力的事情。

後來，還是正宗向來聰明過人的妻子說，既然你現在這麼憂慮自己的技藝會因為自己不再鑄刀而消失，不如公開招選合適的弟子來傳授，這樣你也可以盡快放心。

於是，正宗就向全國發布挑選弟子的消息，慕名而來求學的人如潮水湧來。經過為期半個月的考驗和測試，最終有三個年輕人得到了正宗的青睞，他們分別名為村正、正近和真宗。

這天，正宗把從眾多求教者中挑選的三名最佳弟子叫到面前，說：

「這些天來，我從眾多的人選中，看到了你們最為出色的表現。而來到這裡之前，你們都是希望自己能夠留下來，跟我學習名滿天下的鑄刀之法。但是，此次招選弟子，我只打算傳授技藝給一個人。我會把鑄造的要領告訴你們，並教你們最基本的方法，以及口授鑄造好刀的秘訣，然後，如果你們其中有誰能夠在二十一日之內，做出最令我滿意的那把刀，這個人就可以留下來跟我學習。」

到了正宗規定的期限，三人帶著自己鑄造好的刀來到正宗的面前。正宗看到三人所鑄造的刀都很不錯，無論刀的樣式還是鋒利程度都相差無幾。經過仔細的觀察和測試，正宗宣布真宗有資格留下來。

其他兩個年輕人非常不滿，覺得自己才是最有實力跟隨正宗繼續學習的人。特別是村正，他向正宗坦言，不服氣正宗的判斷，並要正宗當面試用這三把刀，並質問自己為何被淘汰。

正宗早已想到會有這樣的反應，就帶著三個人來到了村子裡面的一條小河上游，命令三人將自己的刀，以刀刃一面向著上游的方式間隔著平行插入水中。

看到三人將各自的刀插好之後，正宗就將準備好的稻草放在上游水源處，然後讓三人要仔細觀察稻草經過水中每一把刀時的現象。

三人一臉疑惑，不知道正宗是什麼用意，只是按照師父的話做。只見，從河水上漂來的稻草慢慢地接近三人的刀。第一根稻草接近村正的刀時，彷彿被刀吸引一般，馬上黏附其上，並且立即被鋒利的刀刃斷為兩截。

正宗看到這個情景，就趕快從丹田運氣對著捲在正近和貞宗刀刃上的稻草發力，大喝一聲。三人驚奇地看到，本來捲在正近刀刃上的稻草鬆滑下來，隨著水流漂走；而捲在貞宗刀刃處的稻草卻一下子被分為兩端，也分散漂去。

看到三人驚訝的表情，正宗語重心長地說：

「我理想中的名刀，並不一定要特別鋒利。或許我這樣說，你們會覺得有點奇怪。我一直認為，所謂刀劍的真正價值就是，短刃用來保護身體，而長刀用來保護國家。如果有一把刀，本身毫無美感，而且充滿殺氣和妖氣，那麼這樣的刀就只能成為妖刀，絕對不能稱作名刀。」

接著，正宗解釋了剛才所發生的事情。剛才，正近所鑄造的刀是畏懼了正宗的呵叱和氣力，讓稻草這一「敵人」趁機偷偷溜走，這說明刀的修行顯然不夠；相較之下，村正所造的刀，卻是未等對方出手，就將其截為兩段，儘管鋒利無比，但是這種刀不講作戰的原則，就是所謂的「妖刀」；只有貞宗的刀，雖然有足夠的把握可以斬斷對方，還是要等到時機成熟的時候，否則絕不輕易行動，這才是真正的「名刀」。

最終，正宗將鑄造出名刀的貞宗收在門下，悉心教授，使他成為新一代的鑄刀名師。

而有關妖刀的傳說卻層出不窮。據說，日本小說中，柴田煉三郎筆下「眠狂四郎」，就是使用這種妖刀，以鬼魅妖邪的「圓月刀法」震驚江湖。

小知識：

自古以來，日本人便認為名刀具有避邪力量。《源氏物語》中的〈夕顏〉卷，寫到幽靈在半夜坐於源氏枕邊抱怨，源氏就馬上取下佩刀放在身邊。日本近代作家泉鏡花每次打算寫小說時，總是在夜深人靜時，坐在書桌旁，拔出珍藏的日本刀，把玩一番之後，才開始進入狀態。

火男

道德內省篇

火男

曾經有一對老年的夫婦，住在山下的一間草屋裡。因為沒有孩子，兩人相互扶持，生活雖然並不富裕，卻非常和睦溫馨。

這天，老人像平時一樣，爬上山腰處砍柴，剛砍到想要的木柴數量，大雨就劈頭蓋臉地下了起來。接著老人看見閃電在天空中如狂龍亂舞，耳朵中響起了霹雷的巨響。老人驚奇地發現，白天居然變成像黑夜一樣，伸手不見五指。老人看不見腳下的路，就憑著感覺走了起來，不知不覺，他發現自己來到了一處不大的洞穴前，裡面隱約有亮光傳出。

老人心想，這樣奇怪的天氣裡，眼前突然出現一個神秘的洞穴，一定不是什麼好事。想到這裡，老人就取來自己所砍的木柴，打算將洞口封閉。放入一捆柴，兩捆柴，三捆柴……老人累得滿頭大汗，等到他把所砍的最後一捆柴塞進洞穴，才發現洞口依然什麼也沒有。老人心裡開始害怕起來，他想起先人所講述的各種鬼怪故事，兩腿幾乎發軟了。

就在這時，老人看見一個姑娘從洞穴裡面走了出來。姑娘手裡端著一盞明亮的金燈，款款地走到老人的面前。這個姑娘對老人說，非常感謝他給自己送來這麼多的木柴，如果老人願意，姑娘希望他可以跟隨自己來到洞穴的裡面參觀。

看到姑娘並不像什麼壞人，老人就欣然應允。跟隨姑娘向洞穴的深處走去，老人這才發現裡面別有洞天。雖然洞口非常狹窄，但是，隨著腳步的延伸，一座很漂亮的房子和各種珍稀的花鳥蟲魚出現在老人的面前。而就在屋子外面的角落處，老人剛才往洞穴裡面所塞的木柴也整體地排列著。

來到屋子的面前，姑娘面露喜色，招呼老人到屋裡坐坐。老人好奇而遲疑地來到屋內，發現裡面各種家用擺設非常豪華，大量的書畫有序地擺在屋子的木架上。一位跟老人年齡相仿的白鬍子老漢出現，他對老人贈柴的事情非常感謝，並設宴款待了老人。臨走時，姑娘說要送給老人一個特別的禮物，只見她從一個房間裡面帶出來一個小男孩。這個小男孩大約四、五歲的樣子，體形只有平常孩子的三分之一，五官很是醜陋。

姑娘和白鬍子老漢堅決地要來客帶走這個小男孩，並贈言道，這個小男孩會帶給他不斷的好運氣。老人剛開始堅持拒絕，無奈盛情難卻，他就帶著這個小男孩走出了山洞。剛走出山洞的大門，老人轉身回頭望向洞內，竟然發現身後一片黑暗，一切都蕩然無存。

帶著小男孩回到家裡，老奶奶對這個嬌小的孩子非常好奇，一直沒有孩子的她不停地撫摸著孩子的臉蛋和頭。她對老人說：「這孩子長的真是很特別啊！只是醜了點。不過能有個孩子是挺幸福的事情。」

老人遂將自己奇特的遭遇一一告訴妻子，老奶奶聽得驚訝極了，她並不相信自己丈夫的話，但仍然為丈夫給自己帶回家一個孩子而開心。

自從這個小男孩來到老人的家裡之後，細心的老人發現，這個小孩子總是玩弄著自己的肚臍眼，剛開始覺得是孩子害怕陌生人，也就沒有放在心上。但是，時間一長，老人就覺得非常奇怪。

一天，老人從玩弄自己肚臍眼的孩子身邊經過，突然聽到金屬掉落地面的聲音。拿來火把一照，老人驚訝地發現竟然是一小塊金子。這時，他才明白，小男孩的肚臍眼裡面會掉出小塊的黃金。經過觀察，老人注意到，每天小男孩的肚臍眼裡面都會掉出三塊金子，非常規律。

得到金子的老人暗自心喜。晚上，他將妻子叫來面前，對她說了自己從小男孩身上撿到金子的怪事。老奶奶一聽，大為高興。她拿著丈夫連日來收集的金子，換得了各種必須的吃、穿、住用品。隨著時間的流逝，兩個老人擁有了更多的金子，並成為遠近有名的富翁，只是，小男孩仍是來時的樣子，小小的、醜醜的，唯一的嗜好是玩弄自己的肚臍眼。老人要妻子保守金子來源的秘密，並要求她好好照顧這個小男孩，妻子一口地答應。

這天，老人有事要出門，臨走前，告訴妻子會幾天後回來。因為家境富裕，這時的老婦人已經不需要像以前那樣辛苦。她悠閒地躺在院子裡，感受著溫暖的陽光從自己的身上滑動。

這樣過了兩天，老奶奶發現丈夫還沒有回家。百無聊賴的她便將注意力轉向了小男孩。她盯著男孩掉落金子的身體，並貪婪地想像更多的金子出現。她把小男孩叫到面前，要他多掉一些金子下來，男孩並沒有答應，像平時一樣獨自玩耍。

老奶奶被自己的貪慾鼓動，突然兇狠地把小男孩拉到懷裡，用筷子撥弄著孩子的肚臍眼，期待有金子像大雨一般落下。男孩驚聲哭鬧，祈求老奶奶放下自己。老奶奶絲毫沒有在意，她瘋狂地繼續著自己的行為，直到小男孩斷了氣。看到小男孩死在自己的手裡，老奶奶慌了起來，非常後悔，不知道該怎麼向丈夫交代。

第二天，老人回來，發現小男孩死後，他非常傷心，不能原諒老伴的行為。到了晚上，老人做了一個奇怪的夢：只見那個小男孩來到老人的床前，勸其不要難過。小男孩告訴老人，他的名字叫火男。只要可以做一個跟自己五官相似的面具，掛在廚房的灶臺前，同樣可以保佑家庭興旺和睦。

老人醒後，按照火男的話做，果然如此。

小知識：

類似的故事，在中國少數民族傳說中時有出現，因此很多學者推論，這是中國流傳到日本，並被日本「本土化」的傳說故事。

阿菊

阿菊

西元一五〇五年，姬路城的城主是小寺則職。小寺則職的家臣中，青山鐵山為人陰險狡詐，而且不斷擴充實力，似乎有篡奪小寺則職位置的野心；衣笠元信則一直對小寺則職直率敦厚、忠心不二。

一天，衣笠元信得到可靠消息，青山鐵山近來招兵買馬，其弒殺主君的陰謀正在暗地裡有序進行，而大吃一驚，衣笠元信沒想到青山鐵山竟然真的要背叛自己的主君。耿直的衣笠元信對青山鐵山的行為大為惱怒，當即發誓一定要砍掉青山鐵山的人頭，來報效小寺則職。

聽到這裡，一直沉默不語的阿菊說話了。阿菊是衣笠元信最寵愛的一個侍妾，平日溫柔細語，很少干預自己丈夫的決定。

阿菊規勸衣笠元通道：

「雖然青山鐵山謀反的行動已經在展開，但是我們還沒有確實的證據證明。與其冒然揭露和反對他的陰謀，不如讓我想辦法接近他，觀察其動向，掌握足夠有力的證據，然後再動手也不遲。」

衣笠元信連忙詢問阿菊有什麼好的計策。阿菊接著說：

「我本來就出生貧寒，對僕人的工作內容非常熟悉。如果您願意，我可以裝扮成一個僕人潛入青山鐵山的家裡，一旦得到他謀反的確實消息，會立即傳信回來。想必那時，您好好準備，一定可以順利將他擒獲。」

原來，阿菊早就聽說丈夫一直煩惱於青山鐵山的叛亂事件，她嫁給衣笠元信三年，這次正是她報答丈夫難得的機遇。

五年前，阿菊剛好十三歲，和身患重病的父親一起流浪到這裡，他們僅剩的一點錢花完後，父親隔沒多少天，就在一個寒冷的晚上離開人世，只剩下阿菊一個人。正當阿菊孤苦伶仃地為生計和去向發愁時，住在此處的衣笠元信派人把阿菊接到自己家裡安置下來。

阿菊本來人長的就很漂亮，加上從小就很懂事，到了衣笠元信的府上，很快得到上下眾人的歡迎。衣笠元信也非常喜歡這個善良懂事的小姑娘。兩年之後，衣笠元信的母親做主，將漂亮的阿菊許配給了自己的兒子，就這樣兩人恩愛幸福生活了三年。

衣笠元信聽到阿菊的計畫是自己混入青山鐵山家裡，決然反對，他不願意自己心愛的女人這樣冒險，何況他對青山鐵山陰險狠毒的性格瞭若指掌。

阿菊輕聲解釋：「除了這樣，沒有更安全有效的辦法了。您放心吧！我只是去做一個僕人，暗地裡觀察青山鐵山的行為，收集他謀反的證據。一有線索，我就馬上傳遞給您，您趕快行動救我回來。」

聽著阿菊堅定的聲音，又想到自己剿滅青山鐵山勢力的巨大意義，衣笠元信無奈地答應了，兩人並相約，等事情成功，重新幸福地相守在一起。

阿菊果然順利地來到了青山鐵山的家中。她小心翼翼地做著僕人的工作，為人處世更是處處留心。不久，阿菊得到其他僕人們的歡迎，只待伺機觀察青山鐵山，拿到其叛亂謀反的證據。

終於，五月八日這一天，阿菊從一個服侍青山鐵山起居的僕人口裡得知，最近他真的正在準備弒殺城主小寺則職。青山鐵山謀劃在不久將舉辦的增位山賞花席上，在小寺則職的酒裡下毒。

阿菊得到這個消息，就馬上偷偷地派人捎信給衣笠元信。

到了賞花節當天，青山鐵山按原訂計畫，端著一杯下了毒藥的酒敬小寺則職，並微笑著勸說一定要喝盡。

衣笠元信看到青山鐵山原形畢露，怒不可遏，就拔刀砍向青山鐵山。隨即，熱鬧喜慶的賞花酒宴就變成了兩人拼殺的戰場。刀光閃閃，花瓣亂舞。

衣笠元信本來在家中做好了圍剿青山鐵山的計畫，並告訴家將等待他的命令，大家一起合力誅殺叛臣。這時，那些埋伏的家將們只好等待著衣笠元信的吩咐，不敢有任何舉動。

兩人廝殺了好長一段時間之後，青山鐵山逐漸佔據了上風。期間，青山鐵山的一個僕人偷偷示意他外面有不少埋伏的衣笠元信的家將。青山鐵山會意，並沒有顯出著急之色。原來，他早做好全力殺死小寺則職的準備，集結了很多勢力支持自己。結果，青山鐵山打敗衣笠元信。小寺則職慌忙在衣笠元信的保護之下逃出，一直逃到瀨戶內海的家島。青山鐵山以閃電般的速度佔領了姬路城。

衣笠元信本來打算趁此機會剿滅青山鐵山，沒想到，不但沒有保住小寺則職的城主位置，也喪失了自己的勢力。

身在青山鐵山家的阿菊，已經收拾好了自己的行李，正待丈夫來迎接自己返回家中，卻意外得知丈夫和城主一起敗逃。她只好繼續扮作僕人，等待可以逃離的機會。

沒多久，青山鐵山家中一個名叫彈四郎的家臣，察覺到阿菊身分和行為有些可疑。彈四郎本來就是個諂媚逢迎的好色之徒。他早已垂涎阿菊的美色，趁此機會就逼迫阿菊嫁給自己。深愛衣笠元信的阿菊嚴詞拒絕，並告誡不要癡心妄想。誰知，自知不能得到阿菊的彈四郎自此懷恨在心，處心積慮要報復阿菊。

彈四郎將青山鐵山家中的十個傳家寶盤之一盜出，私自換取鉅額錢財供自己揮霍。然後，他將遺失寶盤的事情栽贓在阿菊身上，並且買通其他僕人，不容阿菊辯駁。

青山鐵山本來就心腸歹毒，聽到彈四郎說此事為阿菊所為，大為震怒，將阿菊交由彈四郎處置。終於得到報復阿菊機會的彈四郎，就把阿菊捆綁在青山鐵山院子裡面的一棵大樹，用力鞭笞阿菊，要其親口承認偷拿寶盤之事。

被冤枉的阿菊雖然知道彈四郎不過藉機報復自己，但是沒有任何為自己澄清的辦法，只是咬牙堅持，大喊冤枉。

彈四郎看到阿菊這樣仍然不肯向自己低頭，就更加喪心病狂了。他更加用力抽打阿菊，直至將其打死在樹上。之後，為了掩蓋自己的罪行，彈四郎就找人將阿菊的屍體丟入了青山鐵山家很遠的一處枯井當中。

聽說，從此之後，每到夜裡，從井邊路過的行人就會聽到從裡面傳來的聲音，哀傷而絕望，夾雜著哭泣聲，淒涼地數著遺失的盤子：

「一個，兩個，三個……」

後來，衣笠元信集結很多支持小寺則職的勢力，終於擊敗了青山鐵山，重新將小寺則職擁為城主。為了紀念和哀悼冤死的阿菊，小寺則職下令將阿菊的靈牌供入十二所神社。即現在的「阿菊神社」。

小知識：

日本畫家歌川國周所畫的歌舞伎名劇《皿屋鋪化妝姿鏡》，就是以幽靈阿菊的故事為原型。現在藏於早稻田大學的演劇博物館。大阪市的大念佛寺，一直以藏有很多有名的幽靈主題畫聞名。其中，從深井中現身並手拿磁片的阿菊據傳說就是代表作之一。

琴郎

古代的富士山山腳下，住著一個年輕人，名叫玉次郎。因為玉次郎彈奏的風琴特別好聽，既能演唱，還能譜曲，當地的人都稱他為「琴郎」。

一年，中國黃河爆發特大的洪水，水流兇猛，轉眼間就沖到太行山，截斷摩天嶺，直接沖進了北京城。皇宮內外，慌成一片。

就在皇帝束手無策的時候，從皇城的鼓樓的飛簷之上傳來了美妙的琴聲。眾人發現，一個人端坐在飛簷之上，邊彈琴邊唱歌。這個人就是琴郎。

一個聰明的宮女聽到琴郎唱的歌詞：

……

倒穿木屐走出門，

手按風琴唱雅歌。

彈奏一曲蒼天老，

清唱十遍乾黃河。

……

聽到這裡，宮女不禁心裡暗喜，連忙將此事稟告了皇帝。皇帝一聽，也覺得這飛簷上的青年很不一樣。

於是，皇帝就派宮女召琴郎進宮。琴郎覺得皇帝對自己非常沒有禮貌，對宮女的召喚置之不理。皇帝知道後，不禁勃然大怒。就在皇帝打算懲治這個竟敢違背自己命令的人時，風捲雲集，大雨越下越猛。

無奈，皇帝率人來到了琴郎的面前，詢問能否擊退洪水。琴郎聽後，先是置若罔聞，後來才不緊不慢地回答道：

「想要擊退這洶湧的洪水，一點都不難。我只要將口中的曲子唱慢十遍，就能讓洪水一次一下子退約三百里。」

皇帝一聽，非常高興，當即要求琴郎退水。

琴郎從容不迫地說：「想要我退洪水，必須答應我兩個條件。」

皇帝急於擺脫洪水的侵擾，急忙滿口答應。

琴郎說道：「在我成功擊退洪水之後，首先，你必須將國庫裡面的糧食全部拿出來，賑濟這次洪水中受災的老百姓；第二，我希望你將公眾的各種衣服、布匹全部施捨給那些傾家蕩產的人們。」

皇帝環顧重臣，見大家都面面相覷。他心想，只要能把洪水退下，其他的再說吧！於是無奈地答應了琴郎的要求。

琴郎站起身來，對著蒼天，十根手指開始在琴鍵上飛快地撥動著，情緒飽滿地唱著他先前唱的曲子，悅耳的琴聲加上洪亮的歌聲，一起穿過漫天的烏雲，追擊著飛逝的閃電，驅散著震耳的驚雷。十遍之後，一切聲音戛然停止。

眾人愣了一下，抬頭一看，見厚厚的雲層已經全部散盡，明亮的太陽出來了。天空中沒有雨點，大地上滾滾的洪水退回黃河，皇帝心裡高興極了。正當他高興地要賞賜琴郎時，卻發現琴郎已經消失不見了。

洪水過後，皇帝繼續在皇宮裡面過著他為所欲為的生活，早已將琴郎當初提出的退洪水條件，忘得一乾二淨。歌舞昇平中，皇帝不知不覺度過了三年。

這一天，天地間狂風大作，烏雲密布，轉眼之間，雷雨交加，飛沙走石。皇宮裡面，瓦片發出鬆動的響聲，連皇帝的金鑾寶殿也被一股強風給吹翻了。那些正準備上朝的文武百官，個個被狂風吹昏了似的，一個個面如土色，瑟瑟發抖，不知道該如何是好。皇帝看到這個樣子，心裡大驚，失魂落魄地大喊：

「這下該怎麼辦？洪水又要來了啊！」

就在這時，趁著一陣颼來的風，斷斷續續的琴聲傳入了皇帝與大臣的耳中，琴聲悠揚，輕快婉轉。風疾駛而過，眾人重新聽到那激昂慷慨的歌聲。

隨即，宮女向皇帝稟告了琴郎的到來。一聽「琴郎」兩個字，只覺得兩眼發昏。他原以為，自己永遠也不會再遇見這個人了，況且，做為一國之君，自己答應琴郎的事情根本就沒有做。皇帝沉默不語，臉色鐵青。

一會兒，又有人稟告：「啟稟皇上，外面風雲突變，暴雨狂作，黃河水勢飛漲，眼看就要淹沒到皇宮了。」

就在皇帝猶豫為難的時候，一個大臣來到皇帝身旁，悄悄向皇帝建議道，皇帝完全可派人把琴郎捉來，等他退回洪水，再行處置。這個大臣對皇帝補充道：「我們把刀架在那個小子的脖子上，看他還怎麼囂張。」

皇帝聽後，覺得這也有些道理，便下令要人前去捉拿琴郎，帶到皇帝面前唱歌。但是，皇帝等來等去，也沒有見到琴郎的影子。

如發瘋的猛獸，洪水直奔皇宮而來，從宮門開始，轉眼間就來到了皇帝的腳下。著急了的皇帝帶著重臣，慌忙地來到琴郎唱歌的飛簷底下，卻什麼也沒有發現。

就在這時，洪水兇猛起來，一下子填滿了皇宮，皇帝被洪水沖倒，大喊「琴郎！救命！」這句話還沒有說完，他就被這洪水淹死了。

之後，每逢黃河大水的時候，人們常常看到琴郎在旁邊唱歌，歌聲悅耳，瞬間傳遍洪水的所到之處。很快，就洪水就乖乖地退回了黃河。

據說，還有人看到琴郎將自己退洪水的本領傳授給了一個中國的姑娘，以便幫助人們徹底擺脫自然的災禍。這樣他就一個人返回了富士山，跟自己年老的母親一起靠種田生活。

小知識：

一千四百多年前，中國唐朝傳入日本的一種宮廷音樂，名叫「雅樂」，跟著這種音樂所唱的歌，就被稱為「雅歌」。

風土民情篇

猿橋

猿橋

古天皇時代，朝鮮半島的百濟國，有一位頗有名氣的造園專家，名叫芝耄麻呂。

芝耄麻呂上了年紀之後，厭倦了京城喧囂的生活，帶著老伴，來到甲州，也就是現在日本山梨縣的深山裡面，過著遠離俗世的隱居生活。

在甲州有一片水域名為桂川。桂川水源源於相模川的上游水，現在是富士山的山中湖。在桂川旁邊，有一條幽險的山徑，是甲州通往相模國和武藏國（指神奈川縣與東京都等地）的必經之路。這條山路非常崎嶇。江戶時代，德川家康曾設立幕府，大力建設這條甲州的要道也是險道，但終究沒有什麼成績。住在甲州的村民苦於山道的艱險，就必須改道渡過桂川，並因此得繞很遠的路，年年如此，非常辛苦。

當甲州的村民得知芝耄麻呂來到這裡定居，就奔相走告，希望這位百濟國的建築名師可以想出解決村民的交通之苦。

芝耄麻呂來到甲州之後不久，就深切感受到這裡村民的行路艱辛。觀察了周圍的地形後，他認為要想徹底改變現狀，就必須設計一座橋，駕於桂川之上，連接起兩岸中斷的山脈，但工程必定會很大，而且險處叢生。所以芝耄麻呂一直不能下決心做這件事。

一次大雨過後，一名有急事的村民外出趕路。大雨沖刷過後的山道格外濕滑，加上路本來就非常狹窄，這名村民不幸滑入峽谷，丟了性命。

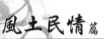

第二天，村內老小就不約而同地來到了芝耄麻呂的住處，懇求他無論如何一定要救救大家，為大家設計出一座結實好用的橋來。看著村民哀求的眼光，芝耄麻呂重重地點了點頭，答應大家一定會設法造一座方便的橋出來。

這天，芝耄麻呂來到預訂建橋的地點，四處查看，苦苦思索可行的方案。突然，只見有十來隻猴子聚集在不遠的斷崖邊，又吵又鬧。芝耄麻呂驚奇地注意到，一隻體積相對比較龐大的猴子居然跳到了一旁的松樹樹枝。接著，後面一隻猴子也如此效仿，輕巧地從斷岩跳到了這隻大猴子的背上。剩下的那些猴子同樣行動，牠們很快就形成一座用身體連接的橋，一直延伸至斷崖對面的斷崖之上。

最後面那隻體積相對最為瘦小的猴子慢慢地從之前猴子們所形成的橋上爬過，直至登上對面的山崖。

全部順利來到對面山崖的猴子們蹦蹦跳跳，興奮不已似乎是在為剛才的行動而歡呼。芝耄麻呂看到這裡，靈機一動，有了建橋的思路。

他趕忙回到家裡，埋頭設計起架橋的方案，很快，他就完成了自己的設計圖。芝耄麻呂高興地告訴那些整日盼著好消息的村民。大家一聽，非常欣喜，希望橋能夠早日建成。

到了動工的那天，村裡像過節一般熱鬧，男女老少，都主動來到芝耄麻呂的面前，要為建橋出一份自己的力量。男人們忙著搬來石塊，女人們忙著送來一些充飢的食物和飲用的泉水，連小孩子也從家裡帶來了籃子，要搬運些小石頭，樂呵呵的。

因為參加建橋的人很多，而且大家的熱情非常高，不到半個月，石橋的基本形狀就出來了。大家看了，更加賣力地工作著。但是，橋剛要架到中間部分，狂風大作，暴雨突來，滂沱大雨嘩嘩地沖向地面，大家聽到「轟隆」一聲，眼睜睜看著好不容易壘成的半座石橋塌了，斷落在了下面的桂川水裡。

天晴之後，芝耄麻呂帶領大家重新忙碌起來。但是，還是大約建到一半的工程，橋又轟然崩塌，毀於一旦。這次，大家喪氣極了，甚至有的婦人忍不住偷偷地哭了起來。

芝耄麻呂看到這種情景，心裡也格外難過。從絞盡腦汁地設計方案，到興致勃勃並幹勁十足地搭建橋基、鋪接橋面，誰知道，每次都是無功而止，芝耄麻呂覺得此時的他身心交瘁，幾乎要癱倒。

芝耄麻呂的妻子看到自己的丈夫唉聲嘆氣的樣子，心裡也很擔心。

到了晚上，她做好了芝耄麻呂平日最喜歡的飯菜，招呼他一起吃飯。坐在飯桌旁的芝耄麻呂仍是一臉鬱悶的樣子，吃了沒幾口飯，他就說吃不下躺回了床上。

夜裡，芝耄麻呂做了一個奇怪的夢。夢中，一隻全身雪白的猴子來到芝耄麻呂的床前，告訴他說：「如果真的想建成那座橋，也不是沒有辦法。只要可以找到申年、申日、申時出生的一男一女，用他們的鮮血祭奠石橋，橋就可以順利建成。」說完，白猿就隨即消失了。

芝耄麻呂驚醒，只見窗外皎潔的月光照在床頭，一片銀白。驚醒之後的芝耄麻呂仔細回想剛才夢中的事情，清楚地記得白猿所說的祭血之事。這時，他突然意識到自己和妻子都剛好是申年、申日、申時出生。難道是上天的旨意？芝耄麻呂當即叫醒了沉睡的老伴。

芝耄麻呂的妻子聽了他的一番話，看到他興奮的神色，並想到連日來他的唉聲嘆氣，便明白他已經決定為此全力以赴。於是她支持芝耄麻呂說：「一定是神明來點化我們的，你好好做吧！需要我做什麼，我都會答應的。」

芝耄麻呂連夜起來，重新繪畫出架橋的圖形。等到東方天色發白，第一聲雞鳴傳來的時候，芝耄麻呂滿眼血絲，長嘆了一口氣，滿足地微笑了。他和妻子商量好，並寫下一份遺書，交代了昨夜夢裡白猿告知架橋方法的事情，並將兩人決定為此獻身的決心告訴村民。希望村民可以齊心協力，將兩次中斷的架橋一事完成。準備好以後，芝耄麻呂和妻子相視而笑，靜靜地坐在窗戶下，等待著天色大亮。

天亮了，芝耄麻呂來到村長家裡，將遺書交與村長，並叮囑道，一旦橋成功建成之後，一定要將橋的名字命名為「猿橋」，然後，他和妻子先後洗淨身體，換上嶄新的衣服，向著剛剛升起的一輪太陽祭拜，祈求上天保佑這次架橋的事情能夠順利完成。祭拜之後，芝耄麻呂就和妻子雙雙自殺。

村民得到這個消息，無不感動地留下了眼淚，並一起向芝耄麻呂和妻子的屍體跪拜，祈求兩人的靈魂能夠升天，永遠安息。

村民們懷著萬分感激芝耄麻呂夫婦兩人的複雜心情，一起再次投入了架橋的行列當中。果然，這次橋順利完成，村民們大為高興，一起歡呼，都說這是芝耄麻呂夫婦的功勞，並按照他們的囑託，將這座橋命名為「猿橋」。

小知識：

猿橋，位於日本山梨縣大月市，日本三大奇橋之一。

這座橋架在桂川兩岸絕壁上的木橋，長度大約三十一公尺，寬三．三公尺，距離水面約三十一公尺，是以斗拱建築式凌空架成的無橋墩橋——在雙方岩壁裡埋入底層木板，在木板之上再加一塊長度比底層長的木板，木板與木板之間以方木聯結，一層層凌空。最後，在中央架上橋面。

斗拱是原始中國古代的建築方式構件之一。這座猿橋究竟建於何時，日本方面沒有文字記載，只有古籍傳說。

螢姬

在日本埼玉縣一帶，曾經有一個巨大的沼澤帶。沼澤旁邊住著一個小女孩，名叫小笛，她吹的曲子特別好聽。

這一天，小笛來到沼澤附近，一邊沉醉於迷人的夜色，一邊吹著笛子。就在這時，她突然聽到遠方傳來更加動聽的笛聲。小笛停止自己的演奏，專心聽著傳入耳裡的演奏曲子。

循聲走去，小笛竟然發現自己停在一口古井邊。笛聲優美的旋律從井底傳來，這讓小笛非常奇怪。她小心地向井邊接近，驚奇地發現井裡閃閃爍爍，一群藍色的螢火蟲在井中飛上飛下、飛來飛去。

這實在太美了！就在她心生感嘆的時候，一隻比較大的螢火蟲自井底飛出，飛到小笛的身邊，小笛幾乎被牠美麗的舞姿迷住。螢火蟲在小笛的身邊飛飛停停，似乎在招呼她到一個地方。於是，好奇的小笛就跟著這隻螢火蟲走著。

走了一會兒，小笛發現自己來到了一片竹林裡面，正疑惑時，看到一座輝煌的宮殿坐落在自己眼前。這時一個侍女裝扮的女孩來到小笛面前，躬請著說道：「我們家的主人螢姬已經等候您很長時間了，請您跟我來吧！」

小笛便跟著侍女來到宮殿的大廳。只見大廳裡面各種物品排放整齊，散發著藍色的幽光，似乎被一群群的螢火蟲包圍著。小笛看到大廳的中央位置坐著一個清麗脫俗的女孩，全身散發著更加明亮的幽藍色光芒，仙人一般。她周圍侍立的女孩也都非常秀氣，只是彼此身上的藍色光芒沒有中間這個女孩明亮。

小笛覺得這個最引人注目的女孩應該就是螢姬——剛才吸引自己來到這裡的那隻螢火蟲，便上前拜見。

螢姬看到小笛，微微點頭，臉上露出靦腆的微笑，算作對小笛行禮的回敬。看到小笛面露疑惑之色，螢姬開口說道：「我就是這裡的螢姬，經常聽到妳演奏的笛聲，非常悅耳。一直想跟妳認識，卻不知道怎麼相見。今天就想出了這樣的辦法，請妳一定不要見怪。」

小笛聽後，理解地笑了一下，問螢姬道：「我剛才聽到的那些曲子，是妳演奏的嗎？」螢姬點頭承認。小笛立即表達了對她的笛聲的讚美，兩個女孩很快就熟絡起來。聊了一會兒，小笛便問起螢姬的身分，螢姬講了個故事。

原來很久以前，這裡建有一座城堡，城堡裡的人們安居樂業，彼此非常和睦。但是，戰爭不知道從什麼地方爆發了，城堡裡的人紛紛被捲入。為了保衛自己的家鄉，保護自己的家人不受傷害，城堡中的男人們紛紛拿起刀尖，前去打仗。戰爭是非常無情的，大部分的男人都是有去無回，這個城堡中到處可以聽到夫妻、父子或是父女分別的痛哭。最後，這座城堡中的男人都戰死了，留在城內生活下來的都是老弱婦孺。

沼澤裡的龍神知道此事，非常同情城堡內的人們遭遇。一日，龍神來到城堡內，見處處是孤苦無依的婦女、老人與孩子。看到這些沒有丈夫的妻子和沒有父親的孩子的悲慘遭遇，龍神就施用法力，將他們點化成為白天時可以在天上成群結隊、自由自在生活的螢火蟲。

螢姬向小笛解釋道：「變成螢火蟲的我們非常高興，我們覺得自己彷彿重新獲得生命一樣。雖然不能像正常的人類一樣生活，但是我們仍然經常聚在一起，用笛子吹奏一家人平安相愛的樂曲。可惜的是，我們現在每個人可以吹笛的時間非常短，大多是在我們變成螢火蟲，開始發光的一瞬間。」

聽到這裡，小笛流下了同情的眼淚。她對螢姬的遭遇既驚奇又憐憫。之後，小笛和螢姬又交談了很久，才依依惜別。

小笛回家時，螢姬派出自己很多的螢火蟲姊妹做小笛的嚮導和旅伴。這些小小的螢火蟲，紛紛點起自己的那一盞幽藍色的小燈，時而飛在小笛的前面，又時而飛在左右兩側，小笛高興地對牠們說話，牠們身上的藍光一閃一閃，似在回答。

回到村子後，小笛就向父母和其他村人說了自己和螢姬相遇的經歷，以及牠們位於附近沼澤附近的螢火蟲家族悲慘的遭遇。村人聽後，無不唏噓感嘆。

為了幫助這些不幸的螢火蟲家族，小笛所在的村民合力建築起一座供養塔，就位於村子和沼澤帶之間。這樣每到晚上，人們就可以聽到這座供養塔內非常熱鬧，悠美的笛聲此起彼落。從此人們看到，小笛經常坐在供養塔下，對著一隻大而相對較亮的螢火蟲演奏笛子，樂此不疲。

小知識：

現在，日本的這座供養螢火蟲的神社還在，即為鷲神社拜殿。因為這個神社在位階上只是屬於「村社」，所以現在分外簡陋和寒酸，據說，裡面連一般神社所備的喚神鈴也沒有。

鬼婆婆

在通往陸奧國的路上，有一處名叫安達原的荒野。這裡遠離人煙，放眼望去，除了茂盛的荒草之外，就是那些奇形怪狀的石頭。

這裡曾是通往陸奧國的必經之地，儘管荒涼無比，卻仍然有旅人時而經過。對那些形單影隻的旅人來說，要順利通過這片荒野，無疑是非常艱難的事情。尤其到了晚上，旅人剛好行至此處，前後都沒有可以供人居住的房屋或旅店，只有風餐露宿，幕天席地了。

據說，通常會有夜裡路過荒野的行人，又累又睏，就把自己躲在荒野處的河邊，那裡有不少石頭堆成的石群，石群的裡面有一些風化的石洞。就是這些來來往往的行人，成為這片荒野上充滿生命活力的痕跡之一。但是，不知道從哪一天開始，在這些來往的人群中流傳起有關鬼婆婆的故事。

「安達原住著一個可怕的鬼婆婆。」這些旅人竟然異口同聲地說，好像跟親眼所見一樣。

這些人還知道有關這位鬼婆婆的可怕細節。聽說，這位鬼婆婆經常在荒野的石群間搭起個茅舍。一旦有行人到此路過，借宿的時候，鬼婆婆就會趁機殺死這個送上門的傢伙。鬼婆婆會把人殺死之後，吸乾那人的鮮血，並且啃食那人的肉。荒野附近的居民，也都逐漸聽說了這件駭人聽聞的事情，從來不敢接近荒野一步。

這天，有一個雲遊的和尚路過安達原，名叫佑慶，也是前往陸奧國的。他在紀州的熊野修行之後，打算再接著去其他諸國看看。

當佑慶到達安達原時，天色剛好要暗下來。不多久，四周逐漸黑暗起來。從各處吹來的晚風，因為是晚秋，到達安達原的荒野時，由於沒有樹木的阻擋，變得呼嘯作響，讓人聽來異常恐怖。

佑慶本身就是修行之人，沒有多想什麼鬼怪之事。他看天色已晚，沒有可以借宿的地方，就打定主意加快速度趕路，等走出這片荒野，應該就可以找到借宿的人家。

不知道又走了多久，正當佑慶感覺已經非常疲憊的時候，他突然看見前面好像有些許燈光。頓時，佑慶的心裡感覺溫暖了許多。終於來到有燈光出現的地方，佑慶一看，在一塊巨大的岩石旁邊，有一間顯得極為簡陋的茅屋。

佑慶欣喜地走上前去，輕聲叩門，希望裡面茅屋的主人可以讓自己借宿一晚。門開了，從裡面走出一個白髮的老婆婆，目光很兇的樣子。老婆婆看到門外的佑慶，就問道：「你是哪裡人？要去什麼地方？」佑慶如實回答，說自己又累又睏，希望可以在這裡休息一晚，明天可以繼續趕路。

老婆婆聽到佑慶這番話，就讓佑慶隨她進入了屋內。佑慶來到屋裡，發現空無一人，心裡感覺非常疑惑。但又想到在這樣的荒野之地，只要能在這歇息一個晚上，就可順利行路，所以不應隨便懷疑老人家的好意。

老婆婆隨後告訴佑慶，她還沒有做晚飯，既然有客人來訪，她就要好好準備一下，到門外面撿拾些柴，以便生火，準備晚飯。臨出門前，老婆婆再三囑咐佑慶，她的茅屋裡面有間石室，千萬不要偷看。

老婆婆走後，佑慶覺得這個茅屋和老婆婆都很奇怪。他周遊過很多地方，也得知不少奇聞軼事。越想心裡越不安，佑慶就不由自主地來到老婆婆所說的石室。推開石門，往裡一看，就嚇呆了。頃刻間，一陣難聞的氣味撲鼻而來。只見在石屋的裡面除了爐灶和做飯的鍋，下面滿是人骨，還有裝滿內臟的瓶子。

這時佑慶突然想起，自己曾經聽人講過的鬼婆婆，好像就是出沒在這安達原附近。想到這裡，佑慶真是又驚又急。他慌忙地返回屋子，背上自己的行李，飛快地逃出了茅屋。

佑慶逃出沒多久，那個老婆婆就回來了。她看到屋內空無一人，石屋敞開，就非常生氣地說：「竟然偷看我的石屋！可惡！想來應該不會逃出太遠。」說著，她就追了出去。

兩個人在黑暗的荒野裡追跑著。佑慶覺得自己年輕又是男子，應該可以成功地逃過鬼婆婆的追趕。但他沒有想到，自己對這一帶的地形非常陌生，沒過多久就聽到鬼婆婆的叫罵聲跟過來了。

佑慶本來就非常疲憊，加上之前的緊張和奔跑，現在已是有氣無力了。這時，他突然有了主意。他停下了腳步，卸下自己的行李，從裡面取出了一尊觀世音菩薩像，口中唸起了咒文。咒文重複了三次之後，這尊雕像竟然直接飛向空中，頓時荒野光芒四射，亮如白晝。雕像成了真人，只見觀音放出手中的金剛矢，一下就刺穿鬼婆婆的心臟。臨死之前，鬼婆婆向觀音講述了自己吃人的原因。

原來這個所謂的鬼婆婆，名叫岩手，年輕時曾經是一個京城大戶人家的奶媽。後來岩手親手撫養的小姊得了一種怪病，怎麼也醫治不好。岩手非常疼愛這位善良乖巧的小姑娘，就四處尋找可以解救小姊疾病的方法。有一次，一個算命先生告訴岩手，只要能夠得到一個孕婦肚子裡胎兒的鮮活肝臟給小姊吃，就可以治好小姊的怪病。岩手就信以為真了。

一天，岩手為尋求算命先生所說的藥方，來到了安達原。剛好遇上從這裡經過的一對年輕的夫婦，夜色很晚，三人結伴在荒野露宿，以便第二天早點趕路。大約凌晨時候，那個年輕的婦人陣痛不已，原來她是孕婦，並且肚裡的孩子要早產了。丈夫請岩手幫忙照料妻子，自己去找大夫。岩手見那個男子走後，竟然直接拿自己攜帶的柴刀殺死了那個婦人和她肚裡的孩子。

就在那個婦人斷氣前，告訴岩手，自己是和丈夫前去尋找自己失散多年的母親。岩手問明身分，才知道那個即將死去的婦人真的就是自己一直思念不已的女兒。岩手一下子就瘋了，她不但親手殺死了自己的女兒，還有自己女兒的孩子。從那以後，岩手就變成了一個在安達原嗜殺旅人的鬼婆婆。

觀音見鬼婆婆死去，迅速又變回了雕像，被佑慶感激地收回了行囊。佑慶繼續行路，終於走出了安達原這片恐怖的荒野，重新開始了修行生涯。

小知識：

從東京車站乘東北新幹線到福島縣的郡山車站，再轉乘東北本線到二本松車站，最後再乘計程車，就可以到達阿武隈川東岸的安達原。

安達原鬼婆婆的傳說，日本人都知道。如果從佑慶生前的奈良時代算起，已經有了一千兩百六十年的歷史。

一七六二年，由近松半二、竹本三郎兵衛合作上演的淨琉璃偶人劇《奧州安達原》，就是改編的安達原鬼婆婆傳說。明治三年（一八七〇年），杵屋勝三郎又改編作了長謠《安達原》（三弦曲）。昭和十四年（一九三九年），初代猿翁和木村富子又合作創出了新舞伎舞蹈《黑塚》。現在，《黑塚》仍然是猿翁家藝的「猿翁十種」中的名作之一。

竹姫

從前，有個靠編竹籃為生的老人，一個人生活在山腳下的一個村子。

這天，老人跟往常一樣，一大清早就開始工作。他來到山上的竹林，砍下一大堆的毛竹做為編製織籃的原材料。把等待編製的毛竹材料準備好，老人坐了下來，著手進行編織。突然，他聽到耳邊傳來了細微的哭泣聲。仔細尋找，老人才發現這聲音是從他手中的竹子裡傳出來的。就在老人疑惑時，一個拇指大的小人從裡面爬了出來。老人驚訝地看到一個特別嬌小的小女孩。這小女孩看到老人慈祥善良的眼睛，就甜甜地笑了起來，並主動向老人說明自己的身分。

原來，這個小女孩住在月宮裡，獨自玩耍時，不小心掉到人間，碰巧落在老人削好的竹筒裡。接著，小女孩懇求老人，讓自己跟他一起生活。老人很同情小女孩不幸的遭遇，心想自己也是一直獨自生活，現在多了這樣的小女孩，也會熱鬧很多，便欣然同意。

他把小女孩當作自己的親生女兒，取名為竹姬，百般疼愛和呵護。轉眼十年過去，小女孩已經長成了一個漂亮姑娘。

離老人家不遠的地方，住著一個以打鐵為生的年輕人，長得英俊高大，熱情開朗，不但勤勞敦厚，而且非常聰明，他打鐵鍛造的手藝遠近弛名。一次很偶然的機會，這個年輕的鐵匠在大街上遇見了竹姬，兩人一見鍾情。

兩人偷偷地約會過幾次之後，鐵匠就對美貌聰慧的竹姬更加愛戀。大約半年之後，在一次傍晚的約會中，年輕的鐵匠向竹姬求婚，希望兩人能夠朝夕相對，長相廝守。

聽到心愛的男子對自己求婚，竹姬非常感動，她臉蛋紅紅的，低頭答應，並要鐵匠第二天到自己家裡提親。鐵匠看到竹姬的反應，非常興奮，連聲說：「太好了，太好了。」

讓他們沒有想到的是，就在竹姬和鐵匠相愛的同時，也有另外三名男子喜歡上這個美麗的女孩。他們是鄰國的三位皇子，分別名為皇子太一郎、皇子倉石和皇子道大。在鐵匠對竹姬姑娘求婚的這一天，三人前後來到竹姬的家中，對老人說，希望可以把他的女兒竹姬許配給自己，並憑藉各自的權勢恐嚇老人。

當天晚上，竹姬非常快樂，滿臉寫滿了幸福。她羞澀對老人講述自己和鐵匠的相遇和相愛，希望父親可以答應他們的結合。老人聽到竹姬的話，也表示很高興，祝福竹姬說：「我們的竹姬終於找到相愛的男人，是值得慶祝的一件大好事呀！希望我心愛的竹姬可以天天這麼快樂。但是……」

說著，老人就擔心起來。竹姬望著老人猶疑的神情，就急忙問父親怎麼回事。於是，老人就將白天家中發生的事情對竹姬一一講述。竹姬聽後，皺眉想了一下，微笑地對老人說：「父親大人請放心，女兒自有對付他們的辦法，到了明天，您就知道了。」

第二天，天剛剛亮，皇子太一郎就率人來到了竹姬的家裡。竹姬早就等在門外。根據老人的交代，竹姬知道來人就是皇子太一郎。只見她非常禮貌地接待了來客，詢問過對方的身分之後，竹姬溫柔地問皇子太一郎道：「聽我父親說，您是前來求婚的，對嗎？」

皇子太一郎看到竹姬如此漂亮，對自己說話又這樣輕聲細語，以為竹姬心裡對自己非常滿意，就高興地回答道：「我對妳的愛慕之情，天地日月可以作證。我今天正是為求親而來。只要妳願意，馬上可以成為我尊貴的妃子。」

竹姬聽到，嬌笑起來，她對皇子太一郎說：「想要娶我也不難，只要可以答應我的要求。我聽說，在離此很遠的印度國，有一個鐵做的酒杯，杯壁薄如蟬翼，裡面裝滿了各種寶石。但是，據說有個滿目猙獰、非常兇殘的妖怪在日夜看守著這個杯子。如果您可以得到這個鐵杯，並將鐵杯做為前來求婚的禮物，我就會立即和您結婚。記住：要在一百天之內，拿著鐵杯前來，否則，別怪我不堅守自己的承諾。」

皇子太一郎滿口答應：「好吧！一百天之內，我一定會帶著鐵杯前來，迎接我美麗的新娘。」說完，皇子太一郎就離開了竹姬的家中。

之後沒多久，皇子倉石也率領好多人前來求婚，竹姬按照之前的計謀對皇子倉石說：「我聽說，在東海有一座住有神仙的蓬萊山。這座山上生長著一棵黃金樹身、白銀樹枝、鑽石果子的櫻桃樹。如果你能在一百天之內，拿來這樣一枝結滿鑽石的櫻桃枝，我就馬上嫁給你。」皇子倉石一聽，大為心喜，答應了竹姬後離開。

當最後一個求婚者皇子道大來到竹姬面前，竹姬對他說道：「在我國的西南面，有一個非常大的國家，名叫中國。在中國的東海岸邊，有一對名字叫做『金鳥』的鳥兒。據說，牠們的體形很小，大約是正常成人的拇指指甲大小，每個翅膀上都生有約一萬根的羽毛。但是有隻十頭惡龍，不分晝夜地守護這一對神奇的小鳥。如果在一百天之內，您可以拿來這樣一對鳥兒，我會立即成為您幸福的妻子。」皇子道大聽後，急忙答應後離開了。

三位皇子都答應要在一百天之內送來竹姬所說的東西，但是沒有一個如願以償。原來這三個人都非常的膽小，為了得到竹姬，他們都去尋找那位年輕的鐵匠，做出了各自需要帶來的珍奇禮物。他們的伎倆均被鐵匠發現和識穿。三個人先後灰頭土臉地回到皇宮，從此打消了娶竹姬的念頭。

最後在竹姬父親的建議下，竹姬和鐵匠這一對深愛的戀人決定，第二天就舉行婚禮。但是不幸的事情發生了。

這天晚上，天空顯得格外陰森，讓人心驚膽寒。發現這樣跡象的竹姬知道是月宮中的月神，得知她即將嫁給陸地上的人，所以非常生氣。

年輕的鐵匠聽竹姬說起，就堅定地保證，自己一定會拼勁全力，讓心愛的姑娘和自己永遠不分離。

到了深夜，就在老人和年輕的鐵匠都睡著後，月神派使者從天上下來，要帶竹姬返回月宮。竹姬看到使者，同樣堅定地告訴對方，自己要和喜愛之人永遠在一起。誰知來人早有防備，對竹姬表示，這其實是月神對他們婚姻的祝福。說著，使者拿出一件光芒四射的衣服，並解釋說：「看，這還是月神專門送給你們結婚的禮物，做為妳的新娘禮服再合適不過。」

竹姬看到美麗的衣服，沒再多想，她在使者的建議下，高興地試穿起來。竹姬剛披上這件衣服，她便出現神智不清的情況，忘記了在地面上的一切經歷，慢慢地升至天空。

年輕的鐵匠半夜醒來，剛好發現正在升天的竹姬，趕緊大喊她的名字，但竹姬沒有任何理會。他傷心極了，在看不到竹姬身影後，就一邊呼喊著心愛姑娘的名字，一邊跳進一個山中的巨大狹縫而死。

就在竹姬接近月宮時，太陽出來了，萬丈耀眼的光芒照在她的身上，她立即清醒過來，並傷心地發現心愛之人已為自己死去，因此她也毫不遲疑地來到那個山中狹縫，追隨年輕的鐵匠，縱身跳了進去。

後來有人傳說，兩人並沒有死去，而是在地下結成了夫婦，甜蜜地生活在一起。還有人說，他們生火做飯時，那個狹縫中就會噴出火焰，然後炊煙嫋嫋，連綿不絕。

年輕的鐵匠和竹竹姬先後自盡的山峰，就是後來的富士山。

小知識：

富士山（ふじさん，FujiSan）是日本第一高峰，橫跨靜岡縣和山梨縣的睡火山，位於東京西南方約80公里處，主峰海拔3,776公尺，二〇〇二年八月（平成十四年），經日本國土地理院重新測量後，為3,775.63公尺，接近太平洋岸，東京西南方約100公里（60哩）。富士山也是世界上最大的活火山之一，目前處於休眠狀態，但地質學家仍然把它列入活火山之類。

在古代文獻中，富士山亦被稱為不二、不盡或是富慈，也經常被稱作芙蓉峰或富嶽。自古以來，這座山的名字就經常在日本的傳統詩歌「和歌」中出現。

富士名稱源於蝦夷語，現意為「永生」，原發音來自日本少數民族阿伊努族的語言，意思是「火之山」或「火神」。山體呈優美的圓錐形，聞名於世，是日本的神聖象徵。

現在，富士山被日本人民譽為「聖嶽」，是日本民族引以為傲的象徵。富士山山體高聳入雲，山巔白雪皚皚，放眼望去，好似一把懸空倒掛的扇子，因此也有「玉扇」之稱。

狸貓祭

日本有一首流傳久遠的童謠叫《證誠寺狸貓歌》。歌謠中所唱到的證誠寺，位於千葉縣木更津市，是江戶初期建立的淨土真宗寺院。

據說，證誠寺的一位住持，特別喜歡彈奏三弦。他習慣在結束當天事情之後，獨坐在寺院的窗廊上，對著空空的院落，即興彈奏有關三弦的曲子。

這一年的中秋月夜，月色皎潔，空氣清爽。

住持拖著疲憊的身子，自言自語道：「又是忙碌的一天啊！終於可以歇息一下了。」說完，他滿意地取來自己的三弦，慢慢地來到平時彈奏的地方。坐定之後，沉思一會兒，便閉目開始彈奏起來，思緒也隨著弦聲飄蕩著。

意外的是，這次住持彈奏時，偶然睜開眼睛，卻看到寺院裡有好多的狸貓。這些狸貓靜立在離住持幾步的周圍，似乎都還沉醉在住持彈奏三弦的美妙音色中。住持看到這番情景，很驚訝。

為了不打亂狸貓們的欣賞，或是想看看狸貓們的反應，住持下意識地繼續閉目彈奏，弦音如同美麗的月光，飄渺而迷人。

像往常一樣，彈奏完這首曲子，住持就要準備上床了。住持睜開緊閉的雙眼。這次，他卻發現院子裡什麼也沒有。那些圍繞在他周圍的狸貓像是一個夢。只是偶有微風吹過，寺院裡的樹葉沙沙作響，稱讚著住持精彩的演奏。

第二天，一直待在寺院修行的住持，終於來到寺院周圍，向附近的居民打聽，得知昨夜之事並非子虛烏有。

原來，證誠寺寺院的周圍生長著茂密的樹林，有竹子、松柏等。因為寺院周圍的土壤肥沃，這些樹木都枝繁葉茂，加上一直沒有人來修整或砍伐，高大濃稠的枝葉幾乎遮蔽了整座寺院。即使在陽光明媚的白天，這裡的光線也非常昏暗。附近的居民都說，這樣的環境是狸貓最喜歡築巢的地方。

沒過幾天，住持又遇到前來聽他演奏的狸貓們。住持像往常一樣彈奏，雖然閉目彈奏，他這次卻非常留意周圍的動靜。剛彈奏沒多久，他就覺有稀疏的腳步聲，似乎有一百多隻狸貓，井然有序地來到住持的周圍。

住持心想，這些狸貓也能聽懂自己的三弦嗎？這真是太神奇了。既然牠們這麼喜歡傾聽我的曲子，那我要更加認真地演奏啊！

住持彈奏的越來越高興，手中的三弦彷彿懂得他的心思一樣，讓住持彈得越來越得心應手。

過了一會兒，這群狸貓中最為高大和肥壯的一隻，陶醉於住持音色的絕妙般，突然和著曲子跳起舞來。只見牠面露滿意的神色，跟著音樂的節奏拍打自己的肚子，手舞足蹈。隨著這隻狸貓的動作，其他的狸貓也都跟著仿效起來。

其中，還有的拿著用竹葉所做的笛子，為住持的三弦伴奏，一邊吹著笛子，一邊舞動著自己稍顯笨重的身軀。

住持偷看到這樣的場景，大為興奮，彈奏的更加賣力。之後連續的幾個晚上，住持和狸貓們都這樣「合作」著。到了夜深人靜的夜晚，住持和狸貓們就開始用三弦交流，彼此非常愉悅。

如此情況，住持和狸貓們合奏了大約一週的時間。到了第八天的晚上，住持提前忙完寺院裡的事務，想早點感受和狸貓們一起演奏音樂的快樂。不料，他彈著三弦，左等右等，直到很晚，也沒有等到狸貓們的出現。

第二天早上，正當住持為昨晚沒有狸貓欣賞自己的演奏而失落時，有人向他稟告了一件蹊蹺的事情。住持跟著寺院裡的小和尚一起來到寺院的後門處，發現了一隻肚皮爆裂的狸貓。

住持辨認出這就是晚上帶頭給自己捧場的狸貓。原來，這隻狸貓在連續拍打自己的肚皮，情不自禁地過於用力，竟然不留神把自己的肚皮拍破了。這隻大狸貓就這樣斷氣而亡。住持這才明白，為什麼再也沒有狸貓出現在自己眼前。

看到大狸貓因為欣賞自己的音樂，並且因此而葬送了性命，住持傷心不已。住持帶人將這隻大狸貓埋葬在寺院的後山上，並立了碑，題字為「狸塚」，做為紀念，即所謂的「狸貓祭」。

以後，住持再也沒有等到這些狸貓出現，和自己一起演奏音樂了。但是，那些喜歡音樂的神奇狸貓，卻被人們口口相傳，讚頌不絕。《證誠寺狸貓歌》也就這樣誕生：

證，證，證城寺
證城寺的院子
月、月、是月夜
大家出來快出來
我們的各位朋友
呼呼呼的呼

不能輸，不能輸
來來來，來來來
大家都出來出來

證、證、證城寺
證城寺的胡枝子
我們很高興
呼呼呼的呼

小知識：

大正十四年，詩人野口雨情以此傳說為題材，創作了一首童謠，中山晉平作曲。這一傳說也因此風靡日本。每年的十月下旬，寺院裡都會舉行「狸貓祭」，並邀請當地小學生表演。這首童謠的歌詞中的「正城寺」，應為「證誠寺」。正誠寺的狸貓知名度之高，連當地的地下水道鐵蓋上都有牠們的圖案，並印有歌詞。

稻生平太郎

武士家庭出身的稻生平太郎，是古代日本備後國人，出生於三次郡。稻生平太郎的家境不是很好，但父母勤儉持家，對他這個唯一的孩子也疼愛有加，生活雖然比較貧困，卻也和睦溫暖。

在稻生平太郎十二歲的那一年，他又多了一個弟弟。家裡原本拮据的生活，更是難以維持。稻生平太郎的父母長期辛苦勞作，身體狀況並不佳。看到家裡的困境，稻生平太郎非常懂事，聽話而孝順，經常主動幫助父母做自己做得到的事。對於自己年幼的弟弟，他也非常照顧。

但是不幸的事情還是先後發生了。稻生平太郎的父親原本孱弱的身體患了一種重病，無錢醫治，因而很快就離開人世。母親日日哭泣，一個人擔負起整個家庭生活的重擔。在丈夫死後不到一年，也生病而死。稻生平太郎非常傷心，在鄉鄰幫忙下，抱著年幼的弟弟，哭著埋葬了母親。

父母雙雙去世後，他抱持著樂觀的態度繼續生活，不但主動找事做，還將自己唯一的親人弟弟照顧的很好。在轉眼間，稻生平太郎已成了十六歲的少年。他為人誠實可靠，幽默膽大。弟弟也已四歲，整日跟在哥哥身後，兩人嬉笑玩樂，不知他們身世的人根本看不出他們是孤兒。

這一年的五月，天氣涼爽，月色曚矓。稻生平太郎約好附近的一個老相撲比試誰更有勇氣。比賽的內容則是前半夜做的「百物語」遊戲。所謂「百物語」，即參加遊戲的人聚在一起，點燃很多根蠟燭，在燈光下輪流講述各種鬼怪故事，一個故事講完就要隨即吹滅一根燃燒的蠟燭；後半夜的時候，故事講完之後，眾人抽籤，抽中的那一個人，要單獨爬到比熊山的山頂，並在山頂的古墓上掛個木牌，天亮之後再回來。如果這人能夠順利地完成這一切，就算他贏了這場比賽。

兩人在稻生平太郎的家裡興致盎然地玩著「百物語」的遊戲。特別是稻生平太郎的弟弟，眼睛睜得又大又圓，一眨也不眨。但他卻被他們講述的那些離奇鬼怪的故事驚嚇到，無論哥哥怎麼催他上床睡覺，他都賴著不去，直至最後一個故事講完。這時兩人抽籤，稻生平太郎抽中。最後一根蠟燭，隨即被吹滅。

屋子裡漆黑一片，只有窗戶透露過來一束朦朧的月光。看到此情景，稻生平太郎的弟弟嚇得哭了起來。得知哥哥抽中前去比熊山，他的哭聲更大了。稻生平太郎笑著安慰弟弟說：

「放心好了，哥哥我不會有事的，況且我們兄弟兩個說好的，長大了要做大人物，大人物怎麼能為這樣的小事情煩惱、哭泣呢？」弟弟便不再作聲，聽從哥哥的話，關好門窗，上床休息，安心等待哥哥第二天回來。

據說，當時的比熊山上有很多的古墓和古塔，如果誰不小心觸碰了這些建築，就會招致鬼怪的侵擾。稻生平太郎年輕氣盛，一心想要試探一下。在稻生平太郎離開家門時，和他一起出門的那個相撲也變得緊張起來，勸他說：「要不你別去了，萬一有什麼事怎麼辦？我年紀比你大，經歷的事情也多，這樣的鬼神之事還是不要招惹的好。今天的比賽就算我輸了吧！」

稻生平太郎幽默地回答說：「要是算我贏的話，那該變成是你要去山上？都是大人，可不能不守信用啊！」那人尷尬極了，只好囑咐稻生平太郎小心，第二天平安相見。

稻生平太郎懷著興奮的心情出發，這晚的月色似乎格外神秘，朦朧的月色之下，路上的一切事物都跟平時很不一樣。偶爾有驚飛的鳥兒，聽到行人的腳步聲，發出奇怪的鳴叫，從稻生平太郎的肩膀上掠過，轉眼消失了。

稻生平太郎一路走得很快，他的內心還是有一些驚慌，這時的他幾乎可以聽到自己的心跳聲。來到山頂，那些一座座的古塔和古墓在月色的籠罩之下，似乎被一層薄薄的白紗掩蓋，顯得莊嚴而靜穆。四周寂靜無聲，偶爾有風吹動樹葉，稻生平太郎的心裡驟然緊張起來。他來到最近的一座古墓跟前，匆忙地掛上了準備好的木牌，便飛快地向山下逃去，直到回到家裡，還是心有餘悸。

第二天，相撲一大早來到稻生平太郎的家裡，發現他毫髮無損地在家裡睡覺。他和幾個膽大的年輕人一起來到比熊山，果然見到了那塊木牌，非常驚奇。但是，奇怪的事情真的發生了。在稻生平太郎回家之後不到一個多月的時間，一到晚上，他的家裡就會有鬼怪的出沒，各式各樣，聲色俱厲，非常恐怖。

除此之外，屋裡的怪事也頻頻發生。稻生平太郎親眼看到自己的木屐在房間裡亂飛，或是米袋自己從廚房裡來到院子，甚至在他睡著後，還會感覺到好多雙手撫摸自己的臉，那些手冰冷而毛茸茸的。

稻生平太郎每晚都不能安然入睡，而他的弟弟則因為害怕而睡在鄰居家裡。本來，晚上還會經常有人到稻生平太郎的家裡聊天，但是自從有鬼怪出現後，再也沒有人敢接近他們家一步。

稻生平太郎卻並不因此懼怕。他覺得房子是最疼愛他的父母所留，怎麼能被這些可惡的鬼怪嚇得搬離呢？於是，稻生平太郎跟平時一樣，一個人居住在家裡，他要看看這些鬼怪到底要做什麼。就這樣，稻生平太郎在怪事不斷的屋裡一直住著，從鬼怪出現的那天算起，已有一個月的時間。

這一天傍晚，稻生平太郎家裡來了一個道人，來人自稱是比熊山上的鬼怪首領，對稻生平太郎解釋了近來發生的怪事。這個人告訴稻生平太郎，他看到了稻生平太郎掛在古墓之上的木牌，覺得這個人實在大膽，就想故意逗他玩玩。他命令鬼怪來到稻生平太郎家裡，本來就只打算嚇嚇他，沒想到稻生平太郎竟然不怎麼害怕，繼續堅持住在自己的家裡，鬼怪們覺得有意思，這樣一鬧就是一個月。然而既然稻生平太郎真的不害怕鬼怪，他想停止此事，不再打擾。

果然，道人出現的這天夜裡，一切恢復如舊，以後再也沒有發生過任何鬼怪奇事。稻生平太郎遂將自己的弟弟接回。此後這兄弟兩人相親相愛，也都有了一番成就。

小知識：

對日本妖怪感興趣的人都應該知道這一故事。據說，稻生平太郎是將自己的親身經歷記錄了下來，而日後跟他一起做官的柏正甫也根據這一經歷做了相關的記錄。後來，江戶國學者平田篤胤根據柏正甫的敘述，編纂了四卷本的《稻生物怪錄》。

美麗的田澤湖

在很久以前，駒之嶽山的山腳下還沒有湖泊出現時，這附近住著一個非常漂亮的姑娘。這漂亮姑娘名叫辰子，是全村公認的美人。辰子姑娘並沒有覺得自己的外貌有多麼出類拔萃，儘管村裡別的姑娘都很羨慕她。

在辰子十八歲時，一天，母親囑咐辰子到駒之嶽山上摘山菜。母親對辰子說，山上有個平坦的地方長有很多美味的山菜，這種山菜有著翠綠的厚葉子，還開出零星的黃色小花，花朵極其嬌小，但卻馨香無比，而且這種山菜長得很茂盛，摘回來做成菜餚再好不過。

於是辰子吃過早餐並把家裡安頓好後，就帶著母親平時去農田用的竹籃，一路哼著剛從村裡姊妹那裡學來的調子，上山去。

辰子沒費多大力氣就找到母親所說的地方，她高興地採摘著山菜，不知不覺她的籃子裡已滿是翠綠喜人的山菜了。然後她順著山路往回趕，走到半路時，她剛好碰到同村的幾個男青年向山上趕。這時，她清楚地聽到迎面走來的男子議論自己的面貌，還嘖嘖稱讚，互相打鬧。這幾個男子，有的故意吹出嘹亮的哨子，以便能吸引到辰子的注意。但是辰子本身是個害羞的姑娘，在這種情況下，她的臉飛快地紅了起來，腳步只是更快了，頭埋得更低，沿著山路匆匆趕著。終於，她離那幾個男子遠了很多，心裡才恢復了平靜。

因為走的比較快，辰子這時感覺自己又累又渴。正在辰子急著尋找可以休息的地方時，她注意到前面不遠處，傳來潺潺的流水聲，走近一看，剛好有一條小河，清澈的河水在陽光下透明發亮。

辰子來到河邊，把一籃山菜放下，用手捧著清涼的河水喝了幾口後，她馬上感到心頭的絲絲涼意，舒服許多。就在辰子長吐一口氣，抬起頭時，她突然看到水面上自己的樣子，驚愣住了。水面上的自己，美的像春天山上最惹人愛戀的茶花，不覺入迷了。

從此以後，辰子就彷彿變了個人一樣。辰子常常對著鏡中的自己注視著。她開始注意自己的頭飾及穿著，連走路的樣子也非常重視。母親看到自己的女兒這樣，笑著感慨說：「我們家的辰子長大嘍！」不僅如此，辰子漸漸開始變得擔心美麗的自己會不斷老去，特別當她遇到村子的那些上了年紀的老人時。於是，她每晚都準時來到村子附近的大藏山觀音堂，以求菩薩能夠保佑自己長生不老。

就在辰子去許願的第一百個晚上，奇蹟發生了。

這天夜裡，當辰子如往常一樣，在觀音菩薩面前跪下，祈願菩薩保佑自己美麗的容顏永不衰老時，觀音菩薩竟然現了真身。觀音菩薩對辰子說：「妳到駒之嶽山的北邊山中，找到一處泉水，只要妳喝了口那裡的泉水，妳就可實現自己的心願。記住，只需要喝一口。」

因為觀音現身的時候剛好是下雪的冬天，大雪封山，無路可以通往山中。所以，辰子很煎熬似地終於等到來年的春天。春天的訊息剛吹到辰子所在村子，辰子就坐不住了。這天，她約了村子裡幾個要好的女孩，一起去尋找菩薩所說的泉水。

幾個女孩一起有說有笑地來到山中，來到菩薩所指的位置，真的有一處泉水掩藏在密密的樹木與岩石之間。辰子看到泉水，高興極了。她興奮地跑到泉水旁邊，開始喝了起來。由於太興奮了，辰子一直喝了很多才停止。辰子感到自己的小腹有點難受。這時，她驚訝地發現泉水中有一隻怪物。原來她因為暴飲泉水，而變成了一條巨龍，如村裡老人所流傳的八郎一樣。辰子的同伴看到這個情景都嚇壞了，飛快地逃回村子。

辰子的母親發現辰子直到晚上都沒有回來，她想起辰子跟自己提到菩薩顯靈的事情，於是約好同村的一些膽子大的男人一起入山。母親跟同村的人舉著火把來到山腳下時，他們發現這裡多出了一個湖泊。因為找人的事情更重要，人們也沒有太在意。母親從湖泊旁邊經過時，喊著辰子的名字。這時只聽到一聲巨響，一條巨龍從湖水中出現，並哭著對母親說：

「我就是妳的辰子呀！我因為暴飲了菩薩所說的神水，變成現在這個樣子。我已經離不開水了，無法跟您一起再回家，過正常人的生活。但是，以後如果家裡需要食物時，我就會給您送好多魚。」

母親聽後，痛哭不已。然而她也沒有其他辦法，只好垂頭喪氣地跟同村人一起返回家中。從那天以後，辰子還真是說到做到。一旦母親沒有食物，或者想吃魚時，家裡的水槽中就會出現很多又大又肥的魚，味道鮮美至極。

後來，村裡的人聽說附近山腳下的那個湖泊，就是辰子變成巨龍後，給自己選的棲身之所。人們把這個湖叫做「田澤湖」。希望曾經美麗的辰子所在的湖泊，可以保持村裡的農田不會乾旱。

據說，那個叫做八郎的巨龍，在聽說辰子的遭遇後，就動身前往田澤湖，向人們口中美麗的辰子求婚，並且終於如願以償。在辰子和八郎結婚以後，因為秋冬季節，八郎都會到田澤湖和辰子一起生活，所以那裡的湖水即使是冰凍三尺時，還是不會結冰，景色非常宜人。

小知識：

日本人對龍的概念，和中國人比較相近。有龍出現的地方總是離不開水。在早期，古人對大多自然現象無法做出合理解釋，於是便希望自己民族的圖騰具備風雨雷電如此的力量，像群山般的雄姿，像魚一樣能在水中游，像鳥一樣可以在天空飛翔。因此許多動物的特點都集中在龍身上，龍漸漸成了：駱頭、蛇脖、鹿角、龜眼、魚鱗、虎掌、鷹爪、牛耳的樣子，這種複合結構，意味著龍是萬獸之首，萬能之神。

飛驒國的木匠

奈良時代的七一八年，日本頒布了「養老律令」。這個規定是針對當時飛驒國非常貧窮、無法正常繳稅來專門設立的，要求飛驒國每五十戶要徵集十位樵夫和八位廚師，到京城裡從事相關的工作，時間一年。

根據九二七年的《延喜式》記載，朝廷內有木匠之類的人總數為兩百一十人，其中飛驒國的木匠有一百人左右，可見比例已是非常大。

平安時代末期，從飛驒國來到京城的人已達到五萬人左右。據說，日本平城京、平安京、東大寺和藥師寺等大型經典建築，都有飛驒國木匠的功勞。

七四五年，日本奈良宮修建時，有一百零五名飛驒國木匠參與其中，可以說，此時的飛驒國木匠已經成為當時日本的主流技術團體。

七六二年，石山寺的修建過程中，有一位名叫「勾豬萬呂」的飛驒國木匠，因為技術超群，被賜予了八品的下官位。

八七七年，平安時代，大極殿當時的三大建築之一的修建，有六十位飛驒國的木匠被召進皇宮，享受朝廷的美食慰勞。等到這一建築完工時，二十名貢獻突出的木匠還被朝廷賞賜，可以跟那些朝廷重臣一起欣賞雅樂。

鎌倉時代，有位名叫藤原宗安的飛驒國木匠，第一個被任職為飛驒權守，相當於現在的縣長一職。飛驒國木匠的地位最初非常卑微。因為出身貧寒，而且沒有做木匠的基礎。這些人在到京城工作之前，不是樵夫就是燒炭人，都是從事體力勞動，對於技術性的工作，沒有任何基礎。沒有人知道，這些勤勞聰慧的飛驒人是怎麼飛快地掌握木匠這個行業的要領，並且很快地達到精湛的技藝。

在《今昔物語集》的〈百濟成川與飛驒工挑戰〉一卷，記述了一個有名的畫師和有名的飛驒國木匠的競技趣事。

這個故事說，平安時代，日本有位非常有名的畫師，名叫百濟成川，他曾經完成了嵯峨殿的壁畫；同時，還有一位飛驒國的木匠，他已經成為當時日本著名的建築師，作品有平安京豐樂院。這兩個人在朝廷裡競爭得很激烈，誰都不承認自己的技藝低人一等。但是，即使如此，他們在私底下卻還是好朋友，或許就是所謂的惺惺相惜吧！

一天，百濟成川派人告訴木匠，自己家裡有件寶物要跟他一起欣賞。木匠跟著來人來到百濟成川的家中。百濟成川很熱情地跟木匠打招呼，並神秘地說，那件寶物就放在自己一間很保密的屋子，要木匠跟他一起前往。木匠沒有多想，跟著百濟成川同行。百濟要木匠從穿廊的側門進入房間。木匠照百濟成川所說，剛來到房間的門外，順手推開了面前的房門。門被打開後，只見一具腐爛腫脹的屍體赫然陳列在他面前。木匠大叫一聲，慌忙跑到了一邊。

這時，百濟成川大笑著，從房間內的窗戶處對逃離的木匠喊道：「你沒事吧？看到什麼啦？這個屋子什麼也沒有啊！不信你過來看看。」

木匠聽到這話，不好意思地重新來到這個房間門外，他定睛一看，才發現剛才讓他魂飛魄散的那具屍骨，不過是房間屏風上面的畫布而已。心有餘悸的木匠不禁對這位畫師的功力大為欽佩。回到家裡，木匠一面感慨畫師藝術的爐火純青，一面不願認輸，他打算向百濟成川證明自己的技藝也不差。

不久，木匠也派人約百濟成川來自己家裡。木匠對百濟成川說，自己剛設計好了一間不錯的房子，順便想請百濟成川幫他做一幅合適的壁畫。百濟成川太瞭解木匠的個性，料想這次一定是木匠有意向自己炫耀。於是百濟成川欣然前往。

來到木匠的家裡，百濟成川果然看到眼前有間非常精美的屋子。只是，他奇怪地看到，這間屋子的四扇門竟然按同一種方式敞開著。
木匠熱情地對百濟成川說：「您請進！仔細觀賞一下我設計的屋子內部。」百濟走上前去，打算從南面的那扇門進入，誰知他剛走到門口，那扇門竟然自己就關上了。百濟成川覺得很奇怪。
接著，百濟成川就想試著從西面那扇門進入，結果也是一樣，這扇門也跟長了眼睛似的，一看自己走到面前，就立刻把房門關了起來。百濟成川吃驚地發現，剩餘兩扇門也是如此的反應。他仔細觀察房屋的構造，始終不能進入屋子裡面。
看到百濟成川迷惑不解的表情，木匠開心地笑了起來。百濟成川聽到木匠的笑聲，也佩服地笑了起來，對木匠的技藝讚嘆不已。

小知識：

《今昔物語集》中的第二十四卷第五話〈百濟川成與飛驒工挑戰》〉，描述的正是名匠與名匠的競技過程。
今天的飛驒山是個僅有六萬多人的小鎮，但是，每年卻有兩百多萬的遊客來此觀光，而且春祭和秋祭時的「屋台」（即祭祀的花車），是日本指定的重要文物。

安壽與廚子王

佐渡島外的海府鹿浦，有一處農家小院。

人們經常看到，小院裡有一個老婦人，一邊用感傷的語調喊著「我的安壽啊、廚子王」，一邊用手中的木棒轟趕地上嘰嘰喳喳偷吃栗子的鳥兒。令人們感到非常奇怪的是，這個老婦人雖然衣衫襤褸、雙目失明，但是舉手投足間氣質不凡。

後來，人們才終於得知老婦人的身分和故事。這個老婦人曾經是陸奧（現在的青森縣與岩手縣）太守岩木判官的夫人。一家人生活富裕而幸福，直到岩木受冤而長期流放。她當時幾乎無法面對這樣的打擊，兩個孩子分別叫做安壽與廚子王，年齡還小，丈夫受冤，被迫流亡到築紫這個偏遠的地方。一家人無法安定地生活，連衣食的來源也沒有著落。

這個婦人堅強地生活了下來，她不辭辛苦地養育自己的一雙兒女，等到孩子們到十多歲時，就開始帶著他們前往築紫，以待家人團聚。

她和孩子們剛來到越後，一個中年男子主動找到她，並說自己是孩子父親的老朋友，這次是專門來幫助她一家人的。婦人急於跟自己的丈夫相見，看到來人這麼熱情，還給自己些許路費，很快就相信了對方所說的話。

正當婦人感激著中年男子的幫助，期待著很快可以一家團聚時，中年男子卻消失了。她和兩個孩子分別被兩戶人家帶走。婦人那時才知道，原來那個中年男子是個人口販子。

她後來被賣到佐渡島，給一戶人家做奴僕。那戶人家對這個奴僕身分的婦人非常苛刻，經常虐待她。不久，婦人因此瞎了眼睛，而她的兩個孩子的遭遇也很不好，他們同時被賣到了丹後一個鄉紳家裡做下人。

瘦弱的老婦人每天可憐地呼喚著自己的孩子，時間一長，便被附近調皮的孩子當作戲弄的對象。他們一聽到老婦人呼喚安壽或廚子王的名字時，就假裝著來到婦人面前，宣稱自己是她的孩子。剛開始，老婦人以為真的是自己孩子來了，就高興地涕淚滿面，喜不自禁地摸索孩子的臉龐，但馬上就聽到那個孩子的嬉笑聲，以及旁邊看笑話孩子的哄笑聲。時間一長，老婦人也就不再相信自己的耳朵了。只要再有人說是自己的孩子時，她就拿起手中轟鳥的棍棒，一陣亂打。

這一天，老婦人像往常一樣，坐在院子裡，神情黯然地拿著木棍，低聲呼喚自己孩子的名字。忽然，她聽到有人馬上應答道：「母親大人！您不認識我了嗎？我就是您日思夜想的安壽啊！」她感到自己的手被對方抓住了，「撲通！」一聲跪在了自己的面前。這樣的情景，讓老婦人不免感動起來，想要拉住對方，並叫出自己孩子的名字。這次，她又想到以前被人捉弄的經歷，就不禁生氣了。

她一把抓住對方，掄起手中的木棍對著對方揮了下去。她憤怒地大喝道：「又來捉弄我！你們這些壞孩子！可憐我那苦命的孩子……」對方馬上發生了一陣痛苦的哭聲。儘管被老婦人用力地捶打，這個人卻還是緊緊地抱著老人的雙膝。

老婦人越來越生氣，她氣憤不已，以為眼前的這個人又換了手法，想再次羞辱自己。她揮打地更加賣力。直到又有另一個趕來，對著老婦人大叫道：「您怎麼了？她真的就是您的女兒安壽啊！經過了很艱難的尋找才來到這裡。」說著，來人也痛哭起來。

老婦人意識到自己剛才的行為時，安壽已經在她的揮打下奄奄一息了。可憐的安壽，她急於讓自己的母親認出自己，竟然不顧一切地承受著母親的暴打。沒多久，安壽就抓著老婦人的雙腿死去了。

來人淚流滿面，他說自己是廚子王的隨從。自從安壽和廚子王被賣之後，也是遭受了各種非人的磨難。幸運的是，一個當地的寺院住持可憐他們的境遇，就幫助兩個孩子逃了出來。後來，廚子王真的得到自己父親一位故交的幫助，替父親洗脫了冤屈，並將姊姊接在身邊。在父親病逝之後，廚子王繼承父親的官位，成了現在的陸奥太守。繼位後，他和姊姊到處尋找自己母親的下落。後來，得知自己的母親被賣到了佐渡島這個地方，就讓自己的隨從跟隨姊姊先來核實。

老婦人聽到這裡，抱著被自己活活打死的女兒放聲大哭。她沒有想到，自己整天盼望的孩子真的還活著，找到自己，卻又因自己一時的過失而白白丟掉了性命。老婦人不禁悲從中來，哭得昏死過去。醒來後，老婦人把死去的女兒葬在中川的上游，以便讓其在死後可以清淨自在。老婦人跟隨從找到廚子王，母子相遇感慨良久。

不久後的一天，老婦人早起後用清水洗自己乾涸失明的眼睛，卻神奇地重新獲得了光明。有人說，這是上天可憐安壽一家，讓老婦人可以跟廚子王一起安度餘生。

小知識：

該傳說源於平安時代，江戶時代寬永年間（一六二四－一六四四）成為經淨琉璃詞，深入民間。昭和時期的兒童文庫，就收錄了這個故事。文豪森歐外改寫的「安壽與廚子王」故事，被改變成電影《山椒大夫》，導演為溝口健二拍成電影，獲得威尼斯電影節銀獅獎。森歐外的小說中，姊姊安壽幫弟弟逃脫，歸途投河自盡，母子相逢時結束。淨琉璃中，姊姊安壽是遭山椒大夫拷打死亡，廚子王日後復仇。姊姊安壽遭親生母親打死的情節，成為當地自古流傳下來的經典情節。而且，這一傳說早已成為日本的「公共文化」，在京都府管津市由良川入海處有兩姊弟塑像。

北海道的小人族

據說，北海道原住居民阿伊努村裡有一位捕兔高手叫名人，只要是他所設的陷阱，沒有一隻兔子可以僥倖逃脫。

一天，有個年輕人懇求名人教他捕兔，名人看他誠懇的態度，毫不猶豫地答應了，並直接帶他入山。

正當兩人在往山上爬時，年輕人感覺好像有兔耳朵藏在附近的枯草裡面，一看竟是兔子中了之前名人設下的第一個圈套，他便開心地跑了過去。不料到了近處仔細一看，那隻兔耳朵竟然變成了細長的野百合。名人也有同樣的發現，這次兔子竟然不見蹤影，令他非常納悶。

於是，兩人趕快前往第二個圈套場地，卻又只看見捕兔所設的圈套在半空搖晃，還是沒有兔子被捕。第三、第四個依然如此。等到查看名人自己所設的第五個圈套時，竟然只留下了兔子的糞便，唯獨不見兔子的影子。名人和這位年輕人都非常吃驚。

就在這時，四周吹來一陣風，周圍的樹枝隨著風向沙沙作響。年輕人突然明白了，他興奮地對名人說：「師父，我知道了，應該是小人族在搞怪，聽！這風聲中似乎還夾雜著笑聲呢！」名人仔細傾聽，還真的是這樣，風聲中不斷傳來細微的竊笑聲。

原來北海道住著一群小人族，體形比正常人小一半左右，喜歡惡作劇。這次就是小人族的一個人把名人設陷阱所捕到的兔子全部藏了起來，並躲在一旁偷看名人失望時的樣子。

名人苦笑了一下，無奈地和年輕人下了山，並因此想起自己上次的奇遇。

前不久，名人到山裡撿柴，他記得清清楚楚自己把撿到的乾柴放在一起，等到決定回家時，所有的乾柴竟然不翼而飛。垂頭喪氣地回到家門口時，他發現那些乾柴卻原封不動地推在那裡。

這天晚上，名人所捕的兔子還真的被送回了。夜深人靜的時候，有人看到小人族的人從名人家門縫裡伸進了小手，悄悄地把兔子放在了名人家的院子裡，然後，又蹦蹦跳跳地飛快離開。

無獨有偶。沒過多久，阿伊努村的另外一個人也有了類似的遭遇。

這天，他到附近的河裡去捕魚。平時，這條河裡的魚非常多，村裡的人都能很容易就捕到令人滿意的種類和數量。可是這天不知道怎麼回事，河裡竟然一條魚也沒有發現。這個人覺得很奇怪，因為河水很淺，就順著河流岸向河的下游走去。走著走著，他在一處淺灘發現了一群魚。正當他興高采烈地想去捕捉時，這群魚卻突然間一起游向了對岸。

這個人沒有辦法，只好繼續向下游追趕。這次，他小心翼翼地向魚群靠近，誰知魚兒們又故意跟他開玩笑似的逃之夭夭了。這個人生氣極了，折騰了大半天，他連一條小魚也沒有捉到。

正當感嘆自己運氣不好，準備返回家裡時，他突然想到，這可能又是居住在附近的小人族的惡作劇。他經常聽村裡的人描述小人族的樣子，那些跟自己平時所見的村人有著很大的差別，不管是五官或是身材等等，所以他非常好奇，想有機會好好看看。剛好這次被自己碰上了，這個人心裡轉而高興起來。他打定了自己的主意。

於是，他也不再把注意力放在那些魚群身上，而是故意在河中慢慢地走來走去，跌跌撞撞，甚至不時地跌倒在河裡，全身都弄濕。這個人心裡偷偷地發笑，然而外表看起來又一本正經地重複著無用的捕魚步驟，一絲不苟，卻總是一無所獲。直到太陽完全隱藏在大山的背面，放眼看不到一個行人的時候，才裝作無可奈何的樣子拖著疲憊的身軀回到了家裡。

夜色很深之時，這個人悄悄地把自己家的門拉開了一道很小的縫隙，然後趴在床上假裝已經熟睡了很久。

過了不知道多久，就在他真的快要進入夢鄉時，有細微的動靜從門外傳來。他透過被角的縫隙，藉著當晚皎潔的月光，看到一隻白嫩的小手正在小心地從他家的門縫外面慢慢地伸進，而且那隻小手裡竟然握著好幾條魚。這個人看到這裡，悄無聲息地迅速從床上跳起來，一把抓住那隻小手，並且用力將對方拉進自己的屋裡。

等燃起了燈，他才看清楚了自己眼前的這個小人兒。這是沒有穿衣服的少女，身高不到一公尺，頭髮烏黑並且垂及腳踝，皮膚非常白皙，嘴唇和手背部位，都印有奇異圖案的刺青。少女極力想掙脫這個人的手掌，但是因為身材嬌小力氣不足，只能感到憤怒地大聲哭泣。

很快，小人族的族人就得知了少女的遭遇，他們積聚了全族人的力量，深夜來到這個人的門外，並很順利地從這個人的手上把少女搶了回去。

從此以後，小人族似乎消失的無影無蹤，阿伊努村的人再也沒有機會領略小人族善意的惡作劇了。後來當阿伊努村人因為食物缺乏而飢餓難耐時，到處想找回曾經會在半夜時分給他們送食物的小人族，但是這也只是流傳在世代相傳的阿伊努村人腦海中的傳說而已，那隻透過窗口和門縫的小手永遠沒有再出現。

小知識：

小人族傳說的地域包括北海道、南千島、庫頁島，流傳範圍非常廣泛，是原住民阿伊努人的民間傳說。

小人族的模樣，是身穿直筒袖上衣、直筒褲，男人和女人的服裝明顯有別，髮型也各式各樣。男人一般戴著類似眼鏡的折光器，女人都是遮蓋著自己的臉。小人族普遍都以鳥和魚類及各種小型獸類為生，也能夠生火和吃熟食。

小人族本來與阿伊努人和平相處，雙方通常進行物品貿易。後來，雙方在十勝發生了戰爭之後，小人族也就開始向北遷徙生活。

明治時期到大正時代初期，日本學界發生了一場有關小人族的論戰。其中，一方堅持小人族是阿伊努人的先住民，另一方卻不這樣認為。這場論戰不但牽涉到動物學、人類學、民族學，連考古學也捲入其中。因為這場論戰，小人族的傳說聲名遠播。

現在，根據小人族傳說而製成的各種雕像，已經成為北海道最有人氣的鄉土玩具。

「分福」的茶壺

正通禪師是日本群馬縣館林市茂林寺院的開山祖師。慶永三十三年，正通禪師終於雲遊全國，準備返回茂林寺。

返回寺院的路上，正通迎面遇上一位和尚。這個和尚背著沉重的鐵鍋，一臉誠懇的表情，來到正通禪師的眼前，和尚就馬上跪倒在地，並高呼正通為「師父」。

正通看這著背著鐵鍋，一心要成為自己徒弟的和尚。他想到這次雲遊各國之餘，有回到寺院收一個徒弟的打算。眼見這和尚誠懇堅定的樣子，正通心想這或許是佛祖的有意安排，很高興就帶著他一起返回了茂林寺。

回到寺院之後，正通熱情地招待了這個新收的徒弟，並詢問他的生平年歲，和尚一一回答。當得知和尚的名字叫做「四角」時，正通皺眉，覺得不怎麼好聽，就建議他重新改一個名字，和尚便請求師父賜給自己一個好聽的名字。正通皺眉默想了一會兒說：「既然這樣，以後我就稱呼你為『守鶴』吧！」和尚大喜，連聲稱好。

守鶴來到寺院之後，待人熱誠敦厚，而且辦事勤快，正通禪師看在眼裡，樂在心裡，更是感激神明的佛祖。寺院附近的村民經常到寺院裡為死去的親人做法事。每當這個時候，寺院裡非常熱鬧，守鶴總會給眾人送上自己親手泡製的茶水，味道非常鮮美。

後來正通禪師發現這味道鮮美的茶水，正是用守鶴當初隨身帶來的鐵鍋煮出來的。守鶴習慣先將鐵鍋放置在放滿乾柴的火盆上，等裡面開水沸騰，再將準備好的茶葉取出，分別泡製茶水。令正通納悶的是，同樣的茶葉，用其他鐵鍋燒製的開水沖泡，並沒有這麼鮮美。

或許是因為守鶴有獨得的泡製秘訣，正通心想。

守鶴就這樣住在茂林寺裡，服侍到正通禪師去世。正通去世之後，守鶴依然選擇留在這裡，為寺院做任何能力所及的事情。元龜一年，茂林寺的第七代住持也就是月舟禪師。此時，寺院裡的僧人已經很多，住持決定要舉行一千人左右的法會，並特意吩咐守鶴多準備一些茶水，分給那些前來參加的人們。

到了法會的當天，寺院的僧人都忙碌得不可開交。特別是要準備上千人喝的茶水，僧人們都非常發愁，不知道怎樣才能及時燒好那麼多開水。守鶴卻絲毫沒有著急的樣子，他像平時一樣面帶微笑，端著泡好的茶來回穿梭於人群之中，送來遞去。用去的開水已經足有一鐵鍋的了，奇怪的是，鍋內的水卻絲毫未減，從早到晚，每個來參加法事的人都品嚐了好幾杯寺院供應的茶水，而鍋內的水一直滿滿的。

寺內的僧侶發現這件事情，就告訴月舟禪師。月舟聽說後，也很驚訝，喚人將守鶴叫至面前，詢問鐵鍋神奇的原因。守鶴解釋說：「具體怎麼回事，我也不清楚，我也是今天才發現它的奇特之處。這個鐵鍋是一位行路的老人賣給我的，說可以帶來福氣，我還以為被欺騙了。」眾人知道之後，都說這是佛祖對本寺的恩賜。

這個寺廟裡的住持一代代地去世，但是守鶴卻依然活著，不像常人那樣顯現任何的衰老之態。到了第十代住持天南禪師接管茂林寺院的時候，根據附近老一輩人的會議，有人推測，守鶴應該在寺院住了有一百五十多年。守鶴跟以前一樣，精心打理寺院的事情，時常給大家煮上一杯上好的茶水。

天正十五年，某天，守鶴忙完寺院的事情，抬頭一看已過了中午時間。他用過午飯睏意十足，就靠著寺院裡的一棵大樹睡著了。寺院的住持有事出門，剛好從守鶴的身邊經過，竟然發現守鶴全身長滿了毛，身邊還有一條大尾巴顯露著。住持非常驚慌，小心翼翼地從守鶴的身邊經過。之後，住持就急忙找來寺院裡的僧侶，並商量對付守鶴的辦法。

一個在寺院待了幾十年的和尚說：「我們之前就聽說過跟守鶴有關的傳奇事情。守鶴現在已經在我們寺院住了一百五十多年，卻非常人一般仍然活著，沒有任何衰老的跡象，這本身就很值得懷疑。但是大家都知道守鶴的為人，他全心全意在寺院工作，熱心而憨厚，從來沒有做過任何傷害他人的事情。我覺得應該找他當面問清楚。」

眾人聽後，都覺得很有道理。晚上住持命人叫來忙了一天的守鶴，並懇請他說出關於自己身世的實情。守鶴一聽，就馬上明白了住持的意圖。他對住持說，自己本來是千年的狸貓，因為多年前寺院對自己的一次搭救，才倖免於難。為了報答寺院的恩德，這隻狸貓就藉機留在了茂林寺，希望能夠為其多做貢獻。

守鶴說完，就對著寺院再一次跪拜感謝，化成煙霧消失了。住持查找寺院紀錄，得知多年前，有一隻狸貓被一幫惡人追殺，多虧寺院住持的好心隱藏，才得以脫身。

守鶴雖然走了，但守鶴帶到寺院的鐵鍋仍然存在。為了懷念守鶴，大家就將這個鐵鍋叫做「分福」，希望守鶴的好心可以被更多的人分享。

小知識：

據說，茂林寺的這一「分福」茶壺四周長約1.2公尺，共重11.2公斤。現在，每年都有很多香客來到這裡進行參觀。在茂林寺的參拜道兩旁，豎立有一排造型好玩的狸貓雕像，百殿旁就是「守鶴堂」。

轆轤首怪談

五百年前，一個名叫回龍的和尚先後周遊了列國。據說，回龍在遁入佛門之前，是九州的一位大名的家臣，英勇無比，本來前途無限，卻因大名敗落而無處落腳，成為雲遊四處的僧人。

這天，回龍來到了肥厚國（也就是現在日本的熊本縣）的一座深山。不覺天色已經黑暗，距離可以借宿的村落卻很遠，回龍索性在路邊一處平坦的地方坐了下來，打算就這樣度過一晚，明日接著趕路。

雖然是夏天，晚上的山林卻格外陰冷，一陣風過，樹葉嘩嘩作響，讓人毛骨悚然。但是回龍早已經歷過不少這樣的事情，加上連日趕路，身體疲憊，他很快就進入了夢鄉。

過了一會兒，一名路過的樵夫看到睡在路邊的回龍，就熱心地搖醒他說：「這位和尚大人，您怎麼會在這裡睡覺？山裡的晚上有各種危險野獸出現，您待在這裡會非常危險，如果您願意的話，麻煩到我家裡去吧！」

回龍睜開眼睛，朦朧看到眼前身上背一大捆乾柴的這個人，心想有可以借宿的地方當然更好了，就沒多想地跟著這個樵夫走了。

沒走多久，回龍就和來人到了一座茅屋裡面。到了屋子裡面，回龍發現裡面還有四個人，雖然都是樵夫的穿著，但是都氣質高雅，談吐不凡。

回龍主動跟其中一位年齡最大的老人問道：「請問老人家，我看你們不像山林之人。你們應該都是身分比較高貴的人吧？」

這位老人微笑著回答說：「您說的沒錯。我們都曾經是一位京城大名的家臣，但是因為我們曾經做過不少壞事，就來到這深山裡面懺悔，希望可以能力所及地幫助過往行人，以便我們早日贖罪。」回龍聽到老人的回答，就欣慰地說：「真是這樣，那太好了。今晚我在這裡打擾，會為你們曾經所做誦經超渡。」

這時，屋子裡面的一個人告訴回龍說房間已經準備好。回龍跟著來人到了自己的房間，坐好之後，便開始誦讀經文。大概到了深夜，回龍感到非常睏倦，本想直接躺下入睡，但又口渴難耐，就輕聲下床找水喝。

回龍來到屋外，天上明月朗照，一眼看到院子裡竹管飲水的地方。喝了水之後，回龍返身回自己房間時，經過一間燈火明亮的房間，五具無頭屍體赫然在目。回龍心想，難不成這裡有盜賊闖進來？

但是，回龍仔細觀察，沒有發現屋內有任何血跡。而且，回龍躡手躡腳地來到屍體之前，竟然沒有在屍體上看到任何斬殺或砍斷的痕跡。

這時，回龍想到在深山裡面，自己剛好見過茅屋裡面的五個人，腦海裡便浮現出以前聽說的轆轤首怪事。

據說，有一種奇怪的人，他們身體可以自由分開。但是在肢體和頭顱分開之後，如果將肢體移往別處，頭顱就不能再和肢體復合。想到這裡，回龍趕忙拖著一具屍體來到屋子後面扔掉。回到屋內，回龍發現屋子的窗戶緊閉，唯獨天窗開著，暗想這也許就是頭顱來回的通道。於是，回龍躲到暗處，觀察屋內動靜。

凌晨時分，屋內還是寂靜無聲。回龍便躲到院子裡面，正在納悶時，聽到隱約有說話聲音傳來。循聲找去，回龍來到一棵大樹下面。

將自己藏好身後，他注意到是離自己不遠的地面半空，有五顆頭顱在浮旋，仔細觀察，正是茅屋內的五個人。

只聽那個帶領回龍來到茅屋的人說道：「我帶回來的那個和尚長得可真是肥大，夠我們幾個好好吃一頓了。都怪你們告訴他什麼懺悔的事，他整夜唸經，害的我們都沒有機會下手。」

說到這裡，其中一顆頭顱應聲道：「但是時間過了這麼久，想必他應該呼呼大睡了。你們等著，我回去看看。」

一眨眼的時間，那顆頭顱就飛了來回，慌忙地叫道：「大事不好，那個和尚不見了，而且，老大的身體也沒有了。」

這些頭顱一聽，非常震驚。那個老大的頭顱大怒道：「肯定是那個可惡的和尚做的。等我找到他，一定要把他撕碎吃掉。大家分頭找找，這麼大的山林，他肯定跑不遠。」

回龍沒來得及逃跑，就被這幾顆頭顱發現。頭顱們合力向回龍發動進攻，回龍慌忙應對，並開始誦讀經文。

這些頭顱很快就沒有了力量，紛亂逃亡，只有那顆被回龍拋棄肢體的頭顱，還在用最後一點氣力撕咬著回龍的衣袖。回龍用盡全身力量，直到頭顱沒有任何反應，仍然無法擺脫這顆頭顱的糾纏。

回龍返回茅屋，只見其他四顆頭顱已經跟肢體復合，妖怪們渾身瑟縮著，在牆角處擠成一團。發覺回龍回來，嚇得四處鑽逃，很快消失在山林。

回龍覺得眼前這個地方再也不能停留，連忙收拾了行李，趁著月光匆忙趕路。他一口氣走了很久，一刻也不停，直到遇到一個相貌兇惡的強盜。

強盜看到回龍一個人行路，形容疲憊，就威嚇回龍把身上值錢的東西交出來。回龍再也沒有跟強盜爭鬥的精力，就立即把身上的衣服脫了下來，交給強盜。

強盜拿到衣服，看到上面掛著一顆血淋淋的頭顱，心裡驚顫不已，轉念一想，有了主意，對回龍說：「我做了很多壞事，自認為自己已經是膽大妄為，沒想到在這裡碰上你，竟然可以掛著頭顱走路。如果您願意，能不能把這個頭顱給我用？」

回龍告誡強盜，這是妖怪的頭，還沒有跟身體復合。強盜不信，堅持要這個頭顱，方便自己搶奪財物。回龍無奈，只得將頭顱和衣服給了強盜。

強盜帶著頭顱沒走多久，就聽說深山裡轆轤首的怪事，真的害怕了，決定將頭顱歸還，但是怎麼也沒有找到妖怪的身體。於是，強盜就將頭顱埋在人們傳說發現轆轤首的山林，並為他豎立了石碑，並找僧人為頭顱超渡。

小知識：

「轆轤首」一般指脖子可以伸縮自如的妖怪，其操縱頭顱跟井邊打水時控制吊桶的轆轤相似。還有一種名叫「飛頭蠻」的，可以稱作廣義的「轆轤首」，特徵是身體和頭顱可以分離。

八郎太郎

很久以前，秋田縣的鹿島草木部落，有一戶人家生下來一個很強壯的男孩。這個男孩一出生就能走路，家人都感到很驚奇，認為這是上天對他們家的青睞，因此也就非常疼愛孩子。他們為這個孩子取名叫八郎太郎。

男孩十八歲的時候，身高已經有六尺左右，儘管身體孔武有力，性情卻格外溫和。夏季來時，八郎多半幫家裡種很多好吃的蔬菜；冬天來時，八郎又會跟同部落的其他兩個同年齡的年輕人一起去山上狩獵或者剝樹皮。

這一年冬天，八郎照常和兩個朋友一起進山。三個年輕人在山裡的飯食是輪流做的，這天剛好輪到八郎煮飯。他到河川邊打水時，意外地發現，雖然時令是寒冬，這裡的河裡還有游動的魚，是三條名叫岩的魚類，看起來非常肥嫩。八郎就趁機抓起了岩魚，並且沒用多長時間就全部抓獲。

八郎把抓到的岩魚清理完畢後，撒上三人從家裡帶來的酌料，用專門的東西串起來做成了串烤。很快，串烤就熟了，香飄四溢，令人胃口大開。

等八郎把整個飯食都準備好，看到另外兩個朋友還沒回來，就忍不住先把其中一條魚吃進自己的肚子，他邊吃邊讚嘆，口水夾雜著魚肉，八郎那時已把全部的心思放在吃魚這件事情上。一條魚吃完了，八郎想等等其他兩個朋友，一起回來吃剩下的兩條魚，但是左等右等還是沒有等到他們回來。八郎情不自禁地把剩下的魚一口氣全吃了。

看著自己吃剩的一堆魚骨，八郎這時才發覺自己剛才做了什麼。在那時，他們部落有一條祖輩傳下的禁忌，就是說做人要知道顧及他人，不能置自己的朋友或親人不管，食物必須平分，所有收穫的物品也要公平分配。

八郎犯了這樣的禁忌心裡非常恐慌。於是，他飛快地再次跑向剛才汲水捕魚的地方，但是他無論怎麼找，就是沒有魚出現。

朋友應該很快就回來吃飯，而且我又沒有其他的辦法可以補償，我背叛了自己的朋友，太不知道羞恥了，八郎心裡想。他非常喪氣地望著冰冷的河水發愣，突然之間感到自己的胸口很悶，幾乎快喘不過氣來，而且喉嚨裡也渴得要命。

他馬上低下身子，大口大口地喝著寒氣逼人的河水。

就在他感覺自己的身體終於緩過來的時候，他抬頭看到水面上自己的影子，大吃一驚，原來此時的八郎，全身布滿了鱗片，兩隻眼睛也成為火紅的珠子，他變成了一條龍！

當八郎的兩個朋友從山林裡返回他們住宿吃飯的地方，八郎已經不在了。

他們大聲呼喚著八郎的名字，一路上到處打聽，直到他們來到八郎打水的河邊。他們驚奇地看到，此時的河面上捲起了一陣龍捲風，一條巨大的龍從水裡飛騰而起。兩個朋友早已被眼前的景象嚇得魂飛魄散了。

這時，這條龍卻開了口說話，牠告訴兩位目瞪口呆的朋友，自己所做的那些不應該的事情，並託付他們把自己帶上山的斧子和斗笠帶回去，一定要說明原委，讓自己的父母相信自己身上所發生的事情。

兩位朋友聽了八郎變成龍的一番話，就收拾東西一起下山回到了部落。

再說八郎看到自己的兩個朋友已經平安下山，回想自己已無法回到過去那種和父母相依的溫暖日子，孤獨而無奈，就不分晝夜地繼續喝水，一連喝了有一個多月。

終於八郎變成了一條有三十多丈長的巨龍，八頭十六隻角。巨龍把附近的河流堵塞，得到了一個湖，然後自己沉在湖底，逍遙自在的生活。

這個湖泊，就是後來的十和田湖。本以為就這樣不問世事，在湖裡終老了，八郎沒想到後來自己會被別人趕走。

過了不知道多少年。一天，八郎如平時一樣，在湖底沉睡，卻被一陣誦經所吵醒。八郎非常氣憤，就從湖底升到湖面，才發現有一個自稱是南祖坊的人來挑釁。

原來這個南祖坊是京城某位公卿的兒子，是母親在觀音堂齋戒祈願二十一日所生。南祖坊十三歲時，被父母送至現在的和歌山縣熊野山上修行。修行六十年之後，一位白髮老者託夢，告訴南祖坊說，十和田湖會是他永住之地。

南祖坊醒來後，按夢中所囑，果然來到的就是十和田湖，並根據老者交代當場坐下誦讀《法華經》。

也就是此時，沉在湖底的八郎被驚醒，從湖底升到湖面之上。八郎太郎很生氣地說：「是誰在這裡大吵大鬧啊？」南祖坊禮貌地回答道：「我是南祖坊，按照熊野山神的旨意，從今天開始這裡就是我的地方了。」

八郎大怒，「我八郎太郎在這裡已經住了幾千年，怎麼可以讓給你？」說著，八郎太郎從他的八頭口中噴出了巨大的火焰。

南祖坊見此卻並不慌張，按照夢裡所聞，又開始唸誦起《法華經》。於是雙方開始在湖面上較量起來，一直持續了七天七夜。

最後，八郎還是敗給了南祖坊，只好趁著大雨逃出，四處漂泊。八郎自此無處安身。他打算堵住岩手縣的北上川來造出一個新的湖泊，但是當地的黑狗終日群吠不已；他試著搬運岩手山南部的八座山，想堵住河川，又被當地山神痛斥起來。

原來在八郎堵塞河川地同時，山下的當地居民遭受到了由此帶來的災難。河川堵塞，水流都湧進了天地和住居。八郎看到這樣的慘象，又想起自己的父母和朋友，也就放棄了當初的念頭。

八郎來到男鹿半島，並計畫在這裡造湖。這次，八郎不僅顧及了周邊的居民，而且在造湖過程又及時救了一對老夫婦。終於，他有了新的住所，並因此聲名大振。

後來，八郎與離此不遠處的田澤湖的湖主，一位跟他有類似經歷——因喝了過量泉水而變成龍的辰子姑娘，結成了伴侶，幸福安定地生活了下去。

小知識：

在日本的東北地方，最有名的傳說應該就算「三湖傳說」了。這一傳說跨越青森縣、岩手縣、秋田縣等三個縣。所謂「三湖」，就是指青森縣的十和田湖、秋田縣的田澤湖以及八郎瀉。其中，十和田湖位於青森縣與秋田縣的縣境。如今，風和日麗的時候，十和田湖風景如畫。站在十和田湖的旁邊，很難想像傳說中八郎太郎與南祖坊爭鬥時的那種狂暴而混亂的場面。

浦島太郎

很久以前，北前大浦住著一個漁夫，名叫浦島太郎。因為家境貧寒，加上母親體弱多病，浦島太郎直到四十歲時還是一個人。

這一年的秋天，天氣非常不好，一連多日都是大風天氣。風吹起狂濤巨浪，別說小船了，就是大型的貨船也不敢輕易出航。好多天都沒有辦法捕魚，家裡僅存的一點錢很快就花完了。看著重病的母親連飯都幾乎吃不起，浦島太郎心裡很難受。望著母親滿是皺紋的臉，浦島太郎對著大海祈禱：

「神明保佑這天氣趕快好起來吧！我的母親幾乎要餓死了。」

說也奇怪，就在浦島太郎祈禱完畢，天氣轉變成風和日麗的好天氣。浦島太郎心裡感謝著神明，急忙收拾起東西，出海捕魚。

浦島太郎駕船來到平日魚群經常出沒的海域，抛下幾乎生銹的魚鉤，希望可以大有收穫。然而等了很久，卻一點動靜都沒有。

正當浦島太郎等得有點不耐煩的時候，他突然覺得似乎大魚上鉤，就急忙拉起魚竿，卻發現一隻烏龜被釣了上來。浦島太郎看到這隻烏龜非常失望，自語道：「好不容易釣到了，我還以為是多大的一條魚呢！沒想到竟然是隻硬殼烏龜。唉！」說著，浦島太郎就隨手一扔，將釣到的烏龜扔回了大海。

不相信自己竟然釣不到一條魚，浦島太郎繼續擺好釣竿，等待魚兒出現。又等了很長時間，當浦島太郎感到似乎有魚上鉤，心裡大喜，拉出一看，竟然還是之前那隻烏龜，他將烏龜身上的魚鉤取下，失望地拍拍烏龜說：「我怎麼總是遇上你呀？你就不能換個地方玩？真是的。」浦島太郎重新將烏龜扔進大海。

仍是漫長的等待。第三次，浦島太郎拉起了魚竿，這次的他還沒看到魚鉤上的東西，就自語道：「不會還是你吧！」拉上來一看，浦島太郎有點生氣了，還是那隻烏龜，而且還一副無所謂的樣子，翻動著那兩個綠豆似的小眼睛。浦島太郎想也沒想，就將牠拋向了身後的海面。

眼看一天的時間就要結束了，浦島太郎一條小魚也沒有捕到，他心裡又急又亂，不知道該怎麼辦。無奈之下，他決定回家再想辦法。慢慢地將船調轉到回家的方向，準備返航。

就在這時，浦島太郎看到有一條船正向自己駛近。他覺得這條船有點奇怪，害怕是強盜，他就慌忙駕船逃走。沒有想到的是，浦島太郎沒走多遠，就被那條船跟上了。此時，浦島太郎心裡害怕極了，他擔心自己出了意外，家中的老母親更加沒有人照料。浦島太郎用盡了全身的力氣，希望自己可以擺脫厄運。

然後，那條追來的船成功地靠近了浦島太郎的漁船，只聽上面有人對浦島太郎說道：「浦島太郎，不要驚慌，我們不是壞人。現在已經要天黑了，你一無所獲，不如跟我們去龍宮吧！公主正在等待接見你呢！」

浦島太郎覺得不可思議，就以母親在家無人照料為由，堅持早點趕回家中。對方告訴浦島太郎說：「你放心好了，那個可憐的老人已經被我們照顧著呢！她現在很好。」聽到來人說話這麼誠懇，浦島太郎再也沒有理由推辭，就跟著這條船走。

來到海水最神秘的地方，浦島太郎突然感到自己的身體輕盈了許多，這時，他才發現自己和那條船上的人正飛往海面以下，透明的藍色海水非常耀眼，恍如正在通往一條神奇的仙路。

不一會兒，浦島太郎就和帶路的來人停在一座輝煌的宮殿外面。高貴又美麗的公主從宮殿裡出來，身後跟著好幾個裝扮不同的女孩，面帶微笑。浦島太郎被眼前的景象驚愣住了，傻傻地盯著這幾個女子觀察。公主嫣然一笑，示意帶浦島太郎來龍宮的人退下，並吩咐身後的侍女為浦島太郎設宴款待。

在驚為天人的公主陪伴下，浦島太郎大吃了一頓海裡的美味佳餚。公主在浦島太郎吃飯的時候，坐在一旁，對他幾次放生自己最尊敬的龜爺爺之事，表示衷心的感謝。這時的浦島太郎已經忘記了自己在家孤苦多病的母親。他原本打算到了龍宮當即返回，見到公主之後，就情不自禁地留了下來，一連住了三年。三年之後，浦島太郎做夢夢到自己的母親早已去世，化為一堆白骨，就向公主辭別。公主在浦島太郎臨走之前，贈予了一個裝滿東西的箱子做為留念。

浦島太郎帶著龍宮公主贈送的禮物，並在公主的幫助下，回到自己和母親居住的地方。進了村子，浦島太郎這才發現自己幾乎認不出這個生活了幾十年的地方。他邊走邊回想，自己對村子的印象，見前面有戶人家，就停下詢問。

浦島太郎對屋裡的人問道：「請問這是哪裡啊？這裡是不是住過一個叫浦島太郎的人？」一個在屋內忙著編製竹具的白鬍子老頭抬頭看了看浦島太郎，回答道：「您怎麼聽說浦島太郎這個名字的？我爺爺還活著的時候，給我講過有關浦島太郎的故事，就是我們這個村子的人。聽說，他是去了龍宮，呵呵，不過，誰也不能肯定。」

浦島太郎當即明白，自己在龍宮住了三年，人間已經經過三百年了，真是「恍如隔世」啊！

浦島太郎有氣無力地向自家的方向走著。來到自家所在的地方，浦島太郎發現那裡堆著幾塊綠苔斑斑的石頭，依稀可以辨認出那裡面有庭院所放的踏腳石。浦島太郎對著庭院，想著自己可憐的母親，放聲大哭。

哭過之後，浦島太郎的心情平靜了很多。他想起公主所贈的禮物，就把隨身攜帶的木箱放在地上，小心翼翼地打開了。浦島太郎看到在箱子裡面，還有三層的遮蓋。第一層裡面是兩片白鶴的羽毛；第二層是一股白煙，白煙飄上浦島太郎的身上，他就變成了一個白髮蒼蒼的老者；第三層裡面竟然是一面鏡子。

並沒有發覺自己變老的浦島太郎，拿起鏡子，一下子看到自己衰老的模樣，嚇呆了。這時，他感覺後背有點莫名的疼痛，一摸，他才發現是兩隻巨大的翅膀。浦島太郎也才發現箱子第一層的羽毛已經不見了。

浦島太郎飛了起來，像鶴一般。他飛到寫好母親名字的墳墓前，依依不捨地停留了好久。然後，只見他一飛沖天，消失在雲朵後面。

小知識：

浦島太郎的傳說非常古老，最早的紀錄是在《日本書紀》（七二〇年寫成，共30卷）中的〈戰略紀〉，其他如《丹後國風土記》、《萬葉集》等書中也有記載。此後，一直到江戶時代，這個故事還在各種說話集、和歌，以及各種大眾書籍中流傳。明治時代起，這一故事才固定成型。明治四十三年，當時的文部省將這一故事列入了小學二年級的教科書。從此，長達四十年內，每個日本人在小學二年級的時候，都會學到這個耳熟能詳的故事。明治四十四年，這一故事又被改編成小學音樂課歌曲。所以，現代日本人幾乎都能夠唱這首有關浦島太郎的童謠。

日本各地的浦島太郎傳說，各有不同。東北地方的浦島太郎，身分是一個砍柴人或者燒炭人；島根縣和福島縣的浦島太郎，奇遇的地點不是龍宮，而是四季庭園；福井縣和熊本縣的浦島太郎，從龍女手中所得的寶貝是個能夠聽懂各種動物語言的「聽耳」。

狸貓大戰

江戶時代，天保十年，日本阿波國的小松島日開野村，有一處大和屋染房，屋子的主人名叫茂右衛門。

有一天，茂右衛門從外面回來。剛進家門，他發現自己家鋪子的一個夥計捉住了一隻狸貓，正打算將牠殺掉，以便熬成美味的狸貓湯，其他人圍在一旁，新奇地觀察著這個夥計手中的狸貓，鬧成一團。茂右衛門看到這裡，非常同情這隻狸貓的遭遇，對那個夥計的做法大為生氣。他大聲訓斥道：「你們怎麼能這樣？自古以來，狸貓就被視為我國四方的寵物，是不許殺生的。還不快放掉牠，給這隻可憐的小傢伙吃點東西！」

本來非常得意的夥計一下子愣住了，他低下了頭，無奈地看了手中的狸貓一眼，一鬆手，狸貓就順勢溜了下來，爬到茂右衛門的腳邊。有個夥計連忙拿一些食物，茂右衛門將食物遞到狸貓的嘴邊，只見牠興奮地吃著，並發出奇怪的聲響，似乎是在向茂右衛門道謝。吃飽以後，這隻狸貓向茂右衛門感激地望了一眼，迅速地消失在眾人的視線之外。

幾天之後，茂右衛門的鋪子裡發生了一件非常奇怪的事情。這裡的小學徒，一個名叫萬吉的低能兒，突然來到茂右衛門的面前，口齒伶俐地對他講述道：「主人您好！我住在中田桂林寺的旁邊，名叫金長狸。本來，您已經救過我一次性命。沒想到，等我跟著您回到這個鋪子，準備留在這附近，以便感謝您的救命之恩時，被您鋪子裡面的夥計捉住，這次，您又救了我一次。我非常感謝您，以後，我會住在您的鋪子裡，竭盡全力保護您和您的家人。」

聽到萬吉的這一番話，眾人都以為這個小學徒發瘋了，不可理喻。唯獨茂右衛門自己暗自驚奇。原來在多年以前，當茂右衛門自己還是鋪子夥計身分的時候，他曾經遇到過一次狸貓。那次，茂右衛門奉命出門辦事。辦事的過程中，他途經中田的桂林寺。走到寺院附近時，他聽到一群孩子在大吵大鬧，非常興奮的樣子。

茂右衛門好奇地走近了一看，才發現這些孩子正在用棍子捅一個狸貓穴，洞裡面不時傳來淒慘的叫聲。於是，茂右衛門就從自己的行囊裡拿出了一些錢，告訴那些正在興頭上的孩子，只要他們不再繼續捅狸貓穴，這些錢就是給他們的。孩子們一看，頓時嘰嘰喳喳地圍在了茂右衛門的身邊，滿口答應了茂右衛門的要求。

拿到錢的孩子們高興地離開了，茂右衛門這才嘆出一口氣。他望著那個洞穴，心裡希望洞裡面的狸貓不會有什麼生命危險。因為還有事情要辦，他也匆忙地離開了那裡。

令茂右衛門感到奇怪的是，等到他辦完事情回家的時候，一路上他都感覺自己的雙肩非常重，似乎有東西壓在上面似的。他下意識地看了自己的肩膀，發現上面除了空空的行囊，什麼也沒有。「或許是忙了一天，太累了。」茂右衛門想到，然後繼續趕路。

回到家中，家人看到茂右衛門的背上沾滿了泥巴，以為他發生了什麼意外。茂右衛門察覺此事，也覺得非常蹊蹺，他左思右想，也不知道這些泥土是從哪時就沾在身上的。

想到這裡，聽到萬吉一番奇怪的話之後，茂右衛門突然明白了。他這時才知道，那天回家時，身上所帶的泥土，應該就是自己搭救的那隻狸貓。狸貓悄悄地隱了身形，跟著茂右衛門一起回到了家中，並在自己的鋪子周圍住了下來。

而前幾天，茂右衛門碰到夥計捉住的那隻狸貓，應該就是同一隻。此刻，這隻感恩圖報的狸貓附身到萬吉的身上，也是為了引起自己的注意，並告訴自己所發生的一切。

不久之後，茂右衛門發現，自己經營的鋪子生意極其興隆，很快，就不斷擴大經營，成為當地有名的染房。茂右衛門覺得，這一定是金長狸在暗中幫助自己。為了表示自己對金長狸的感激，茂右衛門便命人在自己的庭院裡修建了一座小的神社，天天祭拜。

再說這隻金長狸。多年之後，金長狸感覺自己已經回報了茂右衛門的恩情，打算前往津田浦的六右衛門狸那裡繼續修行。六右衛門狸是四國境內的狸貓首領，掌管全國狸貓分配官位的大權。到了六右衛門狸那裡，金長狸如願做了門下弟子，安心修行，技藝不斷增長。

在六右衛門狸的家裡，他有個女兒名叫鹿子姬，正值妙齡。在金長狸來到六右衛門狸家中修行之後，她漸漸喜歡父親的這個弟子金長狸，因為金長狸不但外貌出眾，才學也非常突出。當金長狸知道鹿子姬對自己的愛慕，他並沒有感到高興，相反，還覺得自己目前還只是求藝的弟子，不能隨便分散精力，斷送了前程。

隨著時間的過去，金長狸加倍用功，能力也增長很快。六右衛門狸眼看自己的徒弟本領不斷進步，深恐會超過自己，並給自己造成威脅。於是一天，六右衛門狸就向金長狸建議，既然鹿子姬那麼喜歡他，自己很希望金長狸和女兒結婚。

金長狸藉口推辭說：「在我來到這裡之前，曾經有個名叫茂右衛門的人，多次救過我的性命，對我有天大的恩德。所以，我必須要回去報恩……」聽到金長狸堅決地口氣，六右衛門狸只好答應了。

在修行結束之後，金長狸就帶著自己的手下藤木鷹狸向六右衛門狸告辭。這時，六右衛門狸手下的四大天王——川島九右衛門狸及其弟弟作右衛門狸、多度津的役右衛門狸、屋島的八兵衛狸，極力反對金長狸返回。他們認為，金長狸在這裡學成之後，技藝非常精湛，日後如果集結新興勢力，會對他們自己在四國的統治非常不利。經過大家的商討，六右衛門狸決定聽取手下的意見，準備在金長狸動身離開之前，派人將他殺死。

誰知道，六右衛門狸決定暗殺金長狸的事情被鹿子姬得知，她急忙派人給金長狸報信。但是還是有點晚了。六右衛門狸派了數十位高手狸貓來到金長狸的住處，攻打他們。金長狸和藤木鷹狸寡不敵眾，倉促應戰。結果，藤木鷹狸在戰鬥中被殺死，金長狸帶傷僥倖逃出。

金長狸逃出後，其他狸貓得知金長狸的遭遇，非常生氣，覺得六右衛門狸的做法十分卑鄙。藤木鷹狸的兩個兒子小鷹狸和熊鷹狸得知父親被殺，更是怒髮衝冠，發誓要為父親討回公道。雙方大戰，一觸即發。

鹿子姬得知自己所派之人還沒有到達金長狸的住處，金長狸已經被父親圍攻。雖然得知心上人已經逃出父親的追殺，但還是為金長狸的處境憂慮不已。為此，她來到六右衛門狸的面前，苦苦相勸，希望父親可以放過金長狸。六右衛門狸殺心已起，絲毫不理會女兒的阻攔。鹿子姬看到父親不為所動，無奈之下，只好以死來阻止父親，希望父親可以為了自己停止對金長狸的戰爭。但是沒想到會和她預想的恰恰相反，六右衛門狸看到自己的女兒也是因為金長狸而死去，更加生氣，堅定了跟金長狸對戰的決心。他召集了六百多的兵力，準備對付金長狸。

金長狸得知鹿子姬是為了自己而死，非常傷心，決定為她報仇。於是，金長狸就召集了自己的其他狸貓朋友，並肩作戰。一時間，四國各個地方的狸貓頭目都來到金長狸的面前，加上藤木鷹狸的兒子和親戚，也一共六百多兵力。

在狸貓間的第一次大戰中，金長狸帶領兵力共打了六右衛門狸所在的觀音城。雙方血戰數日，終於，六右衛門狸被金長狸殺死。在這次戰鬥中，金長狸因為負傷過重，在六右衛門狸死後，沒過幾天，也相繼死去。

根據金長狸死前的吩咐，由自己手下藤木鷹狸的兒子小鷹狸繼承職位。然而，此時離家在外修行的千住太郎狸——六右衛門狸的兒子得知父親去世的消息，也回到家中，繼承了父親的地位。所以雙方的大戰仍無可避免。

第二次大戰，雙方交戰於勝浦川江田的河灘，經過了三天三夜，兵力相當的雙方依然沒有分出勝負。只見河水通紅，到處都是狸貓的屍體。

最後，經過屋島的狸貓從中調解，雙方約定，將狸貓統治的國界一分為二，才終於停止了這場戰爭。

小知識：

日本現代作家井上久曾由《狸貓大戰》這個傳說創作出長篇小說《腹鼓記》。在昭和十四年，日本導演蒲池正紀由這個故事改編的電影《阿波狸合戰》風靡一時，據說，這部影片還拯救了一家當時正面臨破產的電影公司。日本宮崎駿吉卜力工作室製作的《平成狸合戰》，內容雖然不同，卻仍然是根據這一傳說而來。

力太郎

有這樣一對不幸的夫婦，他們唯一的孩子五歲的時候，被一種奇怪的病奪走了生命。孩子死後，他的父母傷心欲絕，幾欲尋死。

在鄰居和親人的勸慰下，隨著時間的流逝，這對夫婦的憂傷逐漸減輕了很多。

這一天是孩子死去三週年的紀念日，悲傷了整整三年的這對夫婦，終於決定振作起來，好好生活。因為之前一直耽於憂傷，他們從來沒有梳洗過，身體非常髒，滿是污穢。夫婦兩人把身體的泥灰洗淨之後，決定把這些洗下的污垢捏成自己死去孩子的模樣，以做留念。

這樣，兩人就認真地捏了起來。不一會兒，一個泥做的小孩子就活靈活現地出現在他們面前。讓這對夫婦更為高興的是，眼前的這個孩子簡直跟自己死去的兒子一模一樣。於是欣喜的兩人非常鄭重地把泥像放在了屋子裡供奉起來，擺祭品，焚香燭，叩拜神明。

就在兩人虔誠跪拜的時候，只聽見案桌上有動靜。抬頭一看，竟然發現這個泥像動了起來。這孩子坐在案桌上，抓起祭拜的食物，就大吃了起來。這對夫婦愣愣地看著這孩子，一動也不動。

活過來的泥像似乎吃飽了，他滿足地抿了一下嘴唇，從案桌上跳了下來，撲上母親的懷裡。這個激動的母親緊緊地抱著孩子，說道：「我的兒子回來了，我的兒子回來了。」

夫婦兩人高興地望著孩子，他們開始商量這個孩子的名字。既然自己的兒子已經死去，說明原來的名字是不吉利的。兩人希望這個孩子可以活得非常健壯，就親切地稱呼他為「力太郎」。

漸漸地，這對夫婦覺得眼前的這個孩子還真是取對了名字。他胃口似乎特別的好，一頓能吃下好多食物。很快，力太郎就在夫婦的關愛和期待下，成為一個非常強壯的小伙子。

有一天力太郎來到父母的面前，認真地說：「一直以來，父母大人為了我非常辛苦。現在，我已經長大成人，想要到外面闖蕩一番，做出一些成就，報效你們。」

聽到力太郎的話，夫婦兩人非常欣慰。於是，他們就拿出全部的錢物，請當地最有名的工匠為兒子打造了一根鐵棒，送與兒子，做為禮物。力太郎拿到父母贈送的鐵棒，非常喜歡。然後力太郎和父母來到門外，依依惜別。

這天，力太郎正在路上走著，看著天空飛翔的鳥兒，感慨地自語，決心要做一隻高飛的大鳥。就在這時，他看到迎面走來了一個非常高大的人，背上背著一座巨大的神廟，儼然擋住了整條馬路。為此，來往的行人，怨聲載道，但是那背著神廟的人絲毫不為所動。

看到這個情景，力太郎非常生氣。他一下子就拿起自己的鐵棍，向前搗去。只聽到一聲巨響，神廟就掉落在地，萬般粉碎。這背神廟的人大為惱火，發瘋地向力太郎撲了過來。力太郎從容應對，輕輕一下，就把這人甩到了半空，多虧落在了一棵大樹的高枝上，他才沒有像神廟一樣碎裂。

力太郎來到大樹前，又非常輕鬆地把這棵大樹連根拔了起來，將落在樹上的男子救下。這男子非常佩服力太郎的伸手，當即跪求跟隨力太郎。力太郎看男子不像壞人，就答應他的要求，兩人一起上路。

沒走多久，兩人來到一條山路前。正準備行進時，只見巨石橫飛，狂風大作。就在他們疑惑時，對面走來一個喝醉酒的人。這人跌跌撞撞，口裡大喊大叫，揮舞著手裡的拳頭，所到之處，巨大的石頭都碎成石塊飛出。

力太郎對著迎面飛來的巨石，輕輕地吹了口氣，只見那塊巨石就向著酒醉之人飛去，撞在他的身上。這人一下子清醒過來，大呼疼痛。看到力太郎正站在他的前方，他馬上清醒過來，大叫往力太郎撲去。

力太郎一把抓住這人衝過來的身體，輕輕一甩，剛好把他的頭塞在一個有人頭大小的縫隙裡。這人嚇壞了，在石縫裡大叫「救命」。力太郎將其拉出，也被請求收為隨從。

三人有說有笑，一路前行。轉眼之間，他們來到了一個小令人奇怪的是，這個貌似繁華的小鎮，竟然看不到一個人。三人非常吃驚，四處查看時，走到了一戶非常豪華的宅邸面前，一陣傷心的哭泣聲從裡面傳來。

門是敞開的，三人試探著進入，只見一個衣著豔麗的姑娘正在掩面痛哭。力太郎向前詢問，才得知了緣由。這個傷心的姑娘說，近日小鎮上來了一個非常醜惡的妖怪，不但殺死了鎮上全部武士，還要搶自己做為新娘，新婚之後，就會將自己吃掉。如果自己不願意，這個妖怪說，一定會趁機把整個鎮上的人統統吃光。

力太郎聽到姑娘的訴說，非常氣憤，當即表示一定會盡力消滅這個可惡的妖怪，還給鎮上以前歡樂。於是，三個人就埋伏在姑娘家裡，等待妖怪出現。

第二天清早，天上颳起了一陣味道很奇怪的風，姑娘對力太郎解釋說，妖怪即將來臨。轉眼之間，一隻長有三隻眼睛的妖怪就來到姑娘家的門口。只見這隻妖怪用手一指，姑娘家本來關的很嚴實的大門就自己開了。妖怪直奔姑娘的房中，準備將她抓走。

就在那時，力太郎三人從姑娘房間裡跳了出來，擋在妖怪的面前。看到面前多出來三個擋路的人，妖怪冷笑一聲，張開大嘴，瞬間先後把跟隨桃太郎的那兩個人吞進了肚裡。

力太郎大叫一聲，「看我的！」掄起鐵棒向妖怪打去。誰知，那妖怪對打到身上的鐵棍一點也不在意，順手一拉，力太郎的鐵棍就被妖怪奪了過去，折成兩截。

妖怪和力太郎空拳打了十幾個回合，也看不出誰勝誰負。力太郎見狀，心裡猛地一驚。他迅速調整好自己的心態，快如閃電，對準妖怪的腹部就是重重的一擊。妖怪一下子倒在地上，疼痛不已。這時，被妖怪吞在肚裡的兩個人也趁機從鼻孔裡爬了出來。力太郎乘勝追擊，騎在癱坐在地的妖怪身上，雨點般的拳頭落在妖怪頭部、眼部和腹部。等到停止時，發現這妖怪早已斷氣。

姑娘看到妖怪死去，高興極了，她帶著自己的家人，對力太郎三人的表現感激不已。因為姑娘的父親是小鎮上的富翁，見到力太郎三人幫忙打死了妖怪，決定要重重的酬謝他們。力太郎對姑娘父親的好意表示了謝意，不願意收受任何財物。

富翁看到力太郎三人這樣勇敢，又不貪戀錢財，非常感動，提出如果可以的話，願意自己家中的三個女兒嫁給他們。力太郎和另外兩人商量，三人都非常同意。於是，他們各自高興地和富翁家中三個漂亮的女兒結為夫妻。結婚之後，力太郎得到妻子一家的同意，將自己父母接到鎮上一起生活。

小知識：

祭祀就是按著一定的儀式，向神靈致敬和獻禮，以恭敬的動作膜拜它，請它幫助人們達成靠人力難以實現的願望。原始時代，人們認為人的靈魂可以離開軀體而存在。祭祀便是這種靈魂觀念的產物。最初的祭祀活動比較簡單，也比較野蠻。人們用竹木或泥土塑造神靈偶像，或在石岩上畫出日月星辰野獸等神靈模樣，做為崇拜對象的附體。然後在偶像面前陳列獻給神靈的食物和其他禮物，並由主持者祈禱，祭祀者則對著神靈唱歌、跳舞。進入文明社會後，物質的豐裕，使祭祀禮節越來越複雜，祭品也越來越講究，並有了一定的規範。

桃太郎

在一個偏僻的村子，生活著一對年老的夫婦。

這一天，老爺爺一早起來，吃過妻子準備好的早飯，就到附近的山上撿拾做飯用的柴草。老奶奶則收拾好屋子之後，端著木盆，來到家附近的河邊洗衣服。

就在老奶奶埋頭洗衣服的時候，無意識地抬頭一看，她發現一個巨大的桃子正向自己的方向漂來。她看到這麼肥大的桃子，很驚奇。因為擔心桃子會順水漂走，老奶奶連忙跳進河邊的淺水裡，將桃子撈到岸邊。

傍晚回到家中，一進門老奶奶就對正在休息的丈夫報告了這一喜訊：「快來看啊！我帶回了一個好東西。」

老爺爺看到這個肥大的桃子，樂得合不攏嘴。忙了一天，辛苦的他建議妻子，趕快拿來菜刀，把這個巨大的桃子一分為二，再慢慢品嚐。老奶奶欣然答應。

老爺爺接過菜刀，費了好大的氣力，終於切到桃子的核心部分。就在那時，只見桃子自己轟然裂開，一個哇哇大哭的小男孩從裡面蹦了出來。這小孩子有著大大的眼睛，長長的睫毛，皮膚白裡透紅。看到眼前的景象，這老夫婦都呆住了。然而他們很快就高興起來。他們將孩子抱在懷裡，並一起跪在地上，感謝神明的恩賜。

老奶奶說：「這真是個驚喜。你說，我們該叫孩子什麼名字呢？」

老爺爺看著懷中的孩子，說：「既然是從桃子中出生的，不如就叫他『桃太郎』好了。」

老奶奶試著逗孩子，非常的高興，並不停地說著「桃太郎，呵呵，我們的孩子桃太郎」的話。跟這對夫婦認識的人知道這件事情，都為他們感到高興。在這兩個老人的精心照顧和疼愛下，桃太郎很快就長大了，結實而健壯。

一天，一個人從離村子很遠的港口回來，見到桃太郎一家，就講起了近日所發生的一件事情。

在不久前，村子對岸的島上來了一群妖怪。這些妖怪無惡不作，專門欺負島上的居民，不但燒掉居民的房子，還搶走他們的糧食和牲畜。更為可惡的是，這些妖怪還欺凌了好多島上年輕貌美的女孩。

桃太郎聽到這裡，非常生氣，立即表示要把這個島上的妖怪除掉。心地善良的兩位老人，見自己的兒子這麼堅決為民除害，也就不再反對。

老奶奶連忙回到廚房，為兒子做了好多乾糧，希望可以增加兒子的力量和勇氣。老爺爺則耐心地交代，要桃太郎出門在外一切小心。桃太郎一一點頭答應。

臨行前，老爺爺和老奶奶為桃太郎準備好行囊，一再囑咐，務必小心，安全返回。桃太郎肩上背著老奶奶做的乾糧，一個人走向妖怪橫行的小島。

半路上，一隻小狗對桃太郎討吃的，他便將老奶奶做好的飯糰拿出一個給了小狗。小狗吃完，非常滿意，決定跟隨桃太郎，以做酬謝。

沒多久，走到蜿蜒曲折的山路上時，一隻猴子來到桃太郎面前討食物，他也毫不猶豫地把一個飯糰給了猴子。猴子吃後，也非常高興，決定跟隨桃太郎左右。

桃太郎帶著著一隻小狗和一隻猴子，趕往小島。又沒走多久，一隻雉雞來到他們的面前，也是討要吃的。桃太郎跟先前一樣，拿出飯糰給雉雞吃。雉雞也被桃太郎的行為打動，問明桃太郎的去向和目的，決定跟隨他們一起前往。

來到海邊，對岸的島嶼近在咫尺，卻沒有見到可以渡海的船隻。就在桃太郎著急的時候，一艘漁船向他們駛來。桃太郎對著船上漁夫大聲說明自己的意圖，漁夫被他的勇氣感動，答應免費接送他們前去小島。

經過巨大的海浪席捲，這艘小船終於駛抵島上。桃太郎帶著自己的隨從：一隻小狗、一隻猴子和一隻雉雞，悄悄地觀察著島上的情況。這座島嶼地形非常險惡，桃太郎預感，接下來的戰鬥可能會十分艱苦。

打聽到妖怪們住在島上的一個城堡裡，桃太郎帶領隨從來到城堡的門外。只見城堡大門非常高大，堅固無比。正當桃太郎煩惱要如何打開城門進入時，身後的猴子有了主意。

猴子憑藉自己靈活的身軀，和雉雞合作，輕鬆地跳進了城堡裡面。看到城門的後面沒有任何妖怪護衛，猴子連忙打開了城門，讓桃太郎和小狗進入城內。

因為順利地進入了城內，桃太郎自信了許多，他帶領著自己的三個隨從，聲勢浩蕩地向裡面衝去。

這時，城內的妖怪們都察覺到了桃太郎的到來，非常生氣，並大聲喝叱道：「一定要把這些自不量力之徒殺得一個不留。」

桃太郎心裡還是有點害怕，那個看起來高大而兇惡的妖怪似乎非常強大。只見他拿出一個老奶奶做的飯糰，吃了下去，大叫道：「神奇的飯糰，我吃下後一定會強大無比。」

說著，他就做出迎戰妖怪頭目的陣勢。這妖怪頭目一看，氣急敗壞，拎起一根粗大的木棒，向著桃太郎打來。桃太郎巧妙地躲過了妖怪頭目的棒擊，繞到後頭，用盡全身的力氣，赤手空拳向妖怪的身體擊去。沒有想到的是，妖怪很快就不能招架，跪求桃太郎的饒恕。

這時，在桃太郎身旁迎戰的三個隨從也信心大增。猴子把那些妖怪的臉抓的血流滿面；小狗拼命地咬住一個妖怪的腳，只聽妖怪們慘叫聲一片；雉雞用牠無比尖銳的嘴，把許多妖怪們的眼珠啄了出來。

沒過多久，這些妖怪們被桃太郎和他的三個隨從打的遍體鱗傷，大叫「饒命」，不但主動打出了投降的白旗，還將使用的武器一一交出。桃太郎見此，就命令這些妖怪們發誓，離開小島，再也不擾亂島上的百姓，並交出搶奪的財物。妖怪們連忙點頭答應。桃太郎帶著妖怪們交出的一大堆財寶，高興地返回了家中。

村民知道桃太郎歸來，紛紛夾道歡迎。桃太郎把財寶悉數分給了村裡的居民，得到村長和縣官的大力嘉獎。除此之外，縣官主動要將自己的女兒嫁給勇敢的桃太郎。得知這位縣官的女兒不但長得出色，還非常賢淑，老爺爺和老奶奶十分高興。從此，桃太郎一家人過著幸福的生活。

小知識：

桃太郎為日本家喻戶曉的人物，桃太郎的故事具有民間故事敘事性強、結構清晰、故事曲折等典型特點，桃太郎身上也具備了善良、勇敢、堅毅等民間故事主角的典型性格特徵，有很多改編的電影和電視劇，《哆啦A夢》裡的道具也以此命名。近年來，這一故事多有流變，如「假面騎士電王」中的モモタロス就是以桃太郎為參考藍本。

現今所流傳的桃太郎故事，版本都是描述桃太郎是由於老婆婆在河邊洗衣時，撿到了一個由河邊漂浮而來的大桃子，剖開之後，發現裡面有一個小嬰兒。但是其實這並不是桃太郎最原始的版本。

原始版本的桃太郎是：老婆婆在河邊洗衣時，撿到了一顆漂浮而來的大桃子。回家之後老婆婆將它剖開來吃了一半，結果立刻變回年輕的少女。老爺爺回家之後相當驚訝，所以也吃下了另一半的桃子，也回復到少年時的強壯。當晚兩人就成為新婚夫妻，因此懷孕生下一名男孩。夫婦兩人便將這名男孩取名為桃太郎。

正太郎

吉備國的庭妹村裡，住著一戶富農，主人名叫井澤莊太夫。據說，井澤莊太夫的祖父曾經在兵庫縣守護大名赤松家做事。嘉吉元年一四四四年，赤松家因戰亂而衰敗，井澤家便搬遷到了庭妹村。從此，井澤家艱苦創業，到了莊太夫這一代，家境明顯好轉，成為當地有名的富農。

莊太夫一直牢記祖輩的遺訓，勤勞持家，事事精打細算，為人處事誠實可信。所以庭妹村的人都非常喜歡和莊太夫交往。但是，讓莊太夫煩惱的是，他唯一兒子的性格和為人處世卻和他相反。

莊太夫的兒子名叫正太郎，因為是中年得子，一家人對這個兒子自然寵愛加倍。誰知正太郎長大以後，雖然相貌儀表不凡，但極討厭從事農田勞作，而且整天無所事事，沉溺於吃喝玩樂。

看到自己的兒子這樣不求上進，莊太夫和妻子很擔心。後來兩人商定，試著給兒子找一個各方面都出色的妻子，他就可以把精神集中起來，繼承家業，做出一番作為。於是，莊太夫就開始四處打聽哪家的女兒要出嫁，並且才貌和德行兼備。

這天有人告訴他說，在吉備津神社的香央神主生有一個女兒，不僅天生麗質，而且才華橫溢。尤其值得稱讚的是，對長輩非常恭敬孝順。香央神主家的先祖曾經是古代的鴨別命，也就是吉備津彥的曾孫，所以也可算得上是名門之後。

莊太夫聽到這個消息非常高興，覺得兒子如果可以娶到這樣的姑娘做妻子，將來家裡一定會興旺發達，於是便趕快派人前去提親。

香央神主家一聽是莊太夫家的兒子，心想做父親的那麼出色能幹，兒子應該也很優秀，於是滿口答應。雙方就這樣講定婚事，就等大婚的吉日來臨。

香央神主這獨生女兒，名叫磯良，從小就備受疼愛。這次為女兒覓得難得的丈夫，做為父親的香央神主感到非常欣慰。離女兒出嫁還有一週時，香央神主根據當地習俗，為女兒問卜幸福，即所謂的「鳴釜神事」。

具體的辦法是，用鐵鍋盛水燒煮，待水即將沸騰時，對著鐵鍋說出自己想要問卜的事情，入鍋鐵鍋裡會有洪亮的聲響傳出，就說明一切順利，必是好運；入鍋不響，必是凶相。

誰知道，興致很高的香央神主對著即將沸騰的鐵鍋說了三遍自己的心願，裡面也沒有任何響聲傳出。看到這番情景，香央神主突然顯得很不安，神明顯不同意這樁婚事。

同樣憂慮的妻子安慰自己的丈夫說：「井澤家也算是武士的後代，莊太夫為人處事都那麼出色，應該不會有什麼事吧？再說，前些天打聽到他的兒子正太郎，長相非常英俊，女兒知道後更是百般願意。」

正太郎和磯良到了結婚的日子，風風光光、順順利利地成為了夫妻。嫁到井澤家以後，磯良熱心幫助料理家中大小事務，並無微不至地照顧自己的公公婆婆。正太郎看到自己的妻子不但賢慧有加，而且溫柔漂亮，也非常滿意，對磯良疼愛體貼。所以兩人剛結婚，也是甜蜜幸福，令旁人羨慕。

然而，正太郎很快又厭倦了這種正常的夫妻生活。他慢慢地重返那些尋歡作樂的地方。並且這次正太郎又喜歡上了一個嬌媚的妓女，名叫阿袖。阿袖雖然出身貧寒，但因為在風月場所時間很長，對征服男人很有自己的本領。

正太郎天天待在阿袖之處不回家，且他非常同情阿袖的處境。阿袖也經常在正太郎面前哭訴自己悲慘的命運。終於有一天，正太郎偷偷地從家裡偷了大筆財物，為阿袖贖了身，並金屋藏嬌在離家不遠的一處精緻的房子裡。

磯良發現自己新婚不久的丈夫竟然愛上一個妓女，成日跟那名女子廝混在一起，每日以淚洗面，苦苦相勸，但丈夫仍不為所動。磯良害怕善良的公婆為這樣的事情勞神傷心，只有把自己的苦楚藏在心底。

但莊太夫還是發現兒子的所作所為，並且非常生氣，於是命人把正太郎關在一間堆放雜物的房間，不許他出門一步。被父親關在屋子的正太郎，心裡想念的只有離此不遠居住的阿袖，他無論怎麼哀求，莊太夫就是不答應放他出來。原來，莊太夫希望以這種方式將兒子的心收回，斷了再回頭找妓女阿袖的念頭。

然後急於出門的正太郎，想出一個辦法。這天他命人把自己的妻子磯良叫到門外，故作悔改地說：「被關在這裡這麼久，我已經想通了。做為我的妻子，妳這麼全心全意地對待我和我的全家人，我卻把妳一個人丟在家裡。我真的很慚愧。其實，我並不是喜歡阿袖，只是同情她的處境。如果我不幫助她，她一定會重新變為妓女，過著非人的生活。所以我想先請妳理解我，我打算送阿袖到京都，已經為她聯繫好了一家不錯的人家，她會到那裡做事。我發誓，之後一定會好好跟妳生活。但是現在父親絲毫不能原諒我，妳能不能幫我？」

磯良聽到丈夫的話，非常欣喜。她便瞞著自己的公婆變賣了自己所有值錢的東西，還私下向自己娘家借錢。然後，磯良把湊好的錢全部交給了丈夫，並將正太郎放出門外，只希望他能早日回來，重溫他們夫妻遺忘的恩愛。

正太郎拿到磯良所給的錢物，竟然帶著阿袖私奔了。磯良後來得知丈夫的詭計，一下子就病倒了，再也沒有生活的希望和勇氣。她終日躺在床上，很少吃食物。公婆得知此事，怒斥自己不爭氣的兒子，悉心照料生病的磯良。但是，磯良依然日漸消瘦，病情未見好轉，反而在逐漸加重。

正太郎和阿袖一路來到了播磨印南郡荒井村，阿袖的親戚彥六在這裡。兩人便商量住下。因為長途跋涉，又水土不服，阿袖很快就病倒了。

眼看阿袖來到荒井村之後，就一直發高燒，並不斷說夢話，正太郎很著急。但是雖然用盡了各種辦法，阿袖還是在七天後就病逝了。

把阿袖埋葬後，正太郎心裡寂寞而悲傷。每天晚上，百無聊賴的正太郎都會來到阿袖的墳前憑弔，抒發自己懷念阿袖的愁緒。一轉眼，兩年的時間已經過去。

這天晚上，正太郎像往日一樣來到阿袖的墳前。突然看見諾大的一片墳場裡，一個女子正在一座新墳墓哭泣。正太郎暗暗驚訝。於是上前探問對方身分：「請問這裡是您的什麼人啊？怎麼哭得這麼傷心。」

女子聽到正太郎的問話，就轉過頭來，傷心地回答道：「這是我家主人的墳墓。我家女主人，因為懷念丈夫哀傷過度已經臥病在床。我是代表我家女主人來燒香獻花。主人本是這一帶的世家，遭人陷害，失去了領地。女主人是遠近弛名的美人，很多人都垂涎她的美色，企圖得到她。我家主人就是因為這個原因被人陷害的。」

聽到這裡，正太郎馬上有了想一目睹這位美人芳容的念頭。

而這個女人聽說正太郎想探望自己生病的女主人，她看對方懇切的表情想說應該不是壞人，就同意了。

正太郎跟著女子來到一處屋子裡面。只見屋子裡有一面屏風，女子告知，女主人就躺在屏風後面的床上。正太郎對著屏風詢問這位女主人的病是否好轉，並坦言對她的遭遇很同情。

只聽屏風後面傳來那位女主人的聲音：「我們在這裡見面，真是天意啊。我所經歷的痛苦，一定要讓你同樣品嚐一下。」說著，女主人蒼白的臉從屏風後面露了出來。正太郎一看，大吃一驚，眼前的這個女人正是自己家中的妻子磯良。正太郎大叫一聲，昏倒在地。

醒來後，正太郎發現自己躺在一處荒涼的古廟裡，周圍什麼沒有，只有一尊古舊雕像。

後來正太郎回到家裡，才得知磯良已經在一年前病逝。自此，正太郎整日渾渾噩噩，神智不清。父母看不過去，就將正太郎送入了附近的寺院，請得道高僧幫忙超渡。正太郎在寺院裡精神逐漸好轉，在住持的啟發下潛心修行，直至終老。

小知識：

該傳説記載於日本作家的江戶怪談名作《雨月夜語》，以吉備津神社的「鳴釜神事」為故事概要，標題為〈吉備津之釜〉。

五妖鬼

中國漢朝第六代皇帝漢武帝劉徹，是漢景帝之子，十六歲繼承皇位。漢武帝在位時，不僅國家富強，經濟繁盛，而且擴增了自己的版圖。

據說，漢武帝的版圖還延伸到過日本的秋田縣男鹿半島，並且在當地居住下來。這一傳說認為，漢武帝是為了到此尋求長生不老之術。有人曾看到漢武帝來到這裡的時候，是騎著潔白的仙鹿，身旁還跟隨著五隻化身為蝙蝠的妖鬼，他們分別叫做眉間、逆頰、眼光、首人和押領。

這五隻妖鬼外貌醜陋卻對漢武帝非常忠誠。漢武帝經常肆意地召喚他們，五隻妖鬼不停地為自己的主人忙碌奔波。每年的一月十五日那天，漢武帝准許這五隻妖鬼可以自由活動。他們終於可以不再聽命做事，而變得非常囂張。這五隻妖鬼經常來到山下的村子裡，肆意妄為，哄搶掠奪。村人對妖鬼的惡性非常痛恨，但是苦於沒有解決的辦法，只得任其欺凌。

這一年又快到了一月十五日，村人非常害怕，不知道妖鬼會在村裡做多少壞事。第二天就是妖鬼前來鬧事的時候，眾人都非常擔心。就在這村人最難熬的這天晚上，有一個其貌不揚的男子來到村長的家裡。

男子對村長說他有對付妖鬼的辦法，大家不必再擔心受怕。村人原以為，這個人不過是信口開河罷了。誰知，當村長要男子說明不用擔心的原因時，他說的很有道理。眾人聽了之後，也覺得可以一試。於是大家就仔細籌劃了應對妖鬼的策略。

就在這天晚上，五妖鬼如往年一樣，正當他們大笑著來到村外，準備對村裡胡作非為時，男子鎮靜地來到村外，看著那幾個妖鬼說：「既然你們都覺得自己很有本事，那麼能跟我打個賭嗎？如果你們可以贏了我，我答應以後會照你們的意願辦事，無論什麼都可以。」

妖鬼們對男子的言行大吃一驚。其中一隻妖鬼絲毫沒有把眼前這個人當回事，他輕蔑地看了男子，下，哼了一聲，回應道：「什麼賭？」

男子繼續說道：「很簡單。如果你們可以在明天天亮之前，用石頭鋪一千級石階的話，我們全村人都會對你們俯首稱臣，佩服十足。每年的一月十五日，我們都會提前準備好充足而豐盛的食物，在村外等候你們的到來。如果再有其他要求，我們也一定會全部設法辦到。」

「但是，」男子說到這裡，環視了一下妖鬼們得意的神色，變成嚴肅而低沉的聲調：「如果你們自認為自己很有本事，卻沒有辦成這件並不難的事情，就請不要再來我們村莊擾亂了。」

五妖鬼聽後，覺得男子所說的賭並不是什麼難事，覺得這樣贏了村裡的人，他們便可以安枕無憂地享受村裡的招待和服務，於是妖鬼們滿口答應男子的要求。之後便開始各顯所長，施展自己的法力。只見這五隻妖鬼全部化身為朱紅色的蝙蝠，巨大無比，叫聲非常恐怖，開始著手鋪製石階。

膽大的村人看著這些妖鬼們的行動，不多時，很多級石階就出現在村子外面的山脊上。就在妖鬼們忙著完成最後十個石階時，天色雖然有點發白，但是還沒有完全亮起來。村人非常著急。

這時只見男子學了公雞的鳴叫，全村的公雞都聽到這聲響亮的鳴叫後大叫起來。大家高興地說：「太好了，天亮了！太好了，天亮了！」

本來以為自己肯定會在天亮之前，把這一千級石階鋪完的妖鬼，聽到公雞響亮的鳴叫，也只好無可奈何地認輸了。

按照五妖鬼和村人的約定，他們只好放棄在村子裡胡作非為的念頭。村人高興地歡呼著。在妖鬼們離開之後，男子帶領村人爬上旁邊的山峰，看到整齊的石階從山腳下一直鋪向了山頂。

「我們再也不用為天氣下雨或下雪而不能上山苦惱了，這樣堅實的石階真是太有用了。」男子興奮地對大傢伙。

五妖鬼在懊喪地離開村子之後，才意識到自己上當了，但已經約定不再回到那個村子，他們便把村子附近的一棵千年杉樹拔了起來，氣呼呼地回到了漢武帝的身旁。

小知識：

漢武帝（西元前一五六年~前八七年），是漢景帝之子，十六歲繼承皇位，漢朝第六代皇帝。在位時，文治武功鼎盛。文治方面，此時改變了漢初以來沿用的黃老治術，罷黜百家，獨尊儒術；設立樂府，收集民歌；採納司馬遷等人的建議，修改曆法，以正月為一年之首。財經方面，採桑弘羊之法，收鹽稅，鐵、酒公賣，統一貨幣為五銖錢，設置平准官與均輸官，由官府經營運輸和貿易，使國庫大增，社會繁榮。武功方面，武帝改漢初以來對匈奴和親納幣的消極政策。漢武帝派遣張騫出使西域，並命令衛青和霍去病等人征討匈奴、南越等地，擴充版圖。當時，東西文化交流，南海商務繁盛。

愛情奇緣篇

石姑娘

多年以前，中國的妙真師父前後六次東渡日本，歷盡千辛萬苦，終於抵達日本時，雙目已經失明。

到達日本之後，妙真師父得到日本舉國上下的熱烈歡迎，日本女皇專門頒布了熱誠款待他的三條諭旨，規定日本國內高官百姓對他的尊敬和前所未有的禮遇。妙真師父非常感激日本女皇和人民對自己的厚待，更加堅定在日本口授佈道的決心。

一天早上，妙真老人帶著從中國帶來的稻種，除了寺門，希望可以找到適合的土地種下，吃自己親手種植的稻米。可是，他摸了半天坎坷的山路之後，還是沒有找到有泉水的地方。

就在他嘆氣時，忽然聽到耳邊有「嘩嘩」的泉水聲傳來，同時一陣淒涼的歌聲傳來：

我是石姑娘，

山裡度春光。

嘴裡流泉水，

滋潤稻花香。

妙真老人聽到歌聲和泉水聲，非常高興，立即扔下枴杖和稻種，雙手合十，向唱歌的姑娘詢問她的名字，並確認這裡是否真的有水。姑娘肯定地回答說是有水，並稱自己是一個用石頭做的姑娘。妙真老人有些驚訝地不知所以。

唱歌的姑娘回說，妙真老人不相信的話，可以伸手摸摸自己，讓妙真師父非常為難，遲遲不敢伸出手臂。於是姑娘笑著說道：「哈哈，大法師，你不敢摸我啊！不過，這樣也好，說不定你很快就可以看到我了。」

這時，妙真老人以為對方肯定是在跟自己開玩笑，也就沒有在意。他捧起身邊流淌的河水，喝了下去，頓時清涼甜美的味道沁人心肺。他懷著感激的心情，問姑娘家住哪裡。

只聽到對方答道：「我沒有家，一直站在這岩石上吐水，已經有十年了，常年風裡雨裡站在這兒……」言語中，滿是悲涼的意味。妙真老人聽後，心裡充滿了莫名的懷疑和憂慮。姑娘手捧新吐的泉水，送至妙真的嘴邊，請他品嚐。

突然這時一陣風從山裡吹來，飛濺的水花噴到妙真老人的眼睛。頓時，妙真覺得眼前的世界大放光明。

妙真師父歡喜若狂，失聲大叫「石姑娘，石姑娘！」卻沒有任何回應。他環顧四周，見高高的山巒上，有一尊石像。走進一看，妙真發現，這是一個日本姑娘的石雕，眉清目秀，端莊美麗，嘴裡吐出一股股清澈的泉水。石雕身上已經風塵斑斑，臉頰上依然泛出青春的光彩，只是，她的眸子裡似乎隱含著無盡的哀傷。老人迷惑不解，站在石像面前，久久不肯離去，雙手合十，仰視蒼天。

待老人種好稻種時，夕陽已經落山。一路上，石姑娘哀怨的歌聲時斷時續，令妙真心潮起伏。回到寺院，妙真老人的徒弟秋榮迎上，看到師父的眼睛炯炯有神，重新復明，非常驚奇，連忙詢問原因。妙真就將遇上石姑娘的事情講了出來。秋榮也覺得不可思議，轉身跑到經堂，為師父焚香跪拜，朗誦經文。

幾天之後的清晨，妙真正在蒲團上誦經打坐，秋榮前來稟告，說這些天總有一個姑娘，天不亮就溜進寺裡，偷聽妙真誦經。妙真覺得奇怪，就讓秋榮將姑娘請進來。

秋榮帶著來人進來，妙真一看，馬上認出她就是那天在山中所見到的石姑娘，只是臉上多出了幾道鞭痕，眼中滿是淚水。石姑娘望著面前的妙真師父，泣不成聲，過了一會兒，終於說出自己的遭遇。

原來石姑娘篤信佛教，但是她的丈夫卻堅決反對，並且只要聽到她誦讀經文，非打即罵。老人非常同情石姑娘，便問她丈夫到底是什麼人，為什麼會反對她信奉佛教。

石姑娘正準備回答時，只見一個面目猙獰的黑臉大漢旋風似的闖了進來，手拎一條帶血的皮鞭。看到石姑娘，他就劈頭蓋臉地打了起來，連聲叫罵。皮鞭抽了一陣，大漢揪住石姑娘的頭髮到了外面，只聽到她聲嘶力竭地大喊「師父救我！」

妙真和秋榮追到門外，卻發現人已經不見了。後來每到凌晨，妙真就命令秋榮觀察門外，可是，連很長時間過去了，還是沒有再見到石姑娘的影子。

一天，秋榮擔心地問師父，不知道石姑娘有沒有被丈夫打死。妙真突然想起山上的石像，連忙帶著秋榮上山。報恩心切的秋榮，當即準備了兩把鋒利的鐮刀，跟著師父出了寺門。

看到石姑娘石像的秋榮，不禁驚叫起來，他仔細地打量著石姑娘的雕像，跪下連連磕頭，唸唸有詞。可是，那個打罵石姑娘的惡漢在哪裡？妙真和秋榮在石像周圍找了半天，沒有任何收穫。

師徒兩人順著羊腸小徑下山坡時，天色已經變暗，下起了濛濛細雨。妙真師父和秋榮唉聲嘆氣地往回走，耳畔又飄來了石姑娘哀怨的歌聲。秋榮的心頭升起憤怒的火焰，他顧不得師父的同意，手握鐮刀，順著歌聲跑去。

爬過一座大山，秋榮看到一個鬼魅似的黑影，拖著一條皮鞭，閃電似的竄進了石姑娘背後的一個山洞。

走進之後，秋榮四處搜索，忽然發現山洞裡有兩隻狡黠的眼睛，閃閃發光，往外窺視著。秋榮舉起鐮刀，對著眼睛四周，一陣猛扎猛砍。裡面的怪物躲閃不及，哀號幾聲便倒了下去。

秋榮等了一會兒，將倒下的怪物拖出來一看，是一條又肥又大的黑山狼。這時，妙真師父趕了上來，看到秋榮，當即喟嘆了一聲，深深鞠躬，唸道：「善有善報，惡有惡報，阿彌陀佛！」

當妙真師父和徒弟秋榮再次來到石姑娘的雕像面前，只見她嘴角含笑，臉上露出幸福的笑意。妙真師父摸著石姑娘那被秋雨淋濕了的肩膀，感慨地說：「妳受了這麼多苦，終於脫離苦海，阿彌陀佛……」

第二天清晨，妙真老人正在誦讀經書，只見石姑娘悄悄地來到門外。石姑娘先後來到妙真師父和秋榮的面前，對他們表達了自己的感激之情。知道石姑娘喜歡誦讀經書，妙真從案桌上抽出一卷《法華經》送給她。石姑娘接到經書，如獲珍寶，歡喜不已。

從此，在妙真師父的幫助下，石姑娘禮敬諸佛，勤讀經法，在佛經中尋找到了自己的極樂與幸福。

小知識：

在古代的中國，佛教又分為各種宗派，其中一種稱為天臺宗，是當年中國僧人到日本宣講的主要佛教內容。佛教所誦的《法華經》，即《妙法蓮花經》。後秦鳩摩羅什譯，七卷二十八品，六萬九千餘字，收錄於《大正藏》第9冊，經號262。《法華經》是佛陀釋迦牟尼晚年所說教法，屬於開權顯實的圓融教法，大小無異，顯密圓融，顯示人人皆可成佛之義。

仙鶴奇緣

從前，有一個貧窮的年輕人，和唯一的親人——七十歲的母親生活在深山裡面，以伐木燒炭為生。

這個年輕人性格善良，非常勤勞，特別是對自己的母親非常孝順。這年日本的冬天，天氣特別寒冷，儘管家裡留有賣剩的木炭，可以用來生活取暖，但母親的手腳整日冰涼，幾乎不能忍受。於是年輕人決定，拿近來賣炭賺得的錢，給母親買一條暖和的新棉被。

這天年輕人來到城裡，打算買棉被帶回去給母親。就在他尋找賣棉被地方的路上，看到路邊有個獵網，裡面有一隻叫聲悽慘的白鶴。聽到白鶴的哀鳴，年輕人心裡也跟著傷心。看到旁邊站著的賣者，年輕人向前懇求希望可以放出這隻可憐的白鶴。

賣者冷笑了一聲，回答道：「這鶴是我費了好大的力氣捕來的，你說放就放？除非賣給你，你想怎麼處理都可以。」

看到賣者絲毫不為所動，年輕人答應願意購買這隻鶴。接到年輕人遞來的錢，賣者高興地把網中的白鶴給了年輕人，年輕人馬上將可憐的白鶴放飛了。

看著白鶴一飛沖天，年輕人心裡十分高興。但是他馬上就憂愁起來，好不容易賺到這一點錢，現在一點也不剩，怎麼給母親買棉被呢？

年輕人回到家裡，對母親說出了實情，看著母親衰弱的身體，他覺得很對不起自己的母親。誰知母親聽到他的敘述，反而高興地誇獎起自己的兒子。這位年老體弱的老人告訴兒子：「做人就應該多為別人著想。對於那些身陷困境的弱者，我們應該盡其所能。」兒子看到母親慷慨的表情，重重地點了點頭。

外面呼呼的寒風夾雜著雪花，給整個村莊增添了詩意的色彩。但是，詩意對窮人來說，什麼也不是。年輕人抱著瘦弱的母親，捱著漫漫的長夜，期待著春天早日來臨。

第二天晚上，突然有敲門聲傳到了年輕人的耳朵裡。這麼冷的晚上，怎麼還有人來？他疑惑地來到門口，只見一個滿身雪花的姑娘立在寒風裡，希望能在年輕人家中借宿。年輕人趕忙帶著姑娘來到家裡的火堆旁邊。

坐在燃燒的木炭旁邊，姑娘很快恢復了知覺。她感激地望著年輕人，並對他講明來意。原來她聽說年輕人勤勞而善良，希望可以託付終生，深夜來到這裡，其實也是因為這個原因。年輕人一聽愣住了，他張大了嘴，彷彿沒有聽懂姑娘的話。

姑娘羞澀地說：「如果你願意的話，我可以做你的妻子，照顧你和你的母親。」年輕人驚訝極了，他望著眼前這位姑娘，火光映紅了她俏麗的臉頰，像春天裡滿山的桃花。他幾乎不相信自己的耳朵，猶豫地說：「可是我太窮了，家裡除了年老的母親之外，幾乎一無所有。」

姑娘立即回答：「沒關係，只要你願意就可以。」她明亮的大眼睛，像夜空中的星星，望著年輕人也羞紅了臉。

臥在一旁的母親說話了，她看著火堆旁的姑娘，高興地說：「我兒子是個好孩子，我不騙妳。如果妳願意做我們家的兒媳婦，我老太婆真是要謝天謝地了。」

就這樣在母親的張羅下，年輕人和送上門的新娘子結成了夫婦。婚後，儘管生活並不富裕，但兩人還是非常恩愛，而且年輕人的母親也因此精神好了很多。

這一天，妻子對丈夫說自己有特別的事情，必須藏在家裡的櫥櫃裡面，三天之後，方能出來。只是一定不要隨便打開櫥櫃，自己會出來的。聽到妻子的話，年輕人很疑惑，但他還是囑咐妻子，有事就叫自己的名字。就這樣，年輕人的妻子真的藏在櫥櫃三天，出來後一切如常。

看到妻子安然無恙，年輕人懸著的心終於落了下來。他剛想招呼一直沒有吃飯的妻子坐下來，只聽妻子說道：「這三天裡，我在櫥櫃裡面織好了一匹布，家裡沒錢用的時候，就拿去賣了吧！」

年輕人來到櫥櫃一看，果然有一批上等的布放在那裡，他覺得非常驚奇。就在這時，母親的舊病復發了，急需大量的錢用。

年輕人急忙將布匹拿到市集上，賣給了當地的領主。誰知領主看到年輕人的布匹之後，嘆為觀止，非要多幾匹。

年輕人回家告訴妻子，妻子滿口答應，囑咐丈夫不要打擾櫥櫃裡面的自己。這次，妻子藏到櫥櫃一個多星期了，年輕人非常擔心妻子的身體。無論他在櫥櫃外怎樣呼喚，妻子一直沒有應聲。心急的年輕人一下子打開了櫥櫃的門，只見一隻脫落了很多羽毛的鶴正在織布，用的材料正是從自己身上叼下的羽毛。

鶴看見年輕人，就傷心地說：「你竟然偷看了我。現在布已織好，你拿去賣了吧！只是我必須走了。對了，我就是你曾經救過的那隻鶴。」說完，這隻鶴就從櫥櫃裡面出來，深情地望了丈夫一眼，向著西方飛走了。年輕人後悔地望著妻子飛行的方向，只見天空中突然多出來很多白鶴，鳴叫著，圍繞著自己的妻子，慢慢消失了。

望著妻子做好的那幾匹鮮亮的布，年輕人傷心欲絕。

他將布匹賣掉，換來了很多的錢。拿到錢的年輕人順利地將母親的病治好了。這時的他，更加想念自己善解人意的妻子。

聽說後來年輕人在海邊遇到一個捕魚的老者。在老人的幫助下，他終於來到妻子所在的仙島，名字叫仙鶴雨衣。到了仙鶴雨衣的島的年輕人，見到了自己的妻子。他發現自己妻子還是那樣美麗。經過妻子的說明，年輕人得知原來她就是這個島上的百鶴之王。因為誤入捕鶴者的圈套，她幾乎丟掉了性命，多虧年輕人的救助，她才能得以脫險。為了感謝他，她告別家中的仙鶴姊妹，獨自一人來到年輕人家裡報恩。沒想到的是，他們的緣分很快就結束了。

和妻子互吐了相思之苦，年輕人知道妻子已經不能再跟自己回到以前的生活，就無奈地離開小島，回到家中，和母親相依相守，直至去世。

小知識：

民間傳說中，有一種專門描寫異類妻子的。在這一類傳說中，出現的動物有蛇、魚、鳥或者狐狸、貓等。可以說，世界上日本與其鄰近的民族比較多這樣異類妻子的故事，在日本全國各地幾乎都有此類的傳說分布。

楠木雛人

楠木雕人

古時候，日本北海道有一個叫做村夫的蝦夷人，原是一名奴隸，老實厚道，心靈手巧。為了擺脫奴隸的命運，在一個風雨交加的夜晚，村夫偷到一艘小船，順著北海道一直向南漂流。

這一天，正在海上漂流的村夫，突遇狂風巨浪。轉眼之間，村夫就被大浪吹打的暈頭轉向，小船也被吹翻。落水的村夫大喊「救命」，拼命掙扎。就在那時，村夫驚喜地聽到，有人在大叫自己的名字。隨即，村夫看到一個有著魚尾的姑娘來到自己身邊。姑娘拉起幾乎快昏倒的村夫，閃電般的游到了岸邊。

過了一會兒，村夫終於醒了過來。他看到自己躺在岸邊柔軟的沙灘上，而這沙灘位在一個小島上，山峰聳立，草木蔥蘢。那個搭救自己的姑娘正浮在不遠處的海面，黑色的長髮披在細嫩白皙的肩膀上，用大而明亮的眼睛溫柔而調皮地看著自己。

看到村夫醒來，姑娘熱情地跟他交談。這時村夫才知道，姑娘名叫阿芳。姑娘得知村夫的身分和去向後，就輕快地搖搖尾巴，告訴自己該回家了，於是就將輕盈美麗的身體划向了大海深處。望著阿芳遠去的身影，村夫感到心情前所未有的愉悅和輕鬆。他拿起隨身攜帶的尺八，高興地吹了起來。

因為沒有了船，村夫只得在島上待了下來，並期望可以有機會離開。他在島上找到各種珍異美味的果子，很容易就填飽了自己的肚子。無聊時，村夫就吹起自己的尺八，回想救了自己的阿芳那美麗的臉龐。

一天，正吹得高興的村夫意外地聽到了非常悅耳的歌聲。每到村夫的演奏開始，那歌聲就會哼唱起來。正當村夫發愣時，阿芳走到村夫面前，望著他手中紫色竹子做成的尺八，眨著明珠似的大眼，忍不住稱讚道：「你吹的真好聽！這支竹簫真漂亮。」村夫搖頭說：「這不叫竹簫，而是日本的樂器尺八。」

這時，村夫才從阿芳的口中得知，她來自中國，並不知道尺八是什麼。村夫看到阿芳非常喜歡尺八，就把它遞到阿芳手中。阿芳臉上露出興奮的紅暈，把精巧的尺八放入口中，越吹越喜歡，愛不釋手。

看到自己救命恩人這麼喜歡自己的尺八，村夫便決定要把尺八送給阿芳。知道村夫決定的阿芳高興極了，手握尺八，開心地頻頻點頭。只見她輕咬嘴唇，思索片刻，就順手將耳垂上的翡翠耳環摘了下來，塞到村夫手中，嬌聲說道：「我也沒有什麼特別的東西，就把它們回贈給你吧！」

村夫定睛一看，手中的耳環上鑲嵌著碧綠透亮的翡翠，在陽光下發出奪目的光彩。正當他想拒絕阿芳這麼貴重的禮物時，阿芳又如上次一樣，說：「哎呀，時間不早了，我必須趕快回去。」說完，阿芳就跑離開。瞬間，村夫看到阿芳已跑到了海邊，輕盈的身影一閃，在礁石後面飛濺的水花中消失。

第二天清晨，原本平靜的海灣突然捲起風暴，狂濤拍打著海岸，怒嘯不已。村夫聽到一聲低沉的怒吼，似乎是從大海深處發出：「阿芳，快唱歌！聽到沒有？快給我唱歌！」

接著，海面上果然飄來了阿芳那熟悉而淒涼的歌聲。村夫不禁一驚，蹙眉聽著。阿芳唱完一段之後，就會吹一陣尺八，之後，又接著唱了起來。過了一會兒，海上的風暴漸漸平息，阿芳的歌聲也逐漸停止。村夫悵然若失地望著大海，大惑不解，並開始為阿芳的處境擔心。

果然，村夫等到了阿芳的不幸消息。風暴之後的第二天，阿芳臉色蒼白、衣著凌亂地出現在村夫的面前，斷斷續續地向村夫傾訴了自己的遭遇。

原來阿芳是中國的一個皇妃，不僅容貌出眾，而且能歌善舞，是皇帝最為寵幸的一個妃子。阿芳陪伴皇帝，在皇宮中過著逍遙自在的生活，唱歌跳舞，喝酒嬉戲。不料一年邊疆大亂，皇帝率兵出征，奮力廝殺，還是慘敗而歸，血戰數日，負傷逃回京城。

垂頭喪氣的皇帝回到宮中，不思進取，命令阿芳繼續唱歌跳舞。讓阿芳沒有想到的是，皇帝就在她的歌聲中，飲毒酒自殺身亡。阿芳做了敵人的俘虜。不肯被敵人玷污的阿芳，面對破碎的山河，決然跳入大海，含恨而死。

阿芳死後，上天憐憫她的美麗和忠貞，封她為鮫人，也就是美人魚，自由地悠游在南海。南海的海神聽說了這件事，就強迫阿芳每天唱歌，而且不准重複，一旦阿芳的歌唱完，大海就會將她吞沒。這天，阿芳已經唱完了自己的最後一首歌，即將面臨毀滅的命運。

村夫聽說阿芳的悲慘遭遇，非常同情。他絞盡腦汁，想幫助阿芳逃生，卻沒有任何辦法。就在這時，滿天的烏雲向大海壓來，潮水如瘋狂的野獸，怒吼著向阿芳撲來。村夫拉起阿芳，向著巨浪捲來的相反方向，轉身就跑。只見捲起的海浪一躍而起，劈頭向阿芳撲來。村夫回頭一看，阿芳一下子被沖到了海裡。接著，一層層的大浪接踵而至，徹底將阿芳推向海水深處。

村夫的淚水奪眶而出，撕心裂肺地哭喊著「阿芳！阿芳！……」

可是，大海依然呼嘯著，阿芳沒有蹤影了。村夫絕望地望著大海，直至第二天早晨，大海再次漲潮，村夫意外地得到尺八——就是他贈送給阿芳的那支尺八。村夫這才接受了阿芳已經不在人世的事實。為了紀念阿芳，村夫在海島上砍下一塊楠木，精心刻下阿芳的相貌，並放在阿芳經常出現的那塊礁石之上，日日守護。

不知道過了多少年，一艘大船經過村夫所在的海島。交談當中，大船上的人告訴村夫，現在他逃離的地方已經擺脫了奴隸的命運，奴隸們都當家做了主人。得知這個令人興奮的好消息，村夫開始思念自己的家鄉，打算離開海島。

村夫對著木雕上的阿芳，說出自己的心願，只見她隨即表現出憂傷的表情。等村夫登上準備好的小船，駛離海島時，馬上就聽到有人在海島上呼喚村夫，祈求他不要留下自己一個人。

村夫知道海島上一直就他一個人，聽到呼喚，非常吃驚，回頭一看，只見阿芳正站在那塊礁石上，向他招手示意。村夫急忙調轉船頭，飛奔上岸，卻發現那裡只有阿芳的雕像。看著雕像上的阿芳，村夫百感交集，終於決定陪伴阿芳，永遠留在海島。

物換星移，村夫年老死去，海島上的呼喚和守候也隨之停止。後人知道了村夫和阿芳相戀的故事，非常感動，就用楠木刻下了村夫的相貌，放在大礁石上的阿芳身旁，讓這一對戀人可以永遠相守。

從此，這一對歷盡千辛萬苦的戀人，化作一對楠木雕人，朝夕相伴，並肩眺望著無邊的大海。聽說每到晚上，他們就會化成人形，來到海邊，一個徹夜吹著尺八，一個通宵輕聲歌唱。

小知識：

尺八，竹製，外切口，五孔（前四後一），屬邊稜振動氣鳴吹管樂器，以管長一尺八寸而得名，其音色蒼涼遼闊，又能表現空靈、恬靜的意境。早在東漢時期，尺八的前身羌笛就已流傳於民間。在日本奈良東大寺的正倉院，還保存著中國唐朝傳過去的八支尺八。其中一支竹製雕刻尺八，長43.7公分，管上端開口，管身前面五孔後面一孔。每一按音孔邊緣有圓形花紋。製作十分精美，通體雕花紋和仕女像。尺八發展到宋朝形成五孔尺八，並經由當時日本的遣唐僧東傳日本，保留至今，其技巧複雜，音色獨特而有古味。沈括《夢溪筆談》載：「後漢馬融所賦長笛，空洞無底，剡其上孔，五孔，一孔出其背，正似今之尺八」。

阿根與杜鵑

遠古時候，瓊州（中國海南島）有一個年輕人，名叫阿根，以捕漁為生。

這一天，阿根划著自製的小船出海沒多遠，就遇上了少見的風暴。風暴過後，阿根的船翻槳折，被巨浪拍打著四處漂流。他咬牙堅持著，三天三夜之後，被海浪沖到了一個名叫安渡灘的島上。

阿根醒來後，覺得腦袋還是昏昏沉沉的，又冷又餓。他掙扎著站起來，希望可以找到填飽肚子的東西。

來到這個陌生的小島上，阿根覺得耳邊滿是海濤的飛濺聲與松林的吼鳴聲，眼前別是一番天地。正在好奇地東張西望時，阿根發現離此不遠的海灘上竟然堆放了好多鮮豔的衣服。走近之後，阿根注意到，這是一些短衫和短褲：短衫淡綠色，都由薄紗做成；短褲為粉紅色，均是紅絲絨。

這時遠處的海濱裡傳來一陣嬌笑聲。

阿根向笑聲傳來的方向看去，只見一群有著黑色長髮的姑娘正在海水裡面洗澡嬉鬧。她們雪白的肌膚映著頭頂的太陽，看得阿根目不轉睛。他心想：「世界上竟然有這麼美麗的姑娘，如果其中的一個可以成為我的妻子，那該有多好！」

看著眼前那些漂亮的衣服，阿根突然有個主意。他悄悄地拿起這些衣服中最為耀眼的一套，爬到一棵附近的老樹上，將衣服藏在上面。阿根從樹上下來之後，躲在礁石的後面，小心地觀察這些姑娘們的動靜。

太陽逐漸隱沒在海岸周圍的大山，落日的餘輝灑滿蔚藍的海面。一個姑娘從海水裡探出頭來，抬頭看了看天，嬌聲問道：「天要黑了，大家洗得怎麼樣了？」

其他姑娘紛紛高興應聲，有的說是該準備回家了，有的撒嬌地表示要在多洗一會兒。剎那間，好多漂亮的臉蛋露了出來，吵鬧著，嬉笑著。

只見那個最先露出頭來的姑娘大聲地說道：「姊妹們，趁著天色還沒有變暗，我們趕快上岸吧，穿好自己的衣服，再吃上一顆長春果，該飛回老家嘍！」

這些姑娘們便順從地從海水裡出來。她們繼續打鬧著，讓海風吹乾身體，然後來到堆放衣服的地方，挑出自己的那一套穿了起來。

阿根驚奇地看到，這些穿上衣服的姑娘，都變成了花翅膀的杜鵑鳥。杜鵑們爭先恐後地飛上海灘附近長滿長春果子的樹上，快樂地吃了起來。吃完長春果的杜鵑，滿意地對著天空鳴叫了幾聲，展翅飛向了遠方，唯獨有一個姑娘例外。

這個姑娘站在岸邊淺水裡，四下張望著，尋找著自己的衣服。此刻，海灘上已經空空如也，而其他杜鵑們也已經飛得無影無蹤。她著急地哭了起來，越來越傷心。

看著姑娘那尷尬而焦急的模樣，阿根便從礁石後面走了出來。正在哭泣的姑娘一看，羞得滿臉通紅。阿根故作同情地問道：「這位姑娘，妳沒事吧？怎麼哭得這麼傷心？」又羞又急的姑娘慌忙說：「我，我的衣服不見了，怎麼也找不著。你有看到嗎？」

阿根做出一副很無奈的表情，搖頭走開了。姑娘連忙在後面叫住了阿根：「請不要走，請不要走！」

阿根停了看著那姑娘，以眼神詢問她還有什麼事情，姑娘不好意思地開口請求阿根借件衣服給她穿。阿根聞言心裡暗喜，卻故意裝作一副很為難的樣子，對姑娘說道：「想借我的衣服穿也可以，但是我有一個條件，妳必須答應做我的妻子。否則，認識我的人發現了這件事，我該怎麼解釋啊！」

這個姑娘一聽，臉蛋變得更紅了。她低頭想了一會兒，又抬頭看了看阿根那俊朗的五官和強健的身材，點頭答應了。就這樣，阿根連忙脫下自己的衣服，低頭遞給了姑娘。穿上衣服的姑娘看著阿根那熱情的眼睛，羞澀地跟在他的後面。

兩人結成了夫妻，生活也非常美滿。大約一年之後，阿根和這個姑娘生下了一個兒子，都非常高興。儘管如此，細心的阿根總覺得妻子有些不對。每到秋天的時候，她總是顯得很哀傷。自此，阿根開始擔心妻子會離開自己。

又是一年秋天，一群花翅膀的杜鵑鳥從日本的近畿飛來，原本冷清的沙灘瞬間熱鬧起來。正在海灘上忙著結網的阿根妻子，突然看到遠處飛來的杜鵑，興奮極了，一口氣跑到了這些正在洗澡的杜鵑姑娘身邊，熱情地叫喊著自己的姊妹。

可是，因為時間已經過去了七年，沒有杜鵑姑娘記得曾經脫隊的她。不管阿根的妻子怎麼呼喚，也沒有一個杜鵑姑娘理會。阿根妻子非常難過，回到家中，一連好幾天都愁眉不展。

碰巧的是，沒過幾天，阿根的兒子來到海灘邊的樹林邊玩，發現了藏在大榕樹上的衣服，便回家告訴了母親。阿根妻子聽後，立即帶著兒子來到藏衣服的樹下，發現那正是自己七年前遺失的衣服。她急忙讓兒子爬上大樹，取下了自己的衣服。

捧著這些衣服，忽然她全都明白自己的衣服為什麼會莫名其妙地遺失，而自己的丈夫阿根為何會剛好及時出現，這一切都巧合得像個陰謀。

帶著衣服回到家中，阿根的妻子悄悄地將自己的衣服藏了起來。

第二年的春天，一群花翅膀的杜鵑像往常一樣來到海灘。阿根的妻子發現之後，便給自己的丈夫留下了一封信，然後取出自己的衣服穿上，又變成了一隻輕盈美麗的杜鵑鳥，隨著其他杜鵑飛向了遠方。

阿根發現妻子不見之後，四處尋找，卻沒有找到。後來他看到妻子留下的那封信，打開之後，只見上面寫道：「為什麼要欺騙我？我已經找回了自己原來的衣服，跟著夥伴飛向了久別的故鄉。」阿根悔恨極了。他帶著兒子來到和妻子遇見的沙灘，抬頭向天空望去，只見高空中有一群美麗的杜鵑，展翅飛過雲端，剎那間，消失的無影無蹤。

小知識：

在日本的古代神話傳說中，有一種仙果，女子只要吃下去，就可以懷有身孕。這和中國神話傳說中的「神水」相似。在《西遊記》當中，這種傳說還被保留著。女兒國中沒有男子，那些女孩子成年之後，只需要喝一些國內子母河之水，就可以懷胎生育。

微笑的頭顱

宇奈五山（位於現在日本神戶市）的山丘上有一處村落，村民多以釀酒為生。

在這個村子裡，五曾次家是最富裕的家。五曾次雖然財富眾多，但為人卻吝嗇而冷漠，跟村子的其他人很少交往。五曾次有一個兒子，叫五藏，五曾次非常疼愛他。五藏生來就跟父親的性情相反，不但心地異常善良，而且樂於救濟窮困的村民。五藏愛好和平，最擅長的是和歌與書法。

曾次一族裡面，有一個人名叫元助，靠耕田為生，儘管非常勤勞，但是所得也難以維持家裡的支出。元助有一個年老的母親和漂亮的妹妹，她們忙於織布，以此貼補家裡拮据的經濟。

元助的妹妹名叫阿宗，一人承擔了所有的家務，勤儉持家，空閒時間喜歡讀書，並經常練習寫字。阿宗不但人長的漂亮，而且心靈手巧，每天能織不少布匹出來。

在村裡，五曾次家和元助家離得非常近，加上兩家算是親戚，所以年齡相仿的五藏和阿宗從小就非常熟悉，青梅竹馬，兩小無猜。隨著時間的流逝，兩人感情越來越好。兩個情投意合的年輕人，等到彼此成年之後，就私下迫不及待地私訂了終身。

兩人表面上裝作很少來往，但終是瞞不住的。一天傍晚，五藏和阿宗跟平時一樣約好來到村子外面的後山，不巧剛好被上山採藥的人撞上，這個人很快認出他們。原來這人也是曾次族人，從醫已經三十年，在當地很有名氣。

兩個約會的年輕人沒想到竟然這時被來人認出，而且對方就是本族頗有名望的長輩，臉紅地低頭沉默不語。看到他們緊張的樣子，這位好心的老人就主動開口說：「我老人家什麼也沒有看到。這天怎麼黑得這麼快？呵呵，回家嘍，回家嘍。」

原來，這位老人平時就非常喜歡這兩個孩子，五藏是同族全男孩子裡最有才學也是心地最善良的一個；阿宗是全村公認的好姑娘，不但長得特別漂亮，而且心靈手巧，孝敬老人，被很多年輕人愛慕。得知這麼優秀的兩個孩子這樣彼此相愛，這位好心的老人感到非常高興。第二天，老人就來到阿宗的家裡，對阿宗的家人說出阿宗和五藏的相愛事實，並主動向元助的母親提出，願意到五曾次的家裡提親。

元助的母親聽到這個消息，有感自家太窮困，跟富裕的五曾次家不相配。但看到來人這麼熱情且願意幫助自己家的女兒，她也就高興地答應了。阿宗的母親眼看自己出色的女兒到了出嫁的年齡，也暗地裡挑選合適的年輕人，但獨獨不敢想把同樣出色的五藏做為人選。

得到元助母親的同意，老人隨即就來到了五曾次的家裡。五曾次一聽老人是來為自己兒子提親的，非常高興，熱情地招呼老人坐下用茶。但當老人說到自己提親的女孩子是阿宗時，五曾次馬上就面露不悅之色。老人想到五曾次會這樣反應，就勸說道：「俗話說得好，美麗黃鶯總是棲息在挺拔的梅樹上，牠肯定不會在其他任何樹上壘築窩巢。五藏這個孩子從小就惹人疼愛，現在長大成人也非常優秀，跟元助家漂亮能幹的阿宗彼此愛慕，很相配。相較之下，元助家是沒有你們家富裕，但是元助勤勞守分，阿宗孝敬老人。他們如果可以喜結連理，這樣也是難得的姻緣。」

誰知五曾次聽到這裡，非常不屑於老人的見解，嘲笑著說：「我們家一直富裕有福，是福神的青睞和賜予，如果把元助家的窮姑娘娶進家門，會得罪了福神。這樣以後我們就別想再有好日子過了。」五曾次冷漠看了一眼老人，直接回絕道，「我看，你可以回去了，以後不要再提這樣讓我生氣的事情。」

老人一臉失望，但是沒有辦法，只得離開，把事情的前後告知元助家。五藏得知這件事後，既為老人的提親感到高興，又為父親的回絕感到悲傷。儘管此後父親也經常當面告誡他不要再和阿宗來往，五藏卻不為所動，依然偷偷地和阿宗來往著。

終於有一次，五藏和阿宗私下約會的事情被家裡的一個僕人發現，並立即告訴了五曾次。五曾次知道自己的兒子竟然絲毫不聽自己的話，就把五藏叫到面前，當著全家人的面，勃然大怒，訓斥道：「五藏，你聽著，你膽敢把那個窮姑娘阿宗娶到我們家來，我立即跟你斷絕父子關係。除此之外，你再也別想從家裡得到一文錢。以後怎麼做，你自己看著辦吧！」

看到這樣的情景，五藏的母親也擔心自己疼愛的兒子起來。她苦口婆心地勸說五藏，並且故意說自己晚上睡不好，要兒子每天夜裡到自己屋子讀書給自己聽。

五藏心裡明白，母親要自己每晚去讀書給她聽，不過是一種變相阻止自己見阿宗的方法。但是因為多病的母親一直最疼愛自己，五藏聽到母親的吩咐只得應允，不能再隨便出門了。阿宗一連一個月沒有見到五藏，思念不已，不久就病倒了。看到躺在床上的妹妹這麼憔悴，不吃不喝，元助就勸說妹妹，不要再想五藏了，兩家差距太大，根本就不可能。但是不論元助怎麼勸說，阿宗都是閉眼沉默。無奈心疼妹妹的元助託人給五藏捎去消息，希望他可以前來看一眼阿宗，要不然阿宗就會這樣而死。

這天傍晚，得到消息的五藏來到了阿宗的家裡。看到眼前的阿宗，為了思念自己而面目全非，大為痛心。他上前緊握阿宗瘦弱的雙手，真誠地說：「阿宗，妳放心，我一定會堅守我們彼此相愛到老的諾言。至於我的父親，我想他終有被我們的感情打動的時候。人生苦短，找到自己相愛的人，並且跟她一起自由自在地生活下去，是件多麼幸福的事情。所以我非常希望能夠早日跟妳一起生活，就算一兩年也會感到滿足。實在不行，我覺得我們可以逃到深山裡面，隱居起來，儘管會沒有錢，我們卻可以依靠自己的力量快樂地生活著。」

阿宗聽到五藏的這一番話，所有的疑慮都消失，欣慰地笑了。她馬上從床上爬了起來，迅速地穿上自己喜愛的衣服，裝扮完畢。阿宗發現五藏來時，還給她帶來最喜歡吃的鮮魚，更加高興了，她輕聲哼起熟悉的歌謠，著手料理這些美味的魚。這天晚上，久別的五藏和阿宗聊了好久，不知不覺就到了天亮。第二天，五藏和阿宗依依惜別。

五藏回到家中，剛好被等在房間的父親看見。五曾次大發雷霆，呵斥五藏的母親沒有好好教育自己的兒子。五曾次絕決地說，如果五藏再偷偷出門見阿宗就立即到官府了斷兩人父子關係。五藏溫順的母親這時也嚇壞了，她把兒子拉到一旁，連聲哀勸五藏，再也不要違背父親的決定。

此刻的五藏，想起剛才答應阿宗的誓言，又看到母親可憐的深情，矛盾不已。最後，他答應母親會聽從父親的話，每天專心幫助父親操持家業，以待時間一長，父親的氣可以消解。這樣阿宗和五藏一別又是半年了。

自從上次見過五藏之後，阿宗翹盼著他能夠再次前來看望自己，沒想到日子一天天流逝，五藏再也沒有出現。阿宗的相思病復發，很快病情加重。阿宗的哥哥元助看到病入膏肓的妹妹只得再次託人讓五藏前來。五藏聽到這個消息，瞞著父母，再一次悄悄溜進阿宗的家中。

五藏看到病床上奄奄一息的阿宗，非常傷心。他心痛而無奈地告訴元助：「元助哥哥，看到阿宗為我這樣折磨自己，我真是痛恨自己不能早點做出決定。這樣吧！請你明天送阿宗到我家拜見我的父母，我一定要讓他們答應我們的婚事。就算我們不能生活得太長久，也總比這樣彼此絕望憔悴而死要好。我不能違背自己當初的誓言，讓可憐的阿宗一個人承受兩個人的痛苦。」

當天晚上，在阿宗的家裡，五藏和阿宗當著元助和阿宗母親的面舉行了簡陋的婚禮。第二天的早上，衰弱的阿宗在母親的幫助下，穿上自己很早就準備好的新娘禮服，佩戴上母親結婚時的貴重首飾。哥哥元助也換上很少穿的禮服，佩帶好長刀與短刀，等待著送妹妹前往五藏家。

五曾次一大早看到阿宗的轎子停在自家的門口，不禁大為驚訝，他早已聽說阿宗已病的垂死掙扎。看到五曾次驚訝的表情，元助上前一步，解釋說：「您的兒子五藏和我的妹妹阿宗從小青梅竹馬，情投意合。但是做為五藏父親的您卻一直阻攔他們的婚事，致使他們雖然兩情相悅，卻只能孤獨致死。現在我的妹妹阿宗因為思念被你關在家中的五藏，已經患了重病，不可挽回。五藏昨天已經來到我的家中，跟我的妹妹喝了交杯酒，成為夫妻。現在，阿宗只是希望能夠死在您的家中，以便可以跟五藏長相廝守。這點銀子，是我辛苦攢下來的，等我妹妹死後，希望您可以用這些錢為她置辦喪事，讓她的骨灰可以埋在您家的菩提寺。希望可憐的阿宗，能在死後順利地跟心上人在一起。」

聽完元助的這一番話，五曾次暴跳如雷。他大聲叫出五藏，並一腳把五藏從屋子踹到了院子裡面。只見五藏靜靜地擦去嘴角的血跡，伏在地上，堅決地對父親說：「阿宗已經是我的妻子了，這已經是事實，不容改變。你要不答應我，並趕她走的話，我就跟她一起走！」說到這裡，元助竟然出手阻止了五藏。元助說：「阿宗的病情已經很嚴重了，如果你真的愛阿宗，就幫助她達成心願吧！」說完，元助熱淚盈眶，按照之前妹妹的囑咐，拔刀斬下妹妹的頭顱。

衰弱的阿宗在哥哥殺死自己之前和之後，都是微笑著，或許她覺得自己終於可以跟五藏在一起，並且不再分離了吧！五曾次嚇得魂飛魄散，一人逃出家中，再也沒有回來。五藏的母親則回了娘家，不久落髮為尼，終日唸佛度日。

安葬過阿宗，五藏的腦海一直是阿宗那神秘的微笑。他看破紅塵，落髮為僧。元助則和自己年老的母親繼續過這原本貧困的生活。

小知識：

在日本幕末浮世繪名師官川春汀的筆下，元助的母親拿出自己年輕時的新娘服，為已經病入膏肓的女兒阿宗打扮的情景非常悲涼，母女的背影上塗抹著濃厚的哀愁色彩。

阿樵與阿伊努

在臺灣的合歡山上，曾生活著一個貧窮的年輕人，名叫阿樵，他忠厚善良，勤勞樸實。

這一天，阿樵到山上砍柴。木柴砍完後，阿樵就順著原來的路回家。但是，他繞來繞去，始終沒有找到自己回家的路。山林裡的夜晚很快就來臨。累得渾身痠痛的阿樵靠著一棵老樹，坐下休息，失望至極。可能是太累的緣故，阿樵一會兒就睡著了。

第二天，阿樵在山林清脆悅耳的鳥鳴聲中醒來。這時他才發現，身邊長滿了各種花草，陣陣幽香撲鼻而來，晶瑩的露珠在花瓣上晶瑩剔透。遠處高大的樹木密密麻麻，儼然成了一道綠色的天然屏障，只有對著大海的一面非常空曠，可以一眼看到海面流動的海水。

順利回家之後，阿樵還是留戀著山林中這個美麗的地方。從此每次到山上打柴，阿樵總會到老樹下面休息一會兒。

這是一個有薄霧的天氣，上午阿樵砍完了柴，來到大樹底下休息。他看到海面上一片朦朧，非常迷人。就在那時，一個紅色的身影乘著小船，慢慢地進入了他的視線。接著一陣優美的樂聲伴著嬌媚的歌聲傳來了過來，阿樵聽到來人唱道：

「我是日本阿伊努，坐著小船海上浮。……」

阿樵對這個唱歌的姑娘非常好奇。但是他始終沒有看清船上人的樣貌。很快，霧散盡了，阿樵連忙向海面上尋找，卻什麼也沒有發現。

以後幾次，阿樵雖然也有再次聽到這動人的歌聲，等他跑到海邊的時候，卻始終沒有見到阿伊努的身影。

終於有一天，阿樵聽到了阿伊努剛唱起第一個字，阿樵就連忙跑向了海邊。他看到小船上的阿伊努，穿了一身紅色的衣服，頭髮盤成了蓮花狀的髮髻，腰間還掛著一面小皮鼓。阿伊努輕輕吹響紅唇間的「尺八」。

阿樵熱情地跟阿伊努打了招呼，兩個人年輕人愉快地交談了幾句。從阿伊努俏皮的回答中，阿樵得知她家在千島群島。沒多久，阿伊努就向阿樵告別，駕著小船消失在茫茫的大海上。而見過阿伊努後的阿樵，更是對她思慕不已。

又過了一年，日日在海邊等待的阿樵又看到了阿伊努。看到阿伊努還是一年前的美麗和嬌笑，阿樵心裡非常興奮。他迫不及待地跟船上的阿伊努招手，希望她能下來，兩人好好聊聊。但是，當阿伊努划著小船即將來到阿樵的身邊時，只見她從髮間取下一株裝飾的金魚草，扔到阿樵的身邊，羞澀地笑了一下，就駕船走遠。

阿樵立刻俯身拾起金魚草，看著上面金魚似的小紅花，非常高興。拿到阿伊努贈送的金魚草，一連很多天，阿樵都顯得很興奮。但是，金魚草還是枯萎了，阿伊努卻遲遲沒有再出現。阿樵決定，這次自己要到千島群島，看望阿伊努。臨行前，他把枯萎的金魚草埋進泥土，並灑上清水。

阿樵駕著自己簡陋的小船，在無邊的大海裡拼命地划行，歷經無數的狂風巨浪之後，來到了一群美麗的海中小島。來到島上，阿樵看到這裡青山綠水，紅花碧海，美麗極了。就在他思考要怎麼找到阿伊努時，一個聲音喊住了他。只見一個衣著豔麗、氣質高貴的女人用驚訝而嚴厲的眼光望著阿樵。

阿樵對這個女人說明了來意，並詳細地描述了阿伊努的相貌。誰知對方聽到後，冷漠地回答阿樵，這裡有很多如阿伊努打扮的女孩。在阿樵的一再請求下，女人才答應把島上的女孩們叫來，方便阿樵尋找。

很快，這些女孩們就從島上的櫻花叢裡鑽了出來，嘰嘰喳喳地站成了一排。阿樵看到這些女孩還真是一個模樣。正在他猶豫不決時，看到其中一個女孩，頭上沒有像其他女孩那樣，戴著金魚草。女孩用那種害羞而神秘的眼光望著阿樵，跟其他女孩的眼神迥然不同。

高興的阿樵正準備向女人說明自己的發現時，卻發現阿伊努的眼睛裡滿是阻止和害怕，就改變了主意。女人聽到阿樵說沒有找到人，就將他狠狠地訓斥了一頓並趕走。

就在阿樵返回的途中，海上突然颳起了大風，一陣巨浪湧來，一隻小金魚被拋到了阿樵的懷裡。阿樵看到金魚惹人喜愛的樣子，就將牠放進了船上的一個水罐子，帶回了家中。

登上陸地，善良的阿樵覺得必須給金魚找一個更適合牠生存的地方，想起自己經常砍柴的合歡山下，有一片清澈的湖水。於是，阿樵就將金魚放入了湖水之中。

當阿樵像平時一樣到山上砍柴時，驚喜地聽到了阿伊努的歌聲。他急忙尋找，發現歌聲是從湖水上面傳來，可是湖面上什麼也沒有，只看到那隻美麗的金魚在遊玩。這時阿樵的心裡疑問道：「難道阿伊努就是這隻小金魚嗎？」不管怎樣，阿樵覺得可以天天聽到阿伊努的聲音，就是件很幸福的事情。

突然有一天，阿樵聽到湖面傳來的歌聲非常淒涼。然後阿樵看到阿伊努披頭散髮似乎從湖邊的石塊後面走了出來。看到阿樵，阿伊努就撲進了他的懷裡，痛哭起來。

原來之前阿樵在千島群島上所見的那個盛氣凌人的女人，就是阿伊努的繼母。為了將女兒永遠留在家中，以便幫助自己做更多的事，她就阻止阿伊努和阿樵的相見，更不用說讓他們相愛了。現在繼母就追到了湖裡，伺機將阿伊努抓回家。

阿樵順著阿伊努所指的方向，看到不遠處正有一隻大黑魚兇狠地注視著阿伊努和自己。聽到阿伊努傷心的描述，阿樵也非常難過。突然他想到一個辦法。他拿出自己的小罐子，灌滿了水，讓阿伊努變成金魚，藏了起來，帶回家中。阿伊努馬上變得很快活，在水罐中自由地游來游去。這正是她想要的結果，因為她再也不用擔心被繼母抓住了。

以後，阿樵將阿伊努好好地照顧，兩人快樂地生活在了一起。

小知識：

阿伊努，日本的少數民族，舊稱「蝦夷」，屬於千島人種類型。在體形上，阿伊努人具有蒙古人種的基本特徵，略微兼有赤道人種的某些特徵：膚色黑黃、體毛濃密，腿長腰闊，頭大顴高。他們不僅擁有自己的語言——阿伊努語，而且還具有獨特的文學和獨特的音樂和舞蹈。阿伊努人信奉一種帶有濃厚的薩滿教色彩的宗教，經常舉行「熊祭」、「鯨祭」等宗教儀式——這與他們自古以來一直過著以漁獵、採集為主要生存方式的自給自足的生活有密切關係。

龍伯與鳳子

太古洪荒時代，中國北方的靈山一帶，暴發了非常嚴重的自然災害。在那裡，不少人被迫離鄉背井，流離失所。

劫後餘生的人們聽說有一個名叫龍伯的年輕人善於治水，就非常希望能夠請他前來，但是沒有人知道他住在哪裡。

就在眾人焦急地等待龍伯前來治水的時候，他竟然自己就來了。原來龍伯聽說這裡遭受了洪水災害，就立即奔赴而至。只見他駕著一艘木筏，從洪水大浪裡面一路漂流來到。

來到這裡，龍伯四處查看地形。一番檢查之後，一天的時間已經過去。傍晚，龍伯對眾人說著自己的看法。

他認為，如果想治理這裡肆虐的洪水，只有把洪水包圍著的這座靈山移開，搬到東海。這樣一來洪水自然就會退去。但是把這麼高大的一座靈山搬移東海，誰有這樣的能力？

本來興奮的眾人，聽到龍伯這樣一說，都低頭沉默不語。這時一個鬢髮花白的老人，用顫抖而失望的語氣問龍伯：「這不是癡人說夢嗎？我活了這麼大的年紀，也沒有聽說過搬山的事情。難道就沒有其他的辦法嗎？」

「對啊！說的是，難道沒有其他辦法了嗎？」其他人聽到老人的話，紛紛應和道。龍伯無奈地搖搖頭，長嘆了一口氣。

龍伯和眾人發愁的時候，只見遠處的靈山之上，從幽暗的月色中，一團非常耀眼的光芒出現。眨眼間，光芒來到龍伯和眾人面前。龍伯抬頭一看，原來是一個美麗的姑娘，腳蹬木屐，衣著亮麗，頭梳髮髻，風姿迷人。

龍伯問了姑娘的身分，才知道她是來自日本野尻湖的鳳子。鳳子見龍伯一直眉頭緊鎖，便問發生了什麼事情。龍伯看了看眼前這個嬌弱的姑娘，只是連聲嘆氣。

鳳子看到龍伯這樣的反應，不禁嫣然一笑，說道：「你可不要小看我呀！雖然我不是個男人，也照樣有力氣，手能搬山，腳能翻海。」

龍伯聽此一說，不禁對鳳子姑娘暗暗稱奇。他遲疑地反問道：「妳剛說什麼？」

鳳子還是微笑著，認真地說：「我能把靈山搬入東海，你信嗎？」龍伯目瞪口呆，不知道對方怎麼摸透了自己的心事。

看到這裡，只見鳳子轉身走向了附近的山坡，迎著山頂皎潔的月光，變成一隻巨大的鳳凰，金光四射，亮麗無比。緊接著，夜空中的這隻鳳凰，飛向月亮，並一口將山銜住。龍伯高興極了，眾人看到這個情景，一起歡呼雀躍。

很快鳳子就返回龍伯的身邊，故作生氣地問道：「龍伯，你覺得我怎麼樣？」

龍伯看著晨曦中嬌媚的鳳子，額頭上滲出了密密的汗珠，恍然如夢，一臉疑惑地說：「原來——原來妳是一隻鳳凰啊……可是，妳怎麼認識我？」

只見鳳子含情脈脈地望著龍伯，嬉笑著說：「你可是聲名遠播呢！在中國，提到治水，沒有人比你更有名氣了。你這人不但老實，心腸也特別好，整日為了受洪水肆虐的人們忙來忙去。我說的沒錯吧？可惜的是，現在你這個有名的龍伯竟然為治理洪水發愁了，呵呵。」

這時剛好有兩行大雁鳴叫著從他們的頭頂飛過。鳳子對龍伯說：「太好了！龍伯，來！」示意他爬到自己已經變為鳳凰的身上。

龍伯跟鳳子一起騰空飛舞。來到靈山，只見這隻巨大的鳳凰張開自己長而尖銳的嘴巴，狠狠地咬住了靈山的山頂，然後，只聽到巨大的一聲「轟隆」，大半個靈山已經銜在了鳳凰的嘴裡。騎在鳳凰身上的龍伯，看到靈山被銜去大半個之後，洪水便如脫韁的野馬，狂奔向東，直瀉入東海。然後，鳳凰把銜著的半個靈山丟進東海。

洪水退了，當地的老百姓都非常感謝龍伯和鳳子的幫忙。兩人雖然非常疲憊，但是無不感到非常愉快。龍伯和鳳子輕鬆地來到黃河邊上，並排坐下休息。

望著夜幕下的大地，不禁一陣沉默。鳳子姑娘望著龍伯堅毅而俊朗的臉龐，想起他為百姓所做的那些好事，更是愛慕不已。正當她鼓起勇氣，向近在眼前的龍伯表達自己的心意時，電閃雷鳴，一陣撕心裂肺的哭泣聲傳了過來。

龍伯聽後，憂心忡忡地說：「大事不好，黃河發大水了，我要去救他們。」然後，龍伯站起身來，拔腿就跑。

只聽到天地間迴蕩著鳳子的話音：「龍伯哥哥，我就在這裡等你回來，一定要回來。」

龍伯這一走之後，好幾年就沒有回來。鳳子天天等在他們分離的黃河邊，望穿秋水。但是有一天，無盡的洪水竟然沖到了黃海平原，一日之間，中國和日本諸列島就被分割開了。鳳子沒有辦法，只好遷到了本州上生存。

離開了黃河邊的鳳子，日夜對著波濤洶湧的大海，呼喚著心上人的名字。日復一日，年復一年，轉眼間，二十年過去了。就在鳳子傷心絕望的時候，突然這一天，她藉著從海岸對面吹來的巨風，隱隱約約聽到有人在大聲呼喊自己。

興奮的鳳子立即變作鳳凰，展翅飛過海洋，來到對岸，一眼看到了龍伯的身影。望著龍伯瘦弱的臉龐、滿是血絲的眼睛以及滿是傷痕的身體，鳳子一下子撲到了龍伯的懷裡，低聲哭了起來。龍伯伸出滿是老繭的手，輕輕撫摸這鳳子白淨馨香的臉龐，開心地笑了。

小知識：

鳳凰，是中國神話傳說中的神異動物和百鳥之王；亦稱為朱鳥、丹鳥、火鳥、鶤雞等，在西方神話裡又叫火鳥、不死鳥，模樣一般為尾巴比較長的火烈鳥，並且全身是火，應該是人們對火烈鳥加以神話加工、演化而來的。神話中說，鳳凰每次死後，會全身燃起大火，然後在烈火中獲得重生，並獲得比以前更強大的生命力，稱之為「鳳凰涅盤」。

櫻花女神

在中國古代，遼東的千朵蓮花山裡，住著一個少年，名叫青青。青青從小就是孤兒，靠著大海和青山為生。青青或是以出海捕魚為生，或是在山地開墾種菜，又或者是上山採藥，生活得非常清苦。

這一天早上，青青吃完早餐，像平常一樣出海捕魚。船行到半路，烏雲密佈，狂風突起，海浪狂湧。沒多久青青的小船被海浪吹到一個陌生的海島。青青把小船固定在一塊礁石上，登上小島。環顧四周，青青發現島上的山水格外秀麗，一叢叢的櫻花，紅色、白色、粉色，爭相鬥豔。

正當青青感嘆島上仙境般的景色時，一個身穿鮮豔衣服的少女從櫻花叢中走了出來，頭頂上盤著黑亮的髮髻，腳上拖著能發出「咯噠」脆響的木屐。少女面帶疑惑的表情來到青青的面前，睜著美麗的大眼睛看著他，似乎在詢問他的身分。

青青見狀，慌忙地解釋自己的身分和遭遇，為自己的打擾向少女請求原諒。少女聽到青青的話，就告訴他說：「你不要驚慌，這裡是日本的邪馬台國，一座櫻花之島。歡迎你來到這裡。」

和少女的交談中，青青得知少女名叫薩古拉，也就是櫻花的意思。兩個人一見如故，聊得特別開心。薩古拉高興地帶著青青在島上參觀，一路笑聲不斷。

傍晚，天氣好轉，島上顯得溫馨而靜謐。青青在薩古拉的招待下，吃了非常美味的晚餐，枕著如雪的月光，伴著花香樹影，很快睡著了。

半夜時分，青青被一陣哭鬧聲驚醒。青青悄悄坐起身來，在明亮的月色映照下，看到不遠處一個兇神惡煞的老太婆，正在厲聲訓斥著一個少女。老太婆怒斥少女道：「我只准妳嫁給黑哥哥，其他人妳想也不要想。否則，看我不打斷妳的腿。」少女拼命反對，大喊大叫。只聽慘叫一聲，少女在老太婆的棍棒之下昏了過去。之後哭鬧聲就消失了。青青非常震驚，他抬頭一看，竟然發現頭頂的櫻花樹像是突然凋零了，枝斷葉殘，一片蕭瑟。因為不明對方身分，青青只好待在原地，心潮起伏，昏昏睡去。

第二天一大早，青青就被眼前的景象嚇呆了。只見薩古拉滿臉淚痕，血跡斑斑，眼睛紅腫。青青忙問發生了什麼事情。薩古拉就對青青哭訴起來。原來在很久以前，本來是連在一起的中國和日本分開了。漂流的邪馬台國這塊海島上，突然之間，長滿了櫻花，非常美麗。此後不久，一個醜陋的老太婆帶著一個麻臉的醜男人到了島上。

老太婆自稱是大仙，白天趴在島上的樟樹之上，晚上就出來危害櫻花，從此就霸佔了島上的一切。島上的櫻花本是為了點綴人間的下凡女神，個個美貌無比，沒有任何法力。醜男人發現島上住有這麼多的美人，就請求老太婆，讓他娶最漂亮的少女做為妻子。老太婆一眼看出薩古拉的美貌，就命令她嫁給醜男人，但是薩古拉一直抵抗，沒有答應。

如今，薩古拉等到了青青的到來，希望青青能夠幫助自己逃離苦海。

青青聽到薩古拉的故事，非常同情她的遭遇，可是他不知道怎麼對付老太婆，並且應該逃亡到哪裡。正在這時，薩古拉問青青道：「你家所在的地方，有沒有生長蓮花？」青青不知所以，回答道：「當然有了，要不怎麼會叫做千多蓮花山？」

薩古拉聽後大喜，連忙要青青帶著自己尋找蓮花。青青答應了薩古拉，找到自己的小船，回到故鄉。在回家的路上，青青得知，原來櫻花和蓮花是一對非常要好的姊妹，因為地殼的運動，兩者才各分東西。

即將回到家中的時候，已是黃昏。薩古拉突然提出要青青一個人回家，自己在海邊歇會兒再回去。青青一個人回家，還沒有打開院門，就聽到裡面非常熱鬧。他奇怪地打開門一看，驟然發現家中燈火通明，一群花枝招展的少女彼此寒暄嬉笑。青青非常驚奇，不敢驚動她們，就躲在院子的角落裡觀察。

就在這時，青青聽到少女們紛紛喊著「蓮花姊姊」的名字。只見一個腰間佩帶短劍、語聲洪亮的姑娘從門外的轎中下來，來到少女們中間。她神色肅穆地對少女們說：「我們的客人櫻花女神還沒有到嗎？」少女們紛紛搶答：「沒有！」這位蓮花姊姊繼續說：「以後櫻花女神就要住在我們千多蓮花山了。」少女們聽後，拍手稱快，並七嘴八舌地議論起櫻花女神的身分和容貌。

沒過多久，有人稟告說櫻花女神來了。青青仔細一看，發現正是薩古拉，只見她已經煥然一新，風采卓絕。蓮花姊姊和櫻花女神相見，非常高興，她們親切地交談著。

蓮花姊姊詢問櫻花女神是怎麼到這裡，櫻花女神掃視了一下院子，發現早已站在角落裡的青青，羞澀地指了指他，說：「我和他一起乘船來的。」少女們看到這個景象，紛紛掩面嬉笑。

在蓮花姊姊的建議下，少女們為櫻花女神和青青舉辦了隆重的婚宴，非常熱鬧。婚禮當中，一個老太婆突然闖了進來，青青認出就是那個兇惡的老太婆，而老太婆後面還跟著一個滿臉疙瘩的醜男人。老太婆看到薩古拉，破口大罵，並命令她趕快乖乖嫁給醜男人。

蓮花姊姊見狀，俊眉緊皺，臉色發青。只見她鎮定地來到老太婆的面前，抓起老太婆的衣領，迅速從腰間拔出短劍，大喝一聲，老太婆的頭就滾在了地上。大家一看，發現這竟然是一條巨大的黑色毛蟲。

醜男人嚇得轉身就逃，但被早已攔在門口的少女們攔了下來。蓮花姊姊來到瑟瑟發抖的醜男人面前，一劍刺向了他的心臟。醜男人斷氣之後，眾人發現，原來是一隻癩蛤蟆。

清理掉這個可惡的傢伙，蓮花姊姊大喜，跟少女們一起繼續舉行薩古拉和青青的婚禮。鼓樂齊鳴，觥籌交錯。被少女們簇擁著的這一對新人，心裡十分高興，特別是櫻花女神薩古拉，含羞的笑靨，就像一朵即將綻放的櫻花，嬌媚而不失清秀。

小知識：

櫻花，花與葉互生，橢圓形或倒卵狀橢圓形，邊緣有芒齒，先端尖而有腺體，表面深綠色，有光澤，背面稍淡。花每支三五朵，成傘狀花序，萼片水平開展，花瓣先端有缺刻，分白色和紅色兩種。櫻花於三月與葉同放或葉後開花，核球形，初呈紅色，後變紫褐色，七月成熟。櫻花是日本國花，日本因此又被稱為「櫻花之國」。

日本的櫻花多數在三月下旬至四月上旬開花，花朵極其美麗，盛開時節，滿樹爛漫，如雲似霞，是早春開花的著名觀賞花木。但近年因全球暖化的影響，令櫻花開放的時間有所提前。而且太平洋的氣候變暖，亦導致花開後被風吹至散落。大大縮短了人們欣賞櫻花的時間。

山茶花

日本古代有一個地方，名叫奧羽。那裡生活著一個名叫小春太郎的年輕人，他唯一的愛好就是種植花草。

有一天，小春太郎來到海邊，準備捕魚。忽然他注意到一艘小船對著自己駛了過來，上面坐著一個白鬍子的老人，獨自搖著木槳。

轉眼間，小船來到小春太郎的面前。只聽到小船上的老人對著小春太郎打招呼：「小春太郎，你好！……」小春太郎抬頭仔細觀察眼前的這位來人，發現他白色的長鬚垂至胸前，濃眉大眼，一臉的慈愛之情。小春太郎呆呆地看著老人，不知道應該怎麼回答。

老人看到小春太郎驚訝的樣子，就解釋說，聽說他很喜歡養殖花草，自己就想送給他一棵山茶花。說著，老人就把手中含苞待放的花苗遞給了小春太郎。

小春太郎看到眼前嬌嫩清秀的山茶花，心想自己家中的花園裡正好缺茶花，於是他便抬頭向老人致謝，沒想到老人連同小船一起消失了。

回到家裡，小春太郎馬上找了一塊向陽的空地，將花苗種植起來。山茶花在小春太郎的培育下，茁壯成長，生機勃勃。

第二年春天，一陣巨大的海風颳過小春太郎的花園，過後，小春太郎傷心地發現，滿園的花草無不凋零枯萎，枝殘葉落，一片狼籍。唯有那棵山茶，迎風佇立，蔓吐幽香。於是小春太郎更加覺得這棵山茶花不尋常。

這天他來到海邊，準備乘著自己的小船出海捕魚。突然，他發現小船已經不見了蹤影，只見留在礁石上的斷繩。小春太郎判斷，小船應該是被海邊的大風吹走了。

回到家裡，小春太郎想起自己清貧的生活，這下子沒有船可以補魚，就傷心地掉下了眼淚。就在這時，他聽到門外有一個女孩傷心的哭泣聲。他連忙出門，只見園中空蕩蕩的，除了那些衰敗的花草，什麼人也沒有。小春太郎仔細地聽著，來到了山茶花面前，驚奇地發現，茶花的葉子上滴落著一顆顆露珠，還不時有低微的哭泣聲發出。

第二天，小春太郎來到山上砍柴。砍柴時，他聽到耳邊傳來了甜美的山歌，非常好聽。就在那時，一個身材嬌小的姑娘走到了小春太郎的面前，面容麗質，眼睛黑亮。小春太郎注意到，姑娘的手中滿是各種花草，五顏六色。

小春太郎看到姑娘有這麼多的花草，就跟她打招呼，想索取一些種在自己的花園裡。誰知道，姑娘堅持說，這花是要栽種在自己家中受損的花園裡面。更為奇怪的是，小春太郎聽到姑娘描述的家中花園，居然跟自己家裡的一模一樣。告別的時候，小春太郎得知她是中國姑娘阿茶。

小春太郎回到家裡，發現花園中重新充滿了生機。他低頭細看，發現這些花草的根部還留有新鮮的泥土。想起山中那個美麗的姑娘，小春太郎簡直不敢相信自己的眼睛：難道自己家中的花草是阿茶幫忙種的？

他怎麼也想不明白。這時，他看到地上有一隻小巧別致的髮簪，綠色的翡翠，分外剔透，定睛一看，小春太郎認出，這真的是阿茶髮髻上的那支。

小春太郎家中的花園又重現了往日繁茂的景象，一年四季，總有鮮花綻放，非常漂亮。美中不足的是阿茶姑娘始終沒有出現。每天小春太郎都會看望山茶花，對其傾訴著自己對阿茶姑娘的思念。

一天清晨，小春太郎忙著在花園裡種花的時候，一個人來到小春太郎的家裡。看著來人那慈愛的眼睛，垂直胸前的白色鬍鬚，小春太郎一下子就認出，他正是贈送茶花給自己的那位老人。

老人望著花叢中滿頭大汗的小春太郎，微笑著說：「小春太郎，我送你的那棵山茶花怎麼樣了？現在還給我吧！」

「你是來要回山茶花——？」小春太郎聽到老人的話，又驚又急。

老人回答說：「是啊！我們在海上相遇的時候，我曾經送給你的。你應該養的不錯吧？」

小春太郎一時不知道怎麼回答，他覺得這棵山茶花應該跟阿茶姑娘有重要的關係，如果還給老人，自己更別想見到她了；可是既然老人前來索取，他又不好意思不歸還。

老人看到小春太郎遲疑的表情，就逕直來到了小春太郎的花園裡面。但是，過了一會兒，老人就從花叢中鑽了出來，生氣地說：「這裡的山茶花真的不見了，真是奇怪！」說著，老人就拂袖而去。

小春太郎急忙來到山茶花種植的地方，果然，那棵山茶花沒有了，只留下一個新鮮的土坑，鬆軟的土壤裡，散落著幾顆黑色的花籽。小春太郎望著這幾顆花籽，又是一陣傷心。

四季更迭，時間飛逝。很快就到了來年的春天。小春太郎把那幾顆黑色的花籽精心種下，澆水，培土。一場春雨過後，一棵棵惹人憐愛的山茶花迎著春日的暖陽，生機盎然。

這一年的秋天，海邊的山披上了金黃色的外衣，非常美麗。夜晚小春太郎望著院子上空的一輪圓月，想起阿茶姑娘，獨自傷感。

就在那時，他聽到院子裡有窸窸窣窣的聲響。小春太郎來到花園，他欣喜地發現，阿茶姑娘正在山茶花處，飛快地採摘著山茶的葉子。春太郎興奮地跑上前去，大聲叫著自己心底一直呼喚著的那個名字。阿茶應聲回頭，故意嗔怪小春太郎，為什麼不好好照料這些山茶花。小春太郎發愣地看著阿茶，不知道她為什麼一見自己，會說出這樣的話。

後來小春太郎才知道，阿茶說的是，正值採茶的季節，他應該把鮮嫩的茶葉摘採起來，這樣可以做成名貴醇香的茶葉，不但可以飲用，而且可以賣錢。小春太郎聽到阿茶埋怨自己的原因，對阿茶既愛慕又敬佩，非常高興。他拿出一直藏在自己身上的髮簪，遞給阿茶。

阿茶一看，低頭不語，只是輕聲說：「這是我的髮簪……」小春太郎正疑惑阿茶為什麼不收回自己的東西時，只聽阿茶說，她早已決定把它送給小春太郎做為定情信物。小春太郎聽後，欣喜若狂。

兩人以園中的百花為證，生活在一起，並種出了更多的山茶花。婚後，小春太郎得知，那個老人就是山茶仙子的父親。阿茶因為對精心照顧自己的小春太郎產生了好感，所以她故意在答應跟父親回去的時候，偷偷溜走。

小知識：

山茶花又名茶花，為山茶科山茶屬植物。花單生成對生於葉腋或枝頂，花瓣近於圓形，變種重瓣花瓣可達50～60片，花的顏色，紅、白、黃、紫均有。花期因品種不同而不同，從十月至翌年四月間都有花開放。蒴果圓形，秋末成熟，但大多數重瓣花不能結果。原產於喜瑪拉雅山一帶，中國，浙江、江西、四川及山東都有生長；日本、朝鮮半島也有分布，尤以雲南為盛。後來山茶花傳遍歐美，成為世界知名的花卉之一。

在日本的西京城住著一個種藥草的年輕人，名叫園太郎。園太郎為人忠厚老實，喜歡助人，常常拿自己種植的草藥為鄉親們治病救災，為此左鄰右裡都稱他為「西醫小藥王」。

有一天，一個老婆婆手裡拿著一棵豆蔻花來到園太郎的面前。據說豆蔻花也是一種藥草，對脾胃非常好，園太郎已經在荒山裡尋找它好幾年了。看到眼前的豆蔻花，園太郎高興極了。他立即向老婆婆請求，賣豆蔻花給自己。

老婆婆立即提出，要園太郎全部的家產做為交換條件。園太郎聽了，猶豫了一下後才答應老婆婆的條件。

當天晚上，園太郎就興致勃勃地將豆蔻花栽種在自己的藥園裡。只見這棵新栽種的豆蔻花枝葉搖擺，花瓣抖動，一副非常高興的樣子。

看到眼前的情景，園太郎就湊到豆蔻花前，開玩笑說：「妳可真是千金不換的小姊呀！兩吋步水田加上一隻老水牛，才把妳買來！」

只見豆蔻化搖搖葉尖兒，調皮地說道：「太郎哥哥，這算什麼啊？你不還有一間小草屋的嗎？」說完，它還發出了一陣清脆的笑聲。

園太郎大吃一驚，不知所措。從此，他坐臥不寧，早晚來到藥園的豆蔻花旁，故意逗它。可是這時它卻一直沉默著。時間過得很快，轉眼就是半年過去。

園太郎聽說，在距離住處很遠的地方有一座山，山上生有一種名叫菊花的藥草，有清熱去瘟的功效，就決定立即前往。讓他失望的是，儘管他歷盡千辛萬苦，終於到達那座高山，但是翻遍了整座山也沒有找到菊花。

無奈園太郎只好沮喪地回到家中。他正準備推開院門，突然聽到裡面傳來嬉笑聲。園太郎躲在暗處，仔細一看，發現藥園裡面正站著一個美麗的少婦，一身淺綠色的和服，高雅大方。她站在那，查點著藥園裡面的各種藥草名，隨著她的叫聲，有各種清脆的回答，聽起來就是一群孩子，有男孩也有女孩。

忽然園太郎聽到一陣熟悉的聲音，原來是豆蔻花。只見一個漂亮的小姑娘，眉開眼笑地說：「丁香姊姊，妳好。我是剛來的豆蔻花，被一個貪財的老婆婆從大山裡採來，多虧西醫小藥王，用了全部家當，才把我換來。」

園太郎聽後，更加驚奇。那個丁香姊姊和豆蔻花開心地聊了一會兒，繼續點名。點到最後，只見她四下望了望，對著藥園問道：「大家發現我們園子有菊花嗎？」

一陣沉默後，陸續有人回答「沒有」，這令丁香姊姊失望起來：「我們這裡，兄弟姊妹越來越多，可是就唯獨還沒有菊花姊姊。而且，她住的地方非常遠，住在中原一個叫菊水的地方……」說到這裡，有個小姑娘跑到丁香姊姊的耳邊說了什麼，彷彿察覺到了園太郎在外面，頓時藥園裡面空無一人。

園太郎疑惑地走進園子，只見花影在月光下搖曳生姿，晚風吹著葉子「沙沙」作響，剛才的一切彷彿夢境一般。這天晚上，園太郎輾轉難眠。接近黎明的時候，他聽到有人在屋外呼喚他的名字，便穿起衣服，來到院子。接著院子裡皎潔的月光，園太郎發現眼前的正是那丁香姊姊。

丁香姊姊輕聲問園太郎，之前去了哪裡，做了什麼。園太郎便將自己前去採菊花的事情告訴了她。看著園太郎那哭喪的神情，丁香姊姊熱情地說道：「沒有關係，園太郎，不要難過了，我會幫你採來菊花的。」說完這句話，丁香姊姊便消失了。

園太郎回到藥園，發現緊挨房簷的紫丁香不見了，才明白，它就是所謂的「丁香姊姊」。也是在這時，園太郎才知道，自己的藥園裡面住了這麼多花神。之後，園太郎整天留在家裡，細心地觀察著藥園裡面的動靜，有時他甚至連木屐都不敢穿，躡手躡腳，豎耳傾聽。但是，他什麼也沒有發現。

這一天的西京城，風雨大作，烏雲密布，暴雨下了一天一夜。第二天園太郎早早起床，來到藥園，發現那棵紫丁香已經回來了，迎著朝陽，花朵如笑臉般綻放。就在離紫丁香不遠的地方，一棵菊花躍入園太郎的視線，嬌豔的黃花隨風起舞，盡顯端莊。園太郎使勁嗅著鼻孔中菊花的清香，興奮極了。回頭看看那棵紫丁香，園太郎真是感激不盡。

從此園太郎對這棵菊花精心照料，不辭辛苦。天旱的時候，他就趕快給菊花挑水澆灌；天熱的時候，他就用稻草給菊花搭起涼棚。若是遇上狂風暴雨，園太郎更是茶飯不思，日夜呵護。

面對園太郎的細心照顧，菊花表面上沉默不語，暗地裡對他報以體貼。每當園太郎外出，她不但幫助園太郎燒飯，還幫他整理床鋪等等。園太郎對著一切卻並不知情，只能在心底默默感激這個幫助自己的好心人。

直到有一天，園太郎聽到院子裡傳來一陣狗的狂吠，隨即一個身穿黃色和服的姑娘跑進了園太郎的屋子，瑟瑟發抖對園太郎說：「太郎哥哥，我是菊花。請你救救我，快把我藏起來。」

園太郎不明所以，順著菊花姑娘的手指，他看到外面有一隻兇神惡煞的野狗撲了進來。園太郎隨手拿起一把藥鏟，拼了全身的力氣，對準黑狗一陣猛砍。黑狗慘叫連連，直至斷氣。

這時菊花姑娘才對園太郎說出隱情。這隻黑狗本來是菊花姑娘所在菊園的花精之子，為了追回被丁香姊姊偷走的自己，一路追到了這裡。她非常感謝園太郎對自己的呵護，並在暗地裡悄悄幫助他的衣食起居。但是，她害怕這隻野狗會追到這裡，連累園太郎，就一直沒有對他表露真情。

園太郎終於明白，一直默默照顧自己的正是菊花姑娘。兩人良久地凝視著彼此，流露出心底埋藏已久的愛慕之心。很快的園太郎和菊花姑娘歡喜地住在一起。丁香姊姊知道此事，也為菊花姑娘的歸宿感到高興。她帶領藥園的其他兄弟姊妹，一起為這對相愛的兩人祝福。

有了幸福家庭的園太郎，在花神姑娘們的幫助下，為更多的鄉親醫治疾病，被當地人廣為傳頌。

小知識：

傳說菊花在一千多年前由中國傳入日本。菊花可入藥，分為黃菊花、白菊花、甘菊等品種。菊花的藥用價值在於，主治疏散風熱、清熱解毒，還可以壯膽明目。相傳，「菊水」是菊花的故鄉，位於今天中國的河南省。當地有一個非常高的山谷，谷中蔓生著各種大大小小朵的菊花。從菊花下面流出的一股清泉，其味甘美，人喝了之後，有長壽的功效。

娟娘

飛鳥時代，日本有一個非常喜歡演奏樂器的年輕人，名叫貞敏。因為所有樂器樣樣精通，且技藝卓絕，被人們稱為貞敏樂師。

貞敏聽說中國有一種名叫琵琶的樂器，彈奏起來，不但音色響亮，而且氣勢非同一般，就決心前去學藝。

一番艱辛的跋山涉水，貞敏來到了長安城，中國唐朝的京都。來到繁華的朱雀大街上，貞敏逢人就問長安城有沒有學琵琶的地方，可是都沒有人告訴他。

有一天晚上，貞敏經過一條幽僻的小巷，忽然一家小院裡傳來悠揚的樂器聲，時而高昂，時而婉轉，妙不可言。

貞敏站在小院的門外，聽得如癡如醉。透過小院虛掩的大門，貞敏看見院子裡面站著一個老人，懷裡抱著一種樂器。看到這裡，貞敏對老人高超的琴技無比欽佩。後來貞敏向人打聽，才知道老人所彈奏的樂器便是琵琶。

從此，貞敏就夜夜來到小院門外，悄悄地傾聽著裡面傳來的琵琶聲，一聽就是三年。

這天傍晚，聽到入神的地方，貞敏情不自禁拍手叫好。聽到叫好聲，老人有些生氣地大聲問誰在外面。

貞敏自己暴露了身分，急的滿頭大汗，結結巴巴地回答。

老人看到貞敏，問道：「你是什麼人？」

貞敏便將自己前來學藝的事情一一道來。老人聽說貞敏為了聽自己彈琵琶，每天晚上來到這裡，並且已經三年，非常驚訝。看到眼前貞敏誠懇地眼神以及他那堅毅的神情，老人彷彿看到了這個年輕人很不一般的學藝精神，不禁暗暗讚賞。

這時，貞敏非常尊敬而且萬般懇切地請求：「老人家，您彈得實在太好了，無論如何，請您做我的師父，可以嗎？」老人被貞敏的誠心所打動，立即答應了收貞敏為徒。

兩人回到屋內，貞敏在老人的要求下試彈琵琶，從沒有彈奏過的他居然也彈得纏綿悱惻，異常動聽。老人更是對這個國外的年輕人刮目相看。

後來貞敏才得知，自己的師父名叫劉二郎，是長安有名的琴師。因為看破紅塵，便隱居起來。

貞敏隨師父學藝的時候，常看見內室的垂簾裡面，有一個少女的身影，婀娜美麗。特別是貞敏彈琵琶時，少女總是在簾邊佇立傾聽，久久不肯離去。

這天貞敏聽到內室裡傳來一陣絕妙的古箏，忍不住向老人詢問彈奏者的身分。老人告訴貞敏，這是自己的獨生女兒娟娘在彈。說著，老人叫出娟娘，並讓她為貞敏彈奏一曲。娟娘羞澀地點頭答應。

娟娘捧著古箏，閉上雙眼，彈起一段前奏之後，便跟著旋律抑揚頓挫地唱了起來：

浩浩白水，回波如流。
皎皎明月，浮雲掩之。
清清之水，冬夏有時。
失時不種，禾豆不滋。
萬物吐花，不違天時。
久不相見，心中有思。
……

只聽到琴聲略微憂傷，歌詞分外情真意切，貞敏被娟娘的表演所打動，出神地盯著娟娘。一曲終了，娟娘抬起淚水點點的眼睛，深情地望著貞敏。

看到這裡，老人便建議貞敏也回應女兒一曲。貞敏便回奏了一曲《田樂》。娟娘聽得入神，再三要求貞敏教自己彈奏這首曲子，貞敏高興應允。就這樣貞敏和娟娘的感情越來越深，直至兩情相悅，互許終身。

這時的長安正值唐朝全盛時期，皇帝厭倦了皇宮內的鶯歌燕舞，突然非常想聽古箏之聲。知道皇帝的心願，有人便提出，劉二郎女兒娟娘的古箏彈得最好。皇帝一聽，便急召娟娘進宮，為自己演奏。

娟娘隨即被召入宮。皇帝看到娟娘的美貌，驚為天人。他眼珠一動也不動地盯著娟娘看了半天，並眉飛色舞地稱讚娟娘姿色出眾。娟娘心感不滿，便主動提出開始彈奏古箏。

皇帝滿口叫好，並聲稱自己聽慣了那些靡靡之音，希望娟娘可以彈奏一首驚天動地的大氣魄曲子。娟娘一聽，臉上露出一絲冷笑，捲起袖口，彈起古箏。剎那間，滿朝大臣無不默然肅立，凝神傾聽，如癡如醉。皇帝也聽得著了迷，微微閉上了眼睛，沉醉其中。

就在這時，只見娟娘的指尖在琴弦上輕輕一挑，風聲雨聲交織在一起。隨後，天色驟然變暗，電閃雷鳴，下起了從未有過的大雨。而且隨著古箏的彈奏，雨越下越大，雷越來越響。皇帝見狀，大叫娟娘停下。娟娘置之不理，越彈越興奮。忽然天空中劃過「哢嚓」一聲脆響，一條青龍駕霧騰雲，俯身衝下。

皇帝嚇得渾身發抖，大叫娟娘停下。可是娟娘依然故我。青龍來到皇宮，張牙舞爪，兩眼發出綠色的凶光，嚇得皇帝魂飛魄散，昏死在地。彈奏終於停止，青龍隨即消失，一切恢復如初。

皇帝醒後，不禁大為惱怒，暴跳如雷，下令嚴懲娟娘。娟娘被眾人押解著推入蛇牢，發出令人心寒的慘叫，片刻喪丟了性命。

貞敏得知娟娘的遭遇，非常難過，傷心欲絕。痛哭之後，他親手做了一個「繪馬」，到廟裡為娟娘祈禱，希望娟娘可以在九泉之下安心上路。

歸期已至，貞敏到了返回日本時，渭河之上，一艘小船載著貞敏，即將揚帆起航。劉二郎熱淚盈眶，失聲慟哭，向貞敏揮手告別。貞敏也噙著淚水，斷斷續續地囑咐師父保重身體。

就在船起航的那一刻，只見一隻美麗的鸞鳥拖著一把古箏，緊隨著小船飛行。貞敏看到鸞鳥，便驚喜地叫道：「娟娘，是妳嗎？我知道，一定是妳！」

鸞鳥舒展著美麗而巨大的翅膀，兩隻眼睛緊緊盯著貞敏，發出愉快的鳴叫聲。接著，貞敏看到這隻鸞鳥越飛越低，翩然落在了自己的眼前。

劉二郎也在岸邊看到了拖著古箏的鸞鳥，他瞇起眼睛，對著天空，為女兒和貞敏默默祝福。

小知識：

在今天日本的奈良東大寺內，還陳列著一些古代的樂器，種類豐富，保存良好，大部分具有濃厚的中國唐朝和中亞波斯的風格。每到櫻花盛開的時候，很多人都會到這裡遊玩。人們最喜歡在一家古箏面前停下，讚美不已。據說，那把古箏就是中國古代的一隻鸞鳥所送。

國家圖書館出版品預行編目資料

流傳千年的日本神話故事 / 鍾怡陽編著.
－－第一版－－臺北市：知青頻道出版；
紅螞蟻圖書發行，2010.11
面　公分－－(大智慧；11)
ISBN 978-986-6276-43-9（平裝）

1.神話 2.日本

283.1　　99021460

大智慧 11

流傳千年的日本神話故事

編　　著／鍾怡陽
責任編輯／韓顯赫
美術構成／Chris' office
校　　對／鍾佳穎、周英嬌、楊安妮
發 行 人／賴秀珍
總 編 輯／何南輝
出　　版／知青頻道出版有限公司
發　　行／紅螞蟻圖書有限公司
地　　址／台北市內湖區舊宗路二段121巷19號（紅螞蟻資訊大樓）
網　　站／www.e-redant.com
郵撥帳號／1604621-1　紅螞蟻圖書有限公司
電　　話／(02)2795-3656（代表號）
傳　　真／(02)2795-4100
登 記 證／局版北市業字第796號
法律顧問／許晏賓律師
印 刷 廠／卡樂彩色製版印刷有限公司
出版日期／2010年11月　第一版第一刷
　　　　　2021年 2 月　　　第五刷

定價 300 元　港幣 100 元

ISBN　978-986-6276-43-9　　Printed in Taiwan